글로벌 시대의
노사관계,
길을 묻다

4차 산업혁명 시대 노사관계 패러다임의 전환이 시작됐다!

글로벌 시대의
노사관계,
길을 묻다

한국인사조직학회 기획
이영면 김형탁 이상민 노용진 김동배 권혁 지음

클라우드나인
CLOUD 9

국내 글로벌 대기업들은
향후 어떠한 노사관계를 추구해야 하는가

2020년은 코로나19로 시작되었다고 해도 과언이 아니다. 중국과 한국을 거친 코로나19 바이러스는 유럽과 전세계로 퍼져 나갔다. 모든 국가들은 빗장을 걸어 잠그고 있지만, 바이러스를 막기에는 역부족이다. 이로 인해 글로벌 경제는 장기불황이 예견되고 있다. 잠시 생각해보면 이러한 사태의 저변에는 글로벌화된 지구가 깔려 있다. 매일 수백만 명이 비행기를 타고 국경을 넘나들고 있으며 우리 식탁에, 편의점에, 마트에는 전 세계로부터 수입된 농산물과 제품들이 깔려 있다.

엄청난 가격으로 명품대열에 들어간 수입자동차나 수백 수천만 원하는 핸드백이 있는 반면에 1,000원짜리 제품으로 채워진 소매유통업소도 성장해가고 있다. 소비자에게 매력 있는 제품과 서비스를 생산하기 위한 기업들의 글로벌가치사슬 전략은 21세기 들어서 더욱 확산되고 있다. 물론 일부 선진국들은 다시 자국 경제를 보호한다는 명목으로 보호무역주의를 취하고 있기는 하지만, 글로벌가치사슬의 대세를 꺾기에는 역부족으로 보인다.

우리나라 기업들도 저렴한 인건비와 광활한 시장을 찾아서 중국으로 떠난 지는 벌써 40년이 되어간다. 이제는 중국경제가 성장하고 인건비가 증가함에 따라 다시 동남아, 인도, 더 나아가 아프리카로 떠나고 있다. 특히 우리나라에 본사가 있지만 삼성전자나 현대·기아차와 같은 글로벌 대기업들은 이미 제품의 절반 이상을 해외에서 생산하고 판매하고 있다. 기획과 디자인은 본국에서 하지만 생산이나 판매는 이미 현지국가들이 주도하고 있는 것이다. 아쉽게도 현대·기아차는 지난 20여 년 동안 국내에 세운 공장이 없다. 그 대신에 중국을 비롯해서 인도, 러시아, 체코, 슬로바키아, 터키, 미국, 브라질, 멕시코 등 전세계에 자동차 공장을 세웠다. 삼성전자도 핸드폰은 이제 중국이 아닌 베트남과 인도가 주요 생산국가가 되었다.

이렇게 기업들은 글로벌가치사슬을 바탕으로 전세계를 무대로 활동하고 있다. 하지만 우리의 노동조합은 어떠한가? 1987년 노동자대투쟁 이후 30년째 그 당시 패러다임이 여전히 지배하는 상황이다. 자체적으로 패러다임 전환이 필요하다는 평가와 움직임이 있지만, 아직 우리나라의 노사관계는 여전히 대립적이고 전투적인 모습을 보이고 있다. 이런 기존의 패러다임으로 글로벌가치사슬이 확산되는 글로벌 경영 환경에 얼마나 효과적으로 대응할 수 있는가? 우리 글로벌 기업들이 비록 국내에서는 독점력이 있다고 하더라도 글로벌 경영 환경에서는 경쟁이 불가피하고 수익성과 효율성을 무시할 수 없다. 노동조합의 조직 측면에서도 글로벌 기업에 대응하는 글로벌 노동조합 조직화는 현실적인 대안으로 보기 어렵다.

이러한 글로벌 상황 외에도 내부적인 상황의 특징도 살펴볼 필요가 있다. 우선은 노동조합 조직률이다. 1987년 노동자 대투쟁의 시기를 거치면서 노동조합 조직률이 20% 가까이 상승했지만 그 이후 정체와 하락 추이를 보이면서 10%를 보이고 있다. 물론 문재인 정부의 노동존중 정책에 힘입어 조합원 수가 증가하고 있지만 그렇다고 이전 수준에 이를 것으로 보기는 어렵다. 그렇다면 민간부문 근로자의 90%가 넘는 비조합원을 대표하는 새로운 근로자 대표제도의 모색도 필요하다고 하겠다. 또한 밀레니얼 세대로 불리는 젊은 세대의 일과 삶에 대한 새로운 가치관과 SNS 중심의 의사소통 방식에 대한 검토도 풀어야 할 과제다. 그와 더불어 4차 산업혁명은 이미 고용구조와 노동양태에도 혁명적인 변화를 일으키고 있다. 플랫폼 노동과 스마트 팩토리는 일례에 불과하다.

  이렇게 급변하는 경영환경하에서 한국인사조직학회는 현재 우리나라 글로벌 대기업 기업들의 노사관계가 과연 미래에도 제대로 작동할 것인가에 의문을 품고 연구를 시작하였다. 본 연구서는 한국인사조직학회가 지난 수년간 계속해온 K-매니지먼트 연속 시리즈 중의 하나다. 지난 20~30년 동안 한국 경영학자들의 글로벌화는 성공적으로 진행되어 해외 유수 학술지에 한국학자들의 연구논문을 손쉽게 볼 수 있게 되었다. 그에 비해서 국내기업에 대한 연구는 소홀해진 측면이 있다는 점, 특히 인사조직 분야에서 그러한 경향이 강했다는 점, 그래서 이제는 우리 학자들이 우리 기업들에 대해 고민하고 대안을 제시해보자는 노력의 일환이다. 학문적으로 인사조직 분야의 글로컬라이제이션이라고 할 것이다.

기존에 한국인사조직학회가 발간한 K-매니지먼트 시리즈는 K-매니지먼트 자체에 대한 고민으로 시작해서 혁신공동체, 초고령사회에 대한 대응, 그리고 사회가치경영 등에 대해서 연구결과를 제시하였다. 이번에는 우리나라 노사관계의 변화 방향, 특히 국내 글로벌 대기업들이 향후 어떠한 노사관계를 추구해야 하는가를 살펴보고 대안을 제시하고자 하였다. 구체적으로 글로벌가치사슬에 대해 분석하고 이를 바탕으로 중국과의 분업구조 변화, 4차 산업혁명으로 대변되는 기술 변화, 해외직접투자와 현지 노사관계 변화, 글로벌 차원의 연구개발 인력 구성과 고용관계 변화 등에 대해서 고민하고 그에 대한 대안을 제시하고자 하였다. 대립적이고 전투적인 노사관계 패러다임은 향후 협력적인 파트너십 노사관계 패러다임으로 전환되어야 하며 이에 대한 구체적인 실천 전략과 법제도 개편 방향도 제시하고자 하였다. 그러나 연구진이 제시한 이러한 방향이 확정적인 것도 아니며, 완전한 것은 더더욱 아니다. 다만 본 연구가 향후 우리나라 글로벌 기업들의 노사관계에 대한 새로운 패러다임 구축에 초석을 제공하게 된다면 목표는 달성한 것이다.

이 책을 발간하기 위해 2019년에 시작된 글로벌노사관계연구회의 회장 서울과학기술대학교 노용진 교수님은 1년 넘게 수고를 아끼지 않으셨으며 동국대학교 김형탁 겸임교수, 한양대학교 이상민 교수, 인천대학교 김동배 교수, 그리고 부산대학교 권혁 교수, 삼성경제연구소의 이정일 상무와 허태혁 수석연구원이 저자·토론자로서 현상 분석과 대안 모색에 적극 참여해주셨다. 그리고 본 연구를 위해 방문했던 현대자동차 베이징공장, 삼성전자 시안공장, 두산인프라코어 옌타이공장, 현대로보틱스 대구공장의 담당자 여러분께도 감사드린다. 또한 포스코, 현대자동차, LG화학 등 인터뷰에 응해주신 노동조합 간부와 회사 인사노무 담당자 여러분께도 깊은 감사의 말씀을 전한다.

연구 일정이 계속 늦어졌지만 본 연구의 품질 제고를 위해 묵묵히 기다려주신 제29대 한국인사조직학회 이경묵 회장님과 사무국 그리고 교수들의 난필을 윤문해주시고 신속한 출판 작업을 진행해주신 클라우드나인의 안현주 대표님께도 감사드린다.

2020년 3월
한국인사조직학회 제28대 회장 이영면

글로벌 시대의 노사관계, 무엇이 문제인가?

이 책은 글로벌 관점에서 우리나라 대기업 노사관계의 전개 방향을 조망하고 글로벌 시장 경쟁에서 지속가능한 노사관계체제의 구축방안과 실행과제들을 모색하기 위해서 작성되었다. 우리나라 대기업들은 비즈니스의 대부분을 글로벌 시장에서 벌이는 글로벌 플레이어들로 성장하였다. 이처럼 글로벌 시장의 영향을 강하게 받고 있는 대기업 노사관계는 협소한 국내적 시각의 틀에서 벗어나 글로벌 차원의 요소들을 고려할 필요성이 제기되고 있다. 글로벌 시장에서 경쟁력 있는 노사관계 시스템을 구축하지 않으면, 해당 대기업뿐 아니라 그 기업의 노사관계도 지속가능성을 보장받기 힘들기 때문이다.

일국적 관점에서 글로벌 관점으로!

노사관계에 대한 글로벌 관점은 완전경쟁 상태인 글로벌 시장을 전제로 하고 있다. 국내시장에서 독과점적 지위를 누리고 있는 대기업들도 글로벌 시장에서는 여러 경쟁 기업 중의 하나에 불과한 것이다. 우리나라의 국내시장 규모가 워낙 작기 때문에 우리나라 대기업들은 태생적으로 글로벌 시장을 지향하면서 성장해왔다. 그만큼 우리나라 대기업들은 글로벌 시장 경쟁을 통해서 성장해왔다.

이런 과정을 거쳐서 우리나라 대기업들은 글로벌 시장에서 선전하면서 국내시장의 범위를 뛰어넘는 규모로 성장했는데, 그것은 역으로 우리나라 대기업들이 국내시장에서는 독과점적 지위를 누릴 수밖에 없었던 이유가 되고 있다. 이런 사정 때문에 우리나라 대기업들은 국내적으로는 독과점적 지위를 누리지만 글로벌 시장에서는 완전경쟁 상태에 있는 이중적 성격을 가지게 되었다. 이런 특성 때문에 우리나라 대기업 노사관계에 대해서는 일국적 차원의 분석과 글로벌 차원의 분석 사이에 차이를 보일 가능성이 높다. 독과점 시장에서의 노사관계와 완전경쟁 시장에서의 노사관계는 완전히 다른 성격을 가지고 있기 때문이다.

동일한 맥락에서 우리나라 대기업들 중 다수가 글로벌 시장에서의 영업활동뿐 아니라 생산공장이나 연구소 등의 해외이전이나 해외 설립이나 해외 기업의 인수합병 등을 통해서 진정한 의미의 다국적기업으로 발전해왔다는 사실을 고려할 필요가 있다. 다국적기업으로 성장한 대기업의 노사관계는 우리나라 근로자만이 아니라 진출국들의 근로자들까지도 고려하고, 제도와 관행 등을 존중하며, 국제적 규범도 준수하면서 글로벌 차원에서 통용될 수 있는 포괄적 노사관계체제를 구축해야 할 필요성이 제기되고 있다.

우리나라 대기업들이 글로벌 플레이어였던 것은 어제오늘의 일이 아니지만, 현재 시점에서 특별히 글로벌 관점이 요구되는 것은 글로벌 시장 환경에서 심각한 변화들이 발생하고 있기 때문이다. 우선 지난 글로벌 경제 위기 이후 미중 간 무역분쟁과 우리나라에 대한 일본의 핵심소재 수출규제 등이 발생하고 있다. 이런 보호무역주의 경향은 그러지 않아도 대외의존도가 높은 우리나라 대기업들에게 경영 불확실성을 높이고 있다. 더구나 중국 등 저임금 신흥개발국의 부상으로 국제 분업구조에 심각한 변화 조짐들이 나타나고 있어서 문제를 더욱 어렵게 만들고 있다. 스마트폰이나 LCD나 통신기기 등에서 볼 수 있는 것처럼 중국 등 저임금국가의 기술력이 급격히 신장되면서, 우리나라 기업들의 턱밑까지 쫓아온 제품들이 다수를 차지하고 있다. 신흥개발국의 낮은 임금과 정부의 전폭적인 재정지원 속에 저가정책으로 제품시장을 잠식해오면서 우리나라 대기업들이 속수무책으로 당할 가능성이 높아지고 있다.

다른 한편 미국이나 일본, 독일 등 선진국의 기업들은 급속히 발전하고 있는 신기술들을 활용하여 품질뿐 아니라 가격경쟁력까지 확보해간다는 얘기들이 심심치 않게 들려오고 있다. 그동안 우리나라 경제가 선진국의 기술력과 신흥개발국의 저임금 사이에서 샌드위치 신세가 될 것이라는 주장들이 제기되어 왔다. 이제는 먼 훗날의 얘기가 아닐 수 있다는 불안감이 들고 있다. 이런 상황 속에서 우리나라 대기업들에서 지속가능한 노사관계체제는 무엇이고, 그것을 가능하게 하는 방안은 무엇일까? 이런 질문들에 해답을 주어야 할 필요성이 제기되고 있다.

글로벌 시대에 지속가능한 노사관계체제는?

노사관계 분석에서 글로벌 관점을 가지든 가지지 않든 그것은 글로벌 시장에 대한 의존도가 높은 우리나라 대기업 노사관계에 영향을 미쳐왔다. 그동안 우리나라 노사관계 연구가 글로벌 시장 경쟁 환경에 둔감할 수 있었던 이유는 우리나라 기업들의 주된 경쟁상대가 선진국 기업들이었기 때문이다. 선진국 기업들과의 경쟁에서는 우리나라 기업들이 상대적 저임금 혜택을 누릴 수 있어서 글로벌 경쟁의 압박을 상대적으로 덜 받을 수 있었기 때문이다. 그러나 그동안에도 중국 등 후발개도국과의 경쟁에 시달려야 했던 섬유나 의류, 신발업종 등은 저임금국가와의 경쟁에서 밀린 후 사실상 우리나라 노사관계의 무대에서 사라졌다. 우리나라 주력산업들이 중국과의 경쟁 범위 안에 들어가게 되면, 사양산업으로 전락하지 않으리라는 보장이 없기 때문에 글로벌 차원을 심각하게 고려할 필요성이 제기되고 있다.

이처럼 저임금국가와의 경쟁 상황에 접어들면 노사관계 안정화의 전제 조건인 임금인상은 물론이고 기존의 임금 수준 유지도 버거워진다. 더구나 이런 상황의 극복을 위해서 기업들의 공장 해외이전, 생산량 감축, 고용조정 등을 추진하게 되면 노동조합의 반발을 사면서 또 다시 노사갈등으로 치달을 가능성이 높다. 1970년대까지도 안정성을 유지했던 선진국들의 노사관계가 변질되기 시작한 주된 계기도 저임금국가들과의 경쟁 진입에 있다는 것은 이런 맥락에서 이해할 수 있다(Kochan et al, 1986).

글로벌 대기업의 노사관계 관련해서 우리가 주목하는 또 다른 요소는 기술적 환경의 변화이다. 저임금국가를 포함한 글로벌 차원의 무한 경쟁에서 지속가능한 노사관계체제의 구축 방안을 모색할 때 기술적 환경도 빼놓을 수 없기 때문이다. 특히 최근에 질적 비약을 보이고 있는 초고속 인터넷, 인공지능-빅데이터, 사물인터넷 등 정보통신지능기술의 발전은 인간의 두뇌 노동을 보완하거나 대체하면서 제품개발과 생산 과정, 영업활동, 사람관리 등 경영 전반에 혁명을 불러일으킬 전망이다. 이처럼 급격하게 발전하고 있는 신기술의 발전은 동시에 근로자들의 직무와 작업조직, 고용관계, 그리고 노사관계체제에도 깊은 영향을 줄 가능성이 높다. 결국 새롭게 부상하는 정보통신지능기술을 얼마나 잘 도입하고 얼마나 잘 활용할 것인가가 글로벌 대기업의 경쟁력을 좌우하는 결정적인 요인이 될 뿐 아니라 근로생활의 질을 결정하는 데도 빼놓을 수 없는 요소가 되고 있다. 이런 맥락에서 기업의 경쟁력 확보와 근로생활의 질을 동시에 도모할 수 있는 신기술의 활용 방안을 찾는 것이 글로벌 노사관계에서 중요한 과제로 부상하고 있다.

마지막으로 우리가 주목하고 있는 점은 글로벌 대기업의 인력 구성에서의 변화이다. 글로벌 시장에서의 경쟁력 요소로서 혁신적 제품개발 역량이 절대적으로 중요해지고, 생산공장의 해외이전 등으로 생산기능직의 비중이 줄어들면서, 글로벌 대기업의 인력구성에서 연구개발 인력의 비중이 갈수록 증가해가고 있다. 실제로 삼성전자나 LG전자 등에서는 연구개발 인력이 전체 근로자의 절반 이상을 차지한 지 꽤 오래되었다. 이처럼 연구개발 인력의 비중이 높아지고 있음에도 불구하고 글로벌 대기업의 노사관계는 여전히 생산기능직 중심으로 구성되어 있어서 인력 구성과 노사관계의 정합성이 떨어지고 있다. 이런 상황 속에서 대기업 노사관계의 글로벌 경쟁력 확보에 적합한 연구개발 인력의 고용관계와 노사관계는 무엇인지에 대한 의문이 제기되고 있다.

책의 구성과 주요 내용들

이상의 문제의식에서 이 책은 글로벌 플레이어들인 우리나라 대기업 노사관계의 다양한 측면들에 대한 분석을 시도하였다. 주된 분석 대상은 글로벌가치사슬의 변화에 따른 기업시민의 사회적 규범과 사회적 책임의 변화, 대기업들의 해외 진출에 따른 현지 고용관계상의 과제와 해결 방안, 국제 분업구조의 변화에 따른 국내 노사관계의 향후 발전전망과 과제, 글로벌 경제와 상호 촉진관계에 있는 기술의 발전이 노사관계에 미치는 영향, 글로벌 경제의 발전에 따라서 중요성과 비중이 현저하게 높아지고 있는 연구개발 인력의 고용관계와 노사관계 등이다.

이 책의 각 장들은 서로 연관성을 가지면서 동시에 서로 독립적으로 작성되었음을 알려드리고자 한다. 연구진 사이에 충분한 상호 토론을 거쳤지만 각 장을 작성한 연구자들의 견해를 존중하는 방식으로 진행되었다.

1장은 글로벌가치사슬의 확대 강화에 따른 노사관계 과제들에 대해서 분석하였다. 이 장은 우리나라 대기업들이 해외시장 개척과 함께 지속적인 생산공장의 해외이전으로 글로벌가치사슬에 더 넓고

깊게 편입되면서, 대기업 노사관계의 지형이 변화를 요구받고 있음을 분석하고 있다. 글로벌가치사슬의 확대 강화는 국내 고용시장에 부정적인 영향을 미치고 있으며, 글로벌가치사슬에 적합한 노사관계 표준을 요구하고 있음을 밝히고 있다. 그와 함께 노동조합이나 노동법 등을 통한 제도적 규제가 일국에 한정되어 있기 때문에 국경을 넘나드는 글로벌 대기업들에 대해서는 제도적 규제 대신 사회적 책임에 대한 요구가 강화되고 있음을 제시하고 있다.

2장에서는 최근의 급격한 기술 변화가 노사관계에 제기하는 과제와 그 대응방안에 대해 논의했다. 이 장은 최근의 신기술 발전이 근로자들의 일자리를 줄일 수 있다는 부정적 전망에서 출발하고 있다. 이런 전망의 배경에는 기업들의 기술 중심적인 신기술 도입 과정과 개발연대 시대의 국가정책 외에, 우리나라의 노사 양측이 불안정한 타협구조에 안주하면서 신기술 발전을 국가 경쟁력 제고의 기회로 삼는 데 적합한 노사관계체계로의 개편에 소극적이라는 문제의식이 자리잡고 있다. 이런 주장은 기술의 산업적 응용은 기술의 발전과 함께 그에 대한 사회적 수용 능력에 의존한다는 주장이 전제되어 있다. 이런 문제의식에서 2장은 우리나라 대기업들의 기술 수용 능력을 높이기 위해서, 신기술을 다루는 근로자들의 지식과 숙련을 높이고 노동 친화적인 기술 도입을 촉진하는 노사파트너십이 요구된다고 주장하고 있다.

3장은 해외 직접투자foreign direct investment 기업들의 현지 고용관계와 노사관계에 대해서 논의했다. 이 장은 먼저 글로벌 경제의 통합이 새로운 조정 국면에 접어들고 세계화의 속도가 느려지는 슬로벌라

이제이션slowbalisation 시대에 접어들고 있다는 주장에서 출발해서, 한국기업의 해외 직접투자에 대해 다음과 같은 추세들을 발견하고 있다. 먼저 해외 직접투자의 업종별 분포에서는 제조업 비중이 줄고 금융보험업, 부동산업, 도소매업 등을 중심으로 하는 서비스업이 빠르게 증가하고 있다. 그와 동시에 우리나라의 생산기지 역할을 했던 주요국의 임금 수준이 상승하고 근로조건 개선에 관한 정부와 NGO 단체의 요구가 강해지면서, 저임금 활동을 위한 수직적 투자는 지속적으로 줄어들고 있다. 반면 현지시장과 제3국 진출을 위한 수평적 투자의 비중은 금융위기 이후 가파르게 상승하여 최근 5년간 그 비중이 67%대로 증가했다.

이러한 논의에서 출발해서 글로벌 대기업들의 해외 현지 법인에 대한 인적자원관리 방안으로서 통합형에 대해서 논의하고 있다. 여기에서 통합형 인적자원관리란 본국의 모기업과 현지국의 자회사 간 이해대립적인 측면과 이해공통적인 측면 사이의 균형을 추구하는 유형이다. 본국 중심의 테르티우스 가든스와 세계 중심의 테르티우스 융겐스 간에 조화를 추구하고 있다. 테르티우스 가든스 지향은 해외 진출 한국기업들이 한편으로는 현지국의 저임금을 활용하여 이득을 취하고, 다른 한편으로 한국의 노동조합이나 정부를 위협하여 국내 입지조건의 개선을 추구하는 것이다. 테르티우스 융겐스 지향은 해외 진출 한국기업들이 상생의 관점을 취하면서, 현지국의 비즈니스 생태계와 본국인 한국의 비즈니스 생태계에서 공존을 추구하는 것이다. 이를 통해서 장기적이고 지속가능한 국제경쟁력을 확보하려고 노력하는 것이다.

4장에서는 한중 분업구조의 변화가 우리나라 노사관계에 어떤 영향을 주고 어떤 과제를 제기하는지를 살펴보고 그에 대한 대응방안들을 논의했다. 이 장은 중국경제 전문가들의 연구결과에 근거해서 한중 분업구조가 중간재와 완제품에서 모두 상호 경합관계로 전환해가고 있음을 주목한다. 중국기업들이 중국정부의 적극적 지원과 저임금 등을 기반으로 낮은 가격으로 물량을 쏟아내면 우리나라 기업들이 심각한 경쟁력 위기에 몰리게 된다. 그런데 그렇다고 우리나라 기업들이 임금 인상 억제, 구조조정, 공장의 해외이전 등을 추진하면 노사관계가 또 한 번 시험대에 오르게 될 우려가 있다

이 장은 그동안 우리나라 대기업 노사관계가 많이 안정화된 토대가 대기업 근로자들의 근로조건 개선에 있기 때문에 그 조건이 무너지면 언제라도 갈등 구조로 되돌아갈 수 있는 불안한 안정화 상태라고 진단하고 있다. 그러다 보니 한중 분업구조의 변화에 따라 우리나라 기업들이 경쟁력 위기에 빠지게 되면 언제라도 노사갈등이 재연되어 공멸할 수 있다는 전망을 제시하고 있다.

이런 문제의식에서 이 장은 우리나라 대기업의 노사 양측이 파트너십을 적극 추진할 필요를 제안하고 있다. 노사파트너십은 기업이 경영 위기에 빠졌을 때나 노사관계가 우호적일 때 도입되는 경향이 있다. 노사가 힘의 균형을 이루고 있으면서 한중 분업구조의 변화로 경쟁력 위기가 예상되는 상황에서 추진하기 좋은 현실적인 옵션이기 때문이다. 우리나라의 기업별 체계에서는 기업별로 다양한 유형의 노사관계모형이 존재하기 때문에, 일부 선도적인 기업들에서 노사파트너십을 먼저 구축하고 전통적인 노사관계모형을 뛰어넘는 근

로자 성과를 보이게 되면 노사파트너십을 수용하는 근로자들과 노동조합의 비율이 높아질 것으로 전망된다.

현대자동차처럼 노사갈등이 심각한 곳에서도 자동차산업의 위기에 직면해서 노사 상생적인 답을 얻으려는 움직임들을 보이고 있기 때문에, 노사파트너십을 창조적으로 적용한다면 한중 분업구조의 변화에 따른 위기의 극복을 위한 현실적인 접근법을 찾을 수 있다. 노사파트너십은 동시에 노동친화적인 신기술의 도입, 조직혁신, 일터 혁신 등을 통해서 노동생산성과 품질을 획기적으로 올리고 근로자들에게는 더 좋은 일자리를 제공하는 출발점을 이루기 때문에 한중 분업구조의 변화에 대한 충분한 대응방안이 될 수 있다.

5장은 세계화 속에 있는 대기업들의 연구개발 인력 고용관계 관리 방안을 다루고 있다. 글로벌 시장에서의 경쟁 격화, 특히 중국의 빠른 추격과 추월에서 한국기업이 생존하기 위한 전략은 혁신주도자 fast innovator가 되는 것이다. 한국기업의 혁신 역량 강화를 위해 전체 직원의 창의와 학습이 필요하지만 연구개발 인력의 역할이 특히 중요하기 때문에 세심한 인사관리가 요구된다. 이런 문제의식에서 이장은 연구개발 인력 관리의 주된 이슈들인 이중경력dual ladder, 성과급, 혁신보상, 다른 직군과의 인사관리 차별화, 세계화와 오픈 이노베이션, 그리고 연구개발 인력의 비중 증대와 SNS의 활성화가 제기하는 새로운 인사관리 과제들을 분석하고 있다.

이중경력은 연구개발 인력이 관리업무를 수행하지 않고 평생 연구에 몰두하도록 별도의 경력경로를 제공하는 것으로 오래된 역사만큼 논란도 많았다. 우수 연구인력의 연구역량을 보존하고 개발하면서 연구개발 인력에 경력 비전을 제공하지만 오픈 이노베이션 시대에서는 변화가 요청되고 있다. 연구인력에 대한 성과급 지급이 연구 자체에 대한 내재적 흥미를 떨어뜨려 결과적으로 창의성을 해칠 수 있다는 주장과 그 반대 주장 사이의 논쟁도 역사가 오래된 고전적인 주제다. 성과급 자체가 아니라 연구의 성격에 따라 성과급의 유형을 달리해야 한다는 이른바 혁신보상pay for innovation에 대한 주장도 주목해서 연구인력 성과급 설계에 반영할 필요가 있다. 연구인력 인사관리와 다른 직군 인사관리를 차별화해야 한다는 주장이 있지만 채용이나 작업조직 등 일부 영역을 제외하고는 동일한 인사관리가 적용되는 것이 보편적이다. 따라서 어떤 영역에서 어느 정도 연구인력 인사관리 차별화가 최적인가를 결정하는 것도 관리 과제다.

오픈 이노베이션에서 기초 분야 시니어 연구인력의 역할을 줄이는 대신 조직 내외부 지식을 연계하고 통합하는 역할이 중요해지고 있다. 이를 반영해서 연구 조직의 구조도 수평적 조정과 통합을 강화하는 방향으로 변신하고 연구인력과 다른 직군 인력 간의 교류가 확대되는 오픈 경력이 강조된다. 연구개발 활동의 글로벌화는 연구자원의 글로벌 최적 배치와 연계를 통해 본국과 해외 현지국이 공동으로 학습·혁신 역량을 축적하는 글로벌 학습 네트워크 구축을 낳는다. 글로벌 학습 네트워크는 현지국의 지식축적과 경제적 고도화도 촉진하기 때문에 글로벌 기업 시민의 의무를 다하는 역할도 수행한다. 연구개발 활동의 글로벌화는 주재원 관리, 초국적 프로젝트팀의 관리, 연구인력의 글로벌 인사관리 과제도 제기한다.

고학력의 연구인력은 전통적으로 노동조합과 거리가 있었다. 하지만 상황에 따라 집단적 노사관계 문제가 심각해질 가능성도 있다. 한국기업은 연구개발 인력의 비중이 꾸준히 증가했고 상대적으로 전문가주의적 특성이 약한 학사가 60% 정도를 차지하고 있다. 최근 직원들의 새로운 소통 채널로서 SNS가 활성화되고 관련해서 직원행동주의employee activism가 등장한 것도 연구개발 인력의 집단적 노사관계의 중요성을 보여준다. 세심한 인사관리를 통해 연구개발 인력의 과업과 조직 몰입을 높이고 기업의 연구역량을 강화하면서 전체 직원들까지 함께 학습과 혁신의 공동체를 만들어나갈 수 있도록 하는 열린 경영이 필요한 시기다.

6장은 글로벌 경제 시대에 우리나라 노사관계가 직면한 과제들과 제도적 행위적 개선 방안들에 대해 논의하고 있다. 이 장은 먼저 글로벌가치사슬과 보호무역주의, 4차 산업혁명과 혁신적인 기술 발전, 글로벌 기업의 사회적 책임의식 확산 등 대기업의 경영 환경 변화와 노동조합 조직률 하락과 정체, 산업구조의 재편, 플랫폼 노동을 포함한 새로운 일자리 등 노사관계 상황의 변화 등을 주목한다. 그리고 글로벌 경제에 부합하지 않는 우리나라 노사관계의 현주소에 대한 진단을 출발점으로 하고 있다. 즉 우리나라는 여전히 대립적 노사관계 패러다임에 갇혀 있는데 계속 그러다가는 노사가 공멸의 길로 갈 수 있기 때문에 상생의 파트너십 관계를 구축할 필요성을 제시한다.

이런 문제의식에서 노사파트너십의 구축을 위해서는 우선 노사 간 불신을 극복할 필요를 제시하고 있다. 그러기 위해서는 의식 전환이 선행되어야 한다. 먼저 사용자가 바뀌어야 하고 노동조합과 근로자들이 화답해야 한다. 그리고 노사 당사자가 문제를 스스로 해결해야 하며 정부는 지원자가 되고 법원은 최소한의 개입만 하겠다는 자세가 필요하다. 불신 극복 이후에는 상황에 대한 이해 공유가 필요하다. 그러기 위해서는 노사대화의 업종별과 지역별 차별화가 필요하다는 점을 주장한다. 이와 같은 대화에서 다루어야 할 주된 이슈들로는 고용친화적인 구조조정과 경쟁력 강화 등이 있다.

　7장에서는 글로벌 경쟁력을 갖는 노사관계체제의 구축을 위한 법제도 개편을 논의했다. 먼저 집단적 노사관계가 착취와 쟁취의 노사관계에서 협력적인 파트너십 노사관계로 전환하는 것을 지원해야한다고 주장한다. 그러기 위해서 먼저 협력적 관계를 전제하고 있는 근로자 참여 및 협력증진에 관한 법률의 개정이 필요하고 노동조합을 전제로 한 협의에서 비노조 근로자 대표제도의 보완이 필요하다. 또한 원하청공동노사협의체도 체계적으로 구축되어야 한다고 보고있다. 부당노동행위도 형사적 처벌보다는 경제적 제재방식으로의 전환이 필요하며 기술 변화에 대한 고용기본법 제정이 필요하고 구조조정에 대한 체계적인 보완조치가 가능한 법이 필요할 것으로 보고있다. 동시에 전국단위의 사회적 대화와 함께 지역별 업종별 대화를 촉진할 수 있는 제도 보완이 필요하다. 그와 동시에 획일적인 보호를 전제로 한 근로기준법 개정도 필요한데 '근로자'와 '임금' 등에 대한 정의의 수정과 새로운 노동 플랫폼 노동을 포괄하는 법이 필요하다고 주장하고 있다.

2020년 3월
저자들을 대표해서 노용진

차례

[1장] 글로벌 노사관계 변화의 주요 이슈 • 29

[2장] 기술 환경 변화가 노사관계에 미치는 영향 • 63

3장 한국기업의 해외 직접투자와 글로벌 노사관계 전략 · 111

4장 한중 분업구조 변화에 따른 노사관계 전망과 과제 · 155

5장 생존을 향한 세계화와 연구개발 인력의 고용관계 • 211

1장

글로벌 노사관계 변화의 주요 이슈

노사관계에서 글로벌가치사슬의 확대에 따른 새로운 이슈가 무엇인 지를 살펴본다. 노동조합과 조합원들은 글로벌가치사슬과 글로벌화 경제에 대해 신속하게 그리고 효과적으로 대응하고 있는가? 국가별 차이에도 노동기준의 글로벌화는 확산될 것인가? SNS를 포함한 정보통신기술ICT 발전은 글로벌 차원에서 사회적 압력을 위한 효과적인 수단을 제공할 것인가? 우리의 법과 제도는 글로벌화에 효과적으로 대응할 여건을 조성하고 있는가?

이영면

동국대학교 경영대학 교수

연세대학교 경영학과를 졸업했고 서울대학교에서 경영학 석사학위를 받았다. 미국 미
네소타대학교에서 노사관계·인사관리Industrial Relations로 박사학위를 받았다. 미
네소타대학교에서 방문조교수Visiting Assistant Professor를 역임하였고, 1994년
부터 동국대학교에서 교수로 재직하고 있다. 고용노동부 정책심의회·정책자문위원회
위원이며 중앙노동위원회 공익위원이다. 일자리위원회, 노사정위원회, 노사관계개혁위
원회 등에서 활동하였다. 한국경영학회 제65대 회장이며, 한국인사조직학회장과 한국
윤리경영학회장, 산업관계연구·인사조직연구·윤리경영연구 편집위원장을 역임하였다.

1

글로벌가치사슬의 변화와
새로운 이슈

이제 노사관계의 패러다임이 바뀌어야 한다

우리나라 대기업들은 1960년대와 1970년대 경제성장 초기에 수출주도형 국가경제정책에 따라 국내에서 제조하고 해외에 판매하는 방식을 취했으나 인건비 등의 비용 상승, 시장규모의 확대와 해외시장 개척의 필요성, 해외 국가들의 외국기업에 대한 규제 강화 등으로 생산거점과 영업망을 해외로 옮기거나 확대하게 되었다.

1980년대 이후 대기업들은 국내에서는 기획, 연구개발, 신제품 등의 업무를 중심으로 진행하고 주요 생산공장Mother Factory을 유지하며, 저원가와 시장개척 중심의 관점에서 해외에 생산공장을 배치하기 시작했다. 이는 1990년대를 전후로 노동자대투쟁 시기를 겪으면서 확대되었다. 그리고 이와 같은 양상은 글로벌가치사슬GVC, Global Value Chain*과 연계되어 중국과 동남아를 시작으로 전세계적으로 확

---

* 가치사슬Value Chain이란 기획, 연구개발, 부품 및 소재 조달, 제조, 판매, 사후관리 등 가치창출을 위한 모든 활동을 의미한다. 이러한 가치사슬을 구성하는 활동이 여러 국가에 걸쳐 이루어지는 경우 이를 글로벌가치사슬Global Value Chain이라고 한다. 쉽게 말하면 국제분업이라고 할 수 있다. 이 글로벌가치사슬은 1990년대 이후 급격히 확산되었다.

산되었다.

그러나 2010년대에 들어와 핵심 분야와 주변 분야의 구분이 국내외에서 혼재되면서 새로운 글로벌가치사슬 체제가 들어서고 있다. 특히 2010년대 후반에 들어와서는 미국을 비롯한 경제대국들의 보호무역주의 확산으로 새로운 변화를 겪고 있다. 2019년 들어서 더욱 심해진 미중 무역분쟁은 보호무역주의가 그 원인으로 지목되고 있는데 일본 등도 보호무역주의 입장을 강화하고 있다.

이와 더불어 4차 산업혁명을 주도하는 인공지능, 빅데이터 등과 함께 정보통신기술ICT의 발전으로 시간적·지역적 구분의 의미가 약화되어 가고 있다. 일부 사례이기는 하지만 스마트 공장으로 소요 인력을 파격적으로 줄인 아디다스 같은 회사는 동남아에 있던 공장을 독일로 옮기는 리쇼어링이 이슈로 제기되었다가 다시 최근에는 독일 공장을 동남아로 옮긴다고 발표했다.

또한 전세계적으로 주요 국가에서 노동조합 조직률이 하락하거나 정체하는 추이를 보이고 있다. 그 배경에 대해서는 여러 논의가 있지만 핵심은 글로벌화하는 기업 경영에 대해 노동조합들이 효과적으로 대응하는 데 한계가 있다는 점이다. 유럽연합은 예외적으로 다국적기업에 대해서는 노동조합 유무와 상관없이 근로자평의회Works Councils를 설치하도록 요구하고 있다. 그러나 그 외 국가에서 기업들은 글로벌화에 첨단을 향해 가고 있지만 노동조합은 글로벌 차원으로 조직하거나 활동하는 데는 한계점을 보이고 있다.

국내 노동조합들은 전통적으로 회사와 긴장관계를 전제로 하고 있다. 그러나 국내 대기업들이 진출한 유럽을 제외하고 중국을 비롯

글로벌 노사관계하에서 새롭게 대두되는 이슈들

> ∨ 글로벌가치사슬 확산과 보호무역주의 확산
> ∨ 글로벌 기업에 대한 사회적 책임 요구 증대와 대응 노력 확대
> ∨ 4차 산업혁명을 주도하는 인공지능, 빅데이터 등과 함께 ICT 발전
> ∨ 노동조합 조직률의 정체 또는 하락과 글로벌 차원 대응 전략의 한계
> ∨ 근로자들의 사고방식 변화와 비노조근로자 대표제도 활성화

한 대다수의 국가들은 노동조합 활동이 활발하지 않은 게 일반적이다. 중국은 공회조직이 있기는 하지만 공산당과 연계되어 회사와 협력적인 관계이다. 베트남이나 인도네시아 등의 동남아시아 국가는 아직 활발한 노사관계를 구축하고 있다고 보기는 어렵다. 다만 유럽 국가들은 노동조합이 상대적으로 잘 조직되어 있고 국제적 네트워크도 잘 구축되어 있다. 이는 글로벌 차원에서 보면 예외적이라고 할 것이다.

일터에서 일하는 근로자들의 생각도 바뀌어서 과거 노동조합을 전제로 한 근로자보호제도에 대한 선호도가 낮아지고 대안적인 보호제도를 찾는 욕구도 증가하는 추이를 보이고 있다. 그에 따라 미국을 제외한 주요 국가들은 비노조근로자 대표제도Non-Union Employee Representation Programs가 제도적으로 가능하도록 법과 제도를 마련하고 있다.

북유럽 국가를 제외한 대부분의 국가들에서는 지난 20여 년 이상 동안 노동조합 조직률이 하락하는 추이를 보이고 있다. 미국을 중심으로 한 연구를 보면 근로자들이 집단적인 근로자보호제도를 원하지만 그 제도가 노동조합은 아니라는 설문조사 결과들이 제시되고

있다(Freeman & Rogers, 2006). 우리나라도 노동조합에 대한 근로자들의 태도가 비조합원의 경우는 관심도가 낮아지고 있으며 오히려 대안조직에 관심을 보이고 있다(장홍근 외, 2017). 따라서 이제는 글로벌화에 따라 기존의 전제를 바꾸는 패러다임의 전환이 요구되며 그에 따라 노사관계 패러다임도 바뀌어야 할 것이다.

새로운 단계로 진입한 글로벌가치사슬

글로벌가치사슬의 관점에서 보면 이제 국내에서 중요 업무 수행, 신흥개발도상국에서 생산, 글로벌 시장의 물류 활용 등과 같은 전제가 바뀌어가고 있다.

과거 우리나라 대기업들은 주로 국내에서 생산하고 수출을 통해 이익을 확보하는 방식을 취하다가 이후 핵심기능은 국내에 유지하면서 생산법인을 해외에 옮겨가는 방식을 취해왔다. 그러나 이러한 방식에 변화가 필요하게 되었다. 이런 변화는 글로벌가치사슬의 구축이다. 이는 단지 국내 대기업만이 아니라 애플이나 GM 등의 글로벌 대기업들에서도 오래전부터 시작된 변화라고 할 것이다.

기존의 국내 중심 경영전략은 기업규모 확대와 해외시장 개척 및 해외 정부의 규제 강화 등으로 한계에 부딪히며 글로벌가치사슬 관점에서 경영전략을 수립하고 실천하게 되었다. 아이폰의 경우 기획과 디자인은 미국, 부품과 소재는 한국과 일본, 제조기술은 대만, 단순제조는 중국, 판매와 사후관리는 다시 미국을 중심으로 이루어진다(장지상, 2019). 에어버스는 프랑스, 독일, 영국, 스페인 등 4개국이 설립한 세계 최대 비행기 제작회사로 27개국 1,500개사의 참여를 통해 제작한다. 2015년 말 기준으로 삼성전자의 베트남 투자는 계열사와 협력사 포함해서 약 100억 달러 규모이다. LG전자도 베트남에 해외법인 중 최대 규모의 휴대전화와 백색가전 생산기지를 운영하고 있다.

다만 2012년 이후 글로벌가치사슬이 약화되는 것으로 평가되고 있다. 1990년대 이후 글로벌 금융위기 이전까지 이어지는 초글로벌化hyper-blobalization로 인한 글로벌가치사슬의 확대가 글로벌 금융위기 이후 조정기에 들어섰다는 견해가 유력하다(윤우진, 2017). 자유무역을 원칙으로 했던 미국은 최근 통상법 301조와 무역확장법 232조를 통해서 보호무역을 본격화하며 중국과 무역전쟁을 치르고 있다. 다른 선진국들도 제조업 부흥을 강조하면서 제조업 재육성 정책을 추진하고 있다. 즉 제조기술이나 단순제조 등에 대해서도 선진국들의 역할을 강화하려고 하는 것이다(장지상, 2019). 좀 더 살펴보면 보호무역 기조 강화, 아시아 주요국의 내수 중심 경제구조로의 변화, 선진국과 신흥국 간의 생산비용 격차 축소 등에 따라 글로벌가치사슬이 약화되는 것으로 분석되고 있다.

우리 경제가 대외의존도가 높은 것처럼 우리나라 대기업들도 해외 생산 비중이 높다. 그런데 최근 선진국들은 자국 내 산업정책의 조정과 보호무역을 통해 기존의 제조부문을 강화하려고 하고 있다. 우리 기업들의 입장에서는 미국이나 중국의 자국 내 생산 강조 정책에 따라 미국이나 중국 내에 생산시설을 유지해야 하고 아세안이나 인도를 통한 우회 수출도 검토할 필요가 있다(장지상, 2019).

중국은 2010년을 전후로 이미 저부가가치 조립가공 중심의 무역에서 고부가가치 중간재 국내생산과 수출 강화 정책을 추진하기 시작했다. 또한 신흥국들의 가계 구매력 증대에 따라 다국적기업들이 현지생산 제품을 재수출하지 않고 현지에서 판매하는 경향도 증가했다. 우리나라는 지금까지 글로벌가치사슬 참여가 주로 전기 전자, 자동차 등 제조업 중심으로 이루어져 왔다. 그러다 보니 전문기술과 금융 등 고부가가치 서비스업에서의 비중이 주요 국가들과 비교해 상대적으로 낮은 편이다. 그러나 최근 롯데화학은 미국에 4조 원을 투자하여 화학공장을 지었으며 LG나 현대자동차도 미국 내 대규모 투자계획을 발표한 바 있다.

글로벌가치사슬이 고용에 미치는 영향을 살펴보자. 글로벌가치사슬에 참여하는 국가들의 고용구조 변화는 고용에 부정적이면서도 긍정적인 효과를 동시에 미친다고 할 수 있다. 신흥국은 글로벌가치사슬 관련 취업자 수가 제조업과 서비스업 중심으로 증가하고 선진국은 서비스업에서 더 많이 증가하는 것으로 보고된 바 있다(Kizu et al., 2016). 글로벌가치사슬의 확산은 기업 경영활동을 촉진하여 신규 고용을 창출한다. 하지만 그 결과 대외경쟁력이 하락한 산업의 고용은 감소하게 된다. 미국은 2000년대 미중 간 생산분업화의 영향으로 미국 제조업의 경쟁력이 하락하면서 제조업 부문 고용이 급격하게 감소했다(Autor et al., 2015). 그러다 보니 미국 내에서 트럼프 대통령의 보호주의 정책이 인기를 얻고 있다.

최근 글로벌가치사슬이 약화되기는 했지만 그럼에도 새로운 단계로 진입했다는 평가들이 있다. 앞으로 제조업에서는 약화되는 추이를 보일 것으로 예상된다. 하지만 글로벌가치사슬이 서비스업에서는 특히 고부가가치 서비스업에서는 더 확산될 것으로 예상된다. 물론 글로벌가치사슬은 단순히 경제적 가치 측면만을 강조하지는 않는다. 정치적인 측면이나 문화적 측면 등도 신중하게 고려되고 반영된다. 삼성전자가 2014년 중국의 시안西安에 반도체 공장을 세운 것은 단순히 인건비 절감의 문제 때문만이 아니다. 중국이 삼성전자를 포함한 반도체 선진 기업에 베푸는 특별한 혜택과 중국시장에서 반도체의 소비 전망 등 다양한 요인을 고려하여 이루어진 결정이다.

4차 산업혁명과 글로벌가치사슬

최근 화두가 되고 있는 4차 산업혁명도 글로벌가치사슬의 재편에 영향을 미칠 것으로 예견되고 있다(윤우진, 2017). 중국은 신흥공업국으로서의 산업화가 일단락되어, 앞으로 부가가치가 작은 조립가공형 제조업과 완제품 수출에 의한 성장에서 벗어나 부가가치가 큰 중간재와 서비스의 생산과 수출로 성장의 축을 이동하는 전환기에 접어들었다. 주요국 간의 가치사슬의 노른자위를 선점하기 위한 경쟁이 치열해지면서 국제 수직분업은 구조적인 변화를 겪을 것으로 보인다.

미래의 글로벌가치사슬은 핵심 기술, 부품, 서비스 공급을 둘러싼 경쟁이 치열해져서 수직분업과 수평분업이 공존하는 하이브리드 형태로 재편될 것으로 전망되고 있다. 따라서 이제 새롭게 전개되는 하이브리드형 분업하에서는 4차 산업혁명과 맞물려 가치사슬의 플랫

4차 산업혁명의 가치사슬과 핵심 추진동력

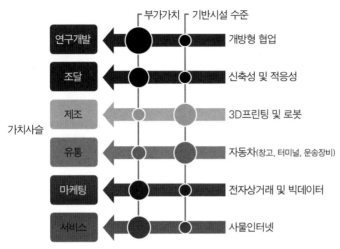

(출처: 윤우진, 2017, 4차 산업혁명의 가치사슬과 원동력)

폼과 핵심 서비스와 소프트웨어의 지배가 경쟁력의 결정 요인으로 작용할 것이다. 우리 기업들은 플랫폼과 디지털 중심의 글로벌가치사슬 형성에서 우위를 선점할 수 있도록 향후 브랜드 인지도와 마케팅 역량 향상에 더 중점적인 노력이 필요하다.

중국 시안의 삼성전자 반도체 공장은 첨단 기술력을 가지고 지어진 공장으로 중국의 보호(?)하에 운영된다고 할 수 있다. 공장 설립에 각종 첨단 기술력이 반영되어 있고, 핵심기술의 경우에는 외부 유출을 방지하기 위해 공장이나 공정 설계도는 사용 후 바로 폐기해서 유출 가능성을 최소화하고 있다. 4차 산업혁명은 기존의 물리적 거리감을 극복할 것이며 기술적인 한계도 단숨에 뛰어넘는 방식을 가능하게 할 것으로 예상되고 있다. 특정 국가 내에서만이 아니라 국가 간의 경계를 쉽게 무너뜨릴 수 있다. 또한 고객의 특성 파악을 실시간으로 할 수 있다. 따라서 이러한 변화에 실시간으로 대응하지 못할 때는 도태될 수도 있다.

이러한 기술 발전은 국내 대기업들의 국내생산공장의 가치를 하락시킬 가능성이 크다고 할 것이다. 국내생산공장의 이점은 기존에는 주로 생산인력의 숙련화 등에 있었다. 그러나 새로운 기술 도입으로 소수의 고숙련 근로자에 대한 필요성은 증가하지만 다수의 중숙련과 비숙련 근로자에 대한 수요는 많이 줄어들 전망이다. 현대자동차의 전기차 생산이 대표적인 예라고 할 수 있다. 다만 국내 대기업들이라고 하더라도 철강이나 조선업종 같은 경우에는 여전히 용접과 같은 전통기술이 중요한 역할을 하고 있으며 기술 변화 속도가 상대적으로 점진적이다. 급변하는 자동차나 전자 또는 화학 업종 등과는 차이가 있을 것이다.

대립적에서 협력적인 교섭방식으로 바뀐다

국제생산시스템에서의 복잡한 국제분업의 역학을 조명하고 기업들 사이 힘의 관계, 즉 거버넌스 구조governance structure가 행위자들의 가치창출과 배분에 미치는 영향을 살펴보면 다음과 같다(이준구, 2014). 캡처링 더 게인스CtG, Capturing the Gains 연구프로그램의 결과를 보면 세 가지 변화가 있다. 첫째, 글로벌가치사슬의 등장으로 세계경제에서 무역이 이루어지는 방식과 국가와 기업이 가치를 획득하는 방식이 변한다. 특히 중간재 무역이 증가하면서 최종재의 생산 지역과 가치가 획득되는 지역 간의 괴리가 확대되어 가고 있다. 둘째, 선도기업들은 가치사슬 내에서 가치의 획득과 분배구조의 형성에 중요한 역할을 하고 있다. 예를 들어 소매구매자였던 월마트보다 브랜드 제조업체인 애플과 삼성의 역할이 더 강화되고 있는 것이다. 셋째, 부가가치가 더 높은 활동으로의 이동인 경제적 고도화economic upgrading가 반드시 고용의 질이나 노동자의 권리 및 혜택의 향상과 같은 사회적 고도화social upgrading로 이어지지는 않는다는 점이다.

노사관계 측면에서 보면 과거 기업의 영역이 지리적으로 구분되고 노동력의 이동이 제한적이었을 때는 노동조합이 노동력의 공급을 독점하고 기업과 노동력 공급에 따른 가격, 즉 임금을 교섭할 수 있었다. 그러나 이제는 정보통신기술의 발전과 4차 산업혁명 기술을 이용해 지리적, 시간적 장애요인이 극복되어 감에 따라 노동조합도 전통적인 노동력 독점을 통한 교섭력 확보가 약화되어 가고 있다. 또한 글로벌가치사슬 상황에서 노동력 공급의 독점은 국가경계를 넘어서기 어려워서, 기존의 국가 단위 노동조합 조직 방식으로는 효과를 기대하기 어려워진다. 따라서 새로운 노사관계 패러다임 정립이 요구된다.

글로벌가치사슬과 관련해서 노동조합의 교섭력은 상대적으로 약해질 수밖에 없다. 교섭 대상인 글로벌 기업과 비교해 다양한 대안을 확보하기 어렵기 때문이다. 그래서 소극적으로 그리고 방어적으로 대응할 가능성이 크다. 현대자동차 같은 경우에는 국내 공장의 구조조정을 하려면 먼저 해외 공장의 구조조정을 선행해야 한다는 단체협약을 가지고 있다. 최소한 국내 노동조합원들이라도 보호하자는 취지다. 하지만 정보통신기술의 발전은 사용자의 대안에 더 많은 유연성을 부여하게 될 것이다. 그렇다면 노동조합이 그동안 활용했던 대립적인 견제방식의 교섭은 더 이상 효과적이지 않을 수 있다. 그보다는 협력적인 교섭방식을 채택함으로써 글로벌 경영전략에 참여하고 그 결과 국내 조합원의 고용안정성을 높일 수도 있다.

　노동조합이 결성되어 있지 않은 글로벌 기업은 노사관계는 상대적으로 유연성을 가지고 형성될 수 있다. 기업은 급변하는 환경하에서 근로자들에게 필요한 정보를 신속하게 제공하고 또 근로자들이 기업에 제공하는 정보를 효과적으로 활용할 수 있다. 그런 점에서 비노조근로자 대표제도를 활용할 수 있다. 물론 비노조근로자 대표제도가 노조 회피 방식으로 활용된다는 비판도 있다. 하지만 유럽의 여러 국가들은 최근 들어 비노조근로자 대표제도를 법제화하여 도입할 수 있도록 지원하고 있다. 글로벌 차원에서 비노조근로자 대표제도 활용을 적극 검토할 필요가 있다. 이러한 논의는 우리나라에서도 낮은 노동조합 조직률과 근로자의 노동조합에 대한 태도 변화 등을 고려할 때 적극적인 검토가 요구된다.

2

글로벌가치사슬 관점에서
본 기업의 사회적 책임

사회적 감시의 대상이 된 글로벌 기업

기업은 글로벌가치사슬을 주로 경제적 관점에서 추진한다. 하지만 글로벌 기업들에 대한 사회적 책임에 대한 요구는 계속 높아지고 있다. 그에 따라 환경 보호, 해당 국가에 대한 부정부패 예방, 근로자들에 대한 법적 책임이 강화되고 있으며 글로벌 기업들도 그에 대한 책임을 강조해 나가고 있다. 우리나라도 대기업이 해외에 진출한 경우 국내의 시민단체들이 해외 시민단체나 언론 등과 연대하여 해당 지역에서 정치권과의 부당한 거래, 환경오염, 근로조건의 미준수 등에 대해 비판하고 언론에 공개함으로써 도덕적인 타격을 받는 경우들이 보고되고 있다. 심지어는 사업이 중단되는 경우도 발생한다.

과거 포스코가 인도에서 제철소를 설립하다가 땅을 매수하는 과정에서 지역주민들과 마찰을 빚은 것이 언론에 보도된 적이 있다. 대우인터내셔널이 미얀마에 투자하는 과정에서 미얀마 정부가 지역주민들을 강압적으로 다루어 국제적인 비판 대상이 되었다는 내용도 언론에 보도되었다. 최근 들어서는 기존의 비즈니스 이슈를 넘어서서 사회적 이슈에 대한 미숙한 대응으로 비판의 대상이 되기도 한다. 예를 들면 2019년 여름 발생한 한일 간 경제전쟁 상황에서 개인적인 의견을 피력한 한국콜마 회장이 사직하는 리스크가 발생하기도 했다.

기업의 역할이 사회적으로 확대됨에 따라 경영진을 공인으로 보는 시각은 여러 리스크를 증가시키는 측면이 있다. 예컨대 한진그룹은 대한항공 땅콩회항 사건으로 시작되어 회장의 급작스러운 사망과 가족들의 부적절한 행동들이 복합적으로 작용하여, 경영권이 흔들리는 정도까지 확대되었다. 기존에는 별다른 이슈 없이 넘어갈 수 있었던 내용이 이제는 경영권을 위협하는 상황으로 연결될 수 있다. 이러한 리스크를 관리하는 것이 매우 중요하게 되었다. 그러다 보니 시민단체나 언론 등 다양한 이해관계자들의 요구를 항상 확인하고 점검하는 일이 필요해졌다.

좀 더 구체적으로 노사관계와 관련해서도 인권과 더불어 국제사회에서는 글로벌 시민단체를 중심으로 글로벌 기업들을 감시하고 있다. 이에 글로벌 기업들은 그에 대한 선제적 대응으로 법적인 규제를 벗어나서 자발적으로 기준을 만들어 노동권을 보호하고 있다. 과거 나이키도 동남아 공장에서 근로조건 미준수로 불매운동이 발생하자 해당 공장에 대해 한 번이라도 법을 위반하는 일이 발생하는 경우 계약을 해지하겠다고 선언한 바 있다. 이로 인해 이후 나이키의 이미지는 오히려 상승하는 결과를 가져오기도 했다.

물론 중국과 베트남처럼 사회주의 정치제도를 유지하고 있는 나라의 경우 근로자 대표조직이 사실상 공산당에 의해 조정되므로 다

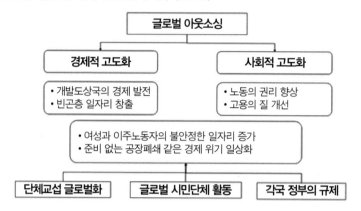

글로벌 아웃소싱: 경제적 고도화와 사회적 고도화

른 나라와는 차이가 있다고 하겠다. 이러한 상황에서 중국의 노동조합이라고 할 수 있는 공회의 활동을 감시하는 해외단체들이 중국 내에서 활동하고 있다. 중국은 최근 들어서 노사관계에 대한 학문적 연구도 활발하게 하고 있어 노사관계가 업그레이드될 가능성이 높다. 하지만 공회는 공산당 및 회사와 밀접하게 협력적인 관계를 가지는 등 기존의 노사관계와는 다른 형태여서 앞으로 관심대상이 되고 있다. 하지만 대부분의 국가들은 경제가 성장함에 따라 노동조합운동이 활성화되니 그에 대한 대응전략도 수립해야 할 것이다.

경제적 고도화와 사회적 고도화

글로벌 아웃소싱에 따라 추진되는 경제적 고도화가 개발도상국의 경제 발전과 빈곤층 일자리 창출에 중요한 역할을 하는 것은 사실이다(이준구, 2014). 그리고 이 고부가가치 활동이 어디에 입지하게 되는지와 누가 글로벌가치사슬에 참여하는지는 주로 그 사슬을 주도하는 선도기업들에 의해서 결정된다. 예를 들면 삼성전자가 베트남에 생산공장을 실립하는 것은 경영 의사결정이었다. 하지만 그 결과는 베트남의 경제 전반에 매우 큰 역할을 미쳐서 베트남 수출의 20% 정도를 차지하고 있다.

중국 서안의 반도체 공장도 서안 산업생산의 20% 이상을 차지하고 있다. 중국 서안 정부는 핵심 사업장으로 유치하기 위해 보세지역까지 지정했다. 다만 이 반도체 공장은 첨단 자동화 시설이라 근로자가 4,000여 명 수준이어서 공장 규모에 비해 고용창출 규모가 작다는 불만이 있기도 하다.

베이징의 현대자동차 공장도 초기에는 중국이 상당한 관심을 두는 투자유치 관심대상이었다. 그러나 이제는 중국의 자동차공장들도 생산성과 품질이 향상되어서 별다른 관심대상이 되지는 못하고 있다. 오히려 중국 내 자동차 시장의 경쟁이 치열해져 현대자동차 제1공장은 잠시 생산을 중단하여 약 2,000여 명의 근로자들이 일자리를 잃는 결과가 발생하기도 했다.

애플이나 월마트 같은 선도기업들은 가치사슬의 하부 단위 구매자인 경우가 많아졌다. 그러나 이 선도기업들인 구매자들은 어떠한 상품을 어느 글로벌 시장에 공급할 것인가 또는 어떤 공급자가 그 상품을 공급할 것인가를 결정함으로써 공급망 내의 노동분업을 조정한다. 더 나아가 이들 선도기업들이 품질표준을 정하고 가치사슬에서 통제력을 강화하여 개발도상국의 공급자들은 시장에서 밀려날 수 있고 소수의 대형공급자들로 집중화되는 경향을 보이고 있다.

그런데 이렇게 고부가가치가 높은 활동으로 이동하는 경제적 고도화가 반드시 노동자의 권리 및 혜택의 향상과 고용의 질 개선을 수반하는 사회적 고도화로 이어지는 것은 아니다(Barrientos, Gereffi and Rossi, 2011).

경제적 고도화의 결과로 글로벌가치사슬 내의 일부 노동자들은 임금상승과 강화된 노동기준의 혜택을 받을 수 있다. 예를 들면 삼성전자 베트남 공장에서 일하는 근로자들이 그렇다. 현대자동차의 러시아 상트페테르부르크 공장 근로자들도 마찬가지다. 주변 지역에서 가장 좋은 일자리로 인정받고 있다.

그러나 비용절감을 중시하는 단순 부품 조립이나 기타 저부가가치 일을 수행하는 개발도상국의 여성과 이주노동자들은 경제적 고도화가 있어도, 오히려 보호받지 못하는 불안정한 일자리를 가지게 될 수 있다. 열악한 일자리는 낮은 생산성, 하도급, 구매자의 요구를 맞추기 어려운 공급업자들에 의해 만들어진다. 고용이 창출되고 임금 수준이 개선된다고 해도 이는 노동자들의 결사의 자유와는 별개로 진행될 수 있다.

또한 외부환경의 변화로 충분한 준비 없이 공장이 폐쇄되기도 한다. 이러한 현상은 GM의 생산공장 전략이 대표적이다. GM은 전세계에 공장을 가지고 있었으나 미국과 중국에만 공장을 유지하기로 한다는 전략을 수립하고 그 외 지역에 위치한 자동차 공장들을 폐쇄했다. 여기에는 한국, 호주, 독일 외에 인도네시아도 포함된다. 급작스러운 공장폐쇄 결정으로 수천수만의 근로자들이 일자리를 잃게 되었다. 물론 해당 국가의 정부는 공장폐쇄를 막기 위해 엄청난 재정지원을 했다. 그럼에도 대부분 국가에서는 공장폐쇄를 막지 못했다.

경제적 고도화로 개발도상국에서도 수요가 창출되면 공급자들은 제품설계와 같은 고부가가치 활동을 추구하게 되고 고숙련 고용창출에 기여할 수도 있지만, 품질개선이나 공정개선 노력 없이 이윤 수준을 유지하려고 하면 노동자들의 생활은 더 악화될 수 있다(이준구, 2014).

경제위기 과정에서 글로벌가치사슬이 집중화됨에 따라 상대적으로 유리한 상황을 가진 소수의 공급자들은 살아남지만 나머지 공급자들은 배제되고 결국 일자리도 사라지는 결과를 낳게 된다. 2001년 전세계 휴대전화의 대부분을 독일, 영국, 한국, 미국, 핀란드에서 수출했으나 2011년에는 전세계 휴대전화의 절반을 동아시아의 중국, 한국, 홍콩에서 수출했다. 중국만 43%를 차지하고 있었다. 미국에서 설계된 애플의 아이폰은 중국에서 조립된다.

2014년 기준으로 전세계 휴대전화 사용자 10명 중 7명은 개발도상국에 산다. 사하라 이남 아프리카의 경우 휴대전화 가입자 수가 10년 만에 32배 증가했다. 특히 저가 스마트폰을 통한 인터넷 접속은 폭발적이다. 휴대전화 제조만이 아니라 케냐에서는 휴대전화 충전서비스, 휴대전화 수리, 휴대전화를 이용한 송금서비스 등에서 다수의 일자리가 생겨났다. 휴대전화 글로벌가치사슬은 콜탄과 같은 핵심 원자재 광물을 채굴하는 아프리카 광부, 중국의 젊은 이주 조립공, 인도의 소프트웨어 개발자, 여러 개도국의 휴대폰 판매원 등 다양한 노동자를 포괄하고 있다.

새로운 일자리가 생겨나는 경우는 노동조합에게 유리한 상황이다.

하지만 글로벌가치사슬의 개편으로 공장이 이전되거나 폐쇄되는 경우 노동조합은 매우 어려운 상황에 부닥치게 된다. 현상유지가 최대 목표가 된다. 대기업이 아닌 협력업체들의 고용 상황은 더 안 좋게 진행될 가능성이 크다. 대표적인 예가 2018년 군산의 GM 공장폐쇄다. 글로벌 전략의 개편으로 군산공장만이 아니라 부평공장과 창원공장도 위기에 몰렸다. 결국 한국정부가 8,000억 원의 재정을 지원함으로써 다른 두 곳의 공장폐쇄를 막았다. 하지만 이후에도 불안은 계속되고 있으며 단체교섭의 난항으로 노동조합은 파업을 준비하고 있다. GM은 국내에서 많은 비난을 받았다. 하지만 전세계를 대상으로 글로벌가치사슬을 유지하는 입장에서, 경쟁력이 낮은 부분을 포기하거나 전환하는 것은 불가피한 전략적 의사결정이라고 할 것이다.

르노삼성도 노사관계가 안 좋은 경우 언론에서는 르노의 전략을 언급하면서 르노삼성의 전략적 지위 하락과 생산물량 감소를 언급한다. 실제로 실행에 옮겨지는가는 별개의 문제지만 르노 본사에서의 생산전략 변경은 르노삼성에 매우 불리한 결과를 가져올 수도 있다. 2020년 새해 벽두 르노삼성 부산공장은 노조의 파업에 대응하여 직장폐쇄를 하고 계속 생산을 위해 노력하고 있다. 하지만 르노 본사 입장에서 부산공장은 한국에 있는 조그마한 공장일 뿐이며, 대립적이고 불안한 노사관계는 공장유지에 부정적인 태도를 확대할 가능성만 높이는 것이다.

우리나라의 대표적인 제품인 휴대전화 글로벌가치사슬은 휴대전화의 이용 추이와 관련해서 사회적 고도화로 이어질 수 있다는 주장이 있다(이준구, 2013). 다만 휴대전화에 의한 사회적 고도화는 그 범위가 제한적이다. 휴대전화 글로벌가치사슬은 매우 소수의 국가에 집중되어 있어서 고용증가도 제한적이고 생겨난 일자리의 질도 낮은 경우가 많다. 저임금, 장시간 근로, 그리고 선도기업들의 구매 관행 및 공급업체들의 가혹한 관리방식으로 부담을 가질 수 있다.

휴대전화 글로벌가치사슬은 아프리카 광산 노동자로부터 폭스콘 공장의 학생 인턴에 이르기까지 광범위하게 비정규직이나 임시직 근로자에게 의존하고 있다. 일부 숙련 노동자들은 예외지만 제대로 된 훈련도 없이 높은 품질 기준을 요구받는 경우에 집단적인 파업을 일으키기도 한다. 저가 휴대전화는 브랜드 인지도와 수익률이 낮은 소규모 생산업체에 의해 생산되기 때문에 노동조건이 열악할 가능성이 높다.

하지만 개발도상국에서의 일자리 창출 등은 사회적 고도화의 기회를 제공할 수도 있다. 빈곤층, 여성, 농촌 지역 주민들은 휴대전화 이용으로 시간을 절약하고 안전한 송금이 가능해지며 주요 자원에 쉽게 접근할 수 있게 된다. 거래비용의 절감이 가능해지는 것이다.

글로벌가치사슬의 최전선 현대자동차 사례

2010년대 초반 현대자동차를 비롯한 국내 대기업의 해외 현지생산 비중의 확대와 관련하여 글로벌가치사슬의 확장은 국내에서 일자리 감소를 가져올 수 있다는 주장도 있다. 2010년을 지나면서 현대자동차나 삼성전자를 비롯한 국내 글로벌 대기업의 해외매출 비중과 해외인력의 비중은 전체 매출과 인력의 절반을 넘어섰다. 최근 삼성전자는 해외인력의 비중이 국내 인력보다 두 배가 넘는다. 그 배경으로는 고임금, 저생산성, 경직된 노동시장, 대립적 노사관계를 예로 들어왔다. 실제로 2010년 이후 현대자동차의 전체 생산대수는 증가 추이를 보였지만 국내 공장의 근로자 수는 별다른 증가세를 보이지 않았다. 최근에는 비정규직의 정규직화로 근로자 수가 증가하고 있지만 베이비부머 근로자들의 대규모 정년퇴직으로 많이 증가하지는 않으리라고 보인다.

그러나 현대자동차를 사례로 볼 때 한국 대기업의 글로벌가치사슬 참여도 증가는 중소중견기업인 협력회사들의 생산과 매출 및 기업 간 무역이 증가하면서 결과적으로 국내기업의 일자리 증가를 가져왔다는 주장도 있어서(최남석, 2013) 인력구조의 변화에는 신중한 분석과 평가가 필요하다. 예를 들어 베이징 현대자동차는 생산효율성을 높이기 위해 다수의 국내 협력업체와 동반 진출했으며, 부품의 상당한 규모를 국내에서 수입하여 사용했다. 중국 현지 부품의 품질이 문제였기 때문이다.

다만 2019년 기준으로 중국에서 현대자동차가 매출부진을 겪고 베이징 공장은 1공장이 당분간 생산을 중단해서 오랜 기간 계속 적용할 수 있는 주장으로는 쉽지 않은 것으로 판단된다. 현대자동차는 2000년대 초반 베이징 공장을 중심으로 급속한 성장을 하여 누적 생산량이 베이징 공장에서만 1,000만 대를 돌파했지만 중국 자동차 회사의 양적 및 질적 성장으로 경쟁력을 충분히 확보하고 있다고 보기는 어렵다.

이러한 상황에서 중국시장에 프리미엄 브랜드인 제네시스를 신속하게 생산 출시해야 하지만 진행이 더디게 되고 있다. 중국에서 현대자동차는 중저가 브랜드 이미지를 가지고 있고 그에 비해 가격은 중국 브랜드 자동차 가격보다 비싸 영업이 어려운 형편이다. 그 사이 유럽과 일본의 고급 브랜드 자동차들이 시장점유율을 높이고 있다. 그 결과 동반 진출한 국내 협력업체들도 어려움을 겪고 있다. 국내의 2차 및 3차 협력업체들도 생산량을 줄이게 되고 일자리 축소도 예상되고 있다.

중국은 일자리에 대한 애착이 높지 않아서 2019년을 전후로 현대자동차 베이징 공장에서 1공장 생산중단에 따라 2,000여 명에 가까운 근로자들을 정리해야 했음에도 별다른 투쟁이나 파업은 겪지 않았다. 그러나 국내 사정은 다르다. 현대자동차의 사례는 아니지만 한국GM의 군산 공장폐쇄에 따른 후유증은 군산지역을 고용위기 지역으로 지정할 만큼 크게 나타났다. 근로자들의 집단적인 투쟁도 있었다. 이후에도 한국GM 노조는 단체교섭 중에 파업찬반투표를 통해 파업을 준비하고 있다.

이제 기업은 사회적 책임을 넘어 '사회적 가치'로 가야 한다

통신기술의 발전으로 지리적 시간적 장애요인을 극복했다. 하지만 그 반면에 사회적 의식 수준의 제고에 따른 문화적 심리적 영향요인도 더욱 확대되어 가고 있다. 과거에는 정부나 기업이 근로자나 노동조합보다 힘이 강해서 근로자나 노동조합을 이끌어갈 수 있었다. 하지만 이제는 사회적 의식 수준이 높아져 정부의 일방적인 정책 집행이 어렵게 되었다.

근로자를 포함한 일반인들의 권리에 대한 의식과 기업 책임에 대한 인식 수준도 높아져서 기업의 일방적인 의사소통이 어렵게 되었다. 가습기 살인사건도 숨길 수 없는 사회적 관심사가 되었고, 삼성전자 반도체 공정에서의 직업병 유발도 시간이 흘러감에 따라서 사회적 관심이 제고되어 해결책을 찾아가게 되었다. 오랫동안 유지되었던 삼성그룹의 비노조 경영도 새로운 차원으로 전개될 것으로 보인다. 최근 삼성전자에 한국노총 소속 노조가 설립신고를 했다는 소식이 들린다. 이제는 과거에 통했던 관리방식이 더는 실행되기 어려운 경우도 발생했고 근로자들의 노동조합에 대한 인식도 바뀌어가고 있기 때문이다.

물론 그 반대의 경우도 발생한다. 노동조합에 대한 긍정적 태도가 형성되는가 하면 부정적인 태도가 형성되기도 한다. 다만 여기에서의 차이는 회사 교육으로 태도가 형성되는 것이 아니라 근로자 스스로 판단한 결과라는 것이다. 대표적인 예가 기업의 사회적 책임 의식이며, 특히 SNS의 발달로 기업에 대한 다양한 정보가 이해관계자들에게 실시간으로 공유되고 있다. 기존에는 신문이나 방송 같은 언론 기관만 통제하면 커뮤니케이션을 통제할 수 있었다. 그러나 이제는 SNS의 발달로 언론 통제는 사실상 불가능해졌다. 물론 중국처럼 구글이나 기타 SNS 자체를 통제할 수도 있기는 하지만 그 또한 앞으로 얼마나 가능할지는 모르는 일이다.

이제는 모든 정보가 실시간으로 공유된다고 가정하고 기업 경영을 해야 한다. 과거에는 언론에 공개되는 것을 감출 수 있었지만 이제는 어렵게 되었고 그에 따라서 사고가 발생했을 때 어떻게 대처하는가가 더욱 중요한 과제가 되었다고 할 수 있다. 가끔 터지는 대기업들의 개인정보보호법 위반이나 수만 수십만 명 고객의 정보유출에 대해서, 신속하게 그리고 바른 생각으로 대처하는 것이 매우 중요한 리스크 관리이자 사회적 책임 활동이 되었다.

이제 기업의 사회적 책임은 모든 시공간을 초월해서 더욱 강력한 경영 고려 사항으로 작용하게 되었다. 더불어 글로벌 대기업들은 사회적 가치를 더욱 강조하고 있다. 사회적 책임이 의무이행이라는 소극적 접근이라면 사회적 가치는 더 적극적 접근이다. 사회문제를 해결하면서 동시에 경제적 가치를 창출하겠다는 상당히 창의적인 접근 방식이다.

국내에서 사회적 가치를 가장 강조하는 기업은 SK그룹이다. 장학퀴즈로 알려졌던 선경 시절을 거쳐서 2000년대 들어서는 사회적 기업의 생태계 구축이라는 슬로건을 내걸고 사회가치경영을 강조해왔다. 지난 2, 3년 전부터는 사회적 가치를 그룹 차원의 핵심 비전으로 강조하면서 기존의 경제적 가치 외에 사회적 가치를 강조하는 더블보텀 라인DBL, Double Bottom Line 경영을 강조하고 있다.

SK그룹은 국내 기업 경영에서의 사회적 가치를 강조할 뿐만 아니라 다보스 포럼에서의 발표 등을 통해 글로벌 차원에서도 사회적 가치를 강조하고 있다. 중국의 국유기업을 관리 감독하는 국자위와도 사회적 가치 증진을 위한 협력사업을 추진하고 있다.

아직 국내 대기업들은 SK그룹의 사회가치경영에 대해 관망하는 태도를 보이고 있지만 앞으로 사회적 관심을 받을 사항임은 틀림없다. 다만 앞으로 얼마나 구체적으로 사회가치경영이 자리를 잡을 것인가가 과제이다. 이러한 사회가치경영만이 아니라 이와 관련된 비경제적 접근법이 기업 경영에서 더욱 중시될 것이다. 기업들로서도 그에 대한 관심은 필수적이라고 할 것이다.

더불어서 집단적인 노사관계만이 아니라 개인적인 고용관계와 플랫폼 노동의 확산에 따른 새로운 고용 형태의 출현에 대한 기업의 체계적인 대응도 더욱 중요하게 되었다. 개인적인 고용관계에서는 주로 근로기준법 준수와 관련된 (최저)임금과 근로시간 등이 중요한 이슈이다. 하지만 최근에는 직장 내 성희롱이나 괴롭힘 등도 그 예방과 조치를 법제화해서 기업이 잘 관리해야 하는 과제가 되었다.

집단적 고용관계에서는 최근 공공부문 비정규직의 정규직화와 하청근로자에 대한 직접 고용 등이 사회적 이슈로 떠올랐다. 기업들이 제대로 대처하지 못하면 기업 이미지만이 아니라 브랜드 관리 등에도 큰 영향을 미치게 되었다. 최근 노동조합 조직률이 공공부문을 중심으로 일부 증가하고 있지만 민간부문에서는 정체 또는 감소현상을 보이고 있다. 그러다 보니 비노조근로자참여제도의 활용도 근로자의 의견수렴에 대한 대안으로 대두되고 있다.

또한 긱 이코노미와 플랫폼 노동 등 새로운 형태의 노동시장이 형성됨에 따라서 그러한 상황에 맞는 기업의 정책과 전략이 필요하다.

3

글로벌 경쟁 환경의 변화에 따른 노사관계의 변화

4차 산업혁명과 글로벌가치사슬의 재편

2010년 전후까지 글로벌가치사슬의 확대는 주로 제조업의 중간 재 무역이 큰 역할을 했으나 2012년 이후에는 그 기여도가 하락하고 있다. 앞으로는 사물인터넷이나 인공지능 등 4차 산업혁명을 주도할 새로운 정보통신산업에서 소요되는 중간재에 의해 주도될 것으로 예측되고 있다(윤우진, 2017). "미래의 글로벌가치사슬은 핵심 기술, 부품, 서비스 공급을 둘러싼 경쟁이 치열해져 수직분업과 수평 분업이 공존하는 하이브리드 형태로 재편될 것이다. 또한 가치사슬을 구성하는 각 요소에 로봇공학, 3D프린팅, 인공지능, 사물인터넷 등 새로운 원천 기술이 접목되면서 구조가 보다 복잡해질 것"이라고 했다.

물론 특정 기업은 경영하는 데 글로벌가치사슬만을 고민하지는 않으며 그 외에 통제가 어려운 정치적인 이슈들을 포함하여 다양한 이슈들을 고민한 다음에 의사결정을 내린다. 하지만 그럼에도 향후 당분간은 글로벌가치사슬의 영향력이 가장 크게 작용할 것으로 예상할 수 있다.

다만 4차 산업혁명은 글로벌가치사슬을 더욱 확대할 수도 있다. 하지만 글로벌가치사슬의 영향력을 줄이는 방향으로 작동할 수도 있다. 예를 들어 고임금을 극복하기 위해 과거에는 해외로 저임금 근로자를 찾아갔지만 이제는 로봇이나 인공지능 등을 활용해 자동화 수준을 높여 스마트 공장화함으로써 고임금을 극복할 수 있게 되는 것이다. 그렇게 된다면 굳이 해외로 나갈 필요가 없어질 수 있다.

국내 한 로봇회사는 연간 약 4,000대의 로봇을 판매하는데 단순히 로봇만을 판매하는 것이 아니라 공장시설 전반에 대한 컨설팅을 포함해 시스템 구축까지 통합적인 지원을 해주고 있다. 특히 로봇의 가격이 과거와 비교해 매우 많이 저렴해지고 수행할 수 있는 일들도 많아짐으로써 그 활용도가 확대되고 있다.

사실 4차 산업혁명에 따른 기술 발전은 해외로 진출한 기업들이 다시 모국으로 돌아가는 리쇼어링을 가능하게 만들었다. 독일의 아디다스 신발 공장은 단지 수십 명의 근로자만으로 수십만 켤레의 신발을 만들어내고 있다. 저렴한 인건비 확보를 위해 외국으로 나갔던 기업들 중 일부는 모국에 돌아가서 다시 공장을 세우는 경우가 발생하고 있다. 노동력 투입이 줄어들기 때문에 인건비가 더는 이슈로 제기되지 않는 것이다. 하지만 모국 입장에서는 작은 규모이더라도 새로운 일자리가 생기기 때문에 권장할 만한 일이다.

아쉽게도 우리나라는 리쇼어링 관련 법률도 있고 여러 가지 지원 제도가 있음에도 실제 리쇼어링은 앞에서 살펴본 대로 매우 소수만이 존재한다. 인건비도 인건비지만 여러 가지 기업 경영 여건이 해외에 비해 여전히 불리하다고 생각하기 때문이다.

중국도 우리나라와 비교해 임금 수준이 평균적으로 3분의 1 정도이다. 베트남은 5분의 1에서 10분의 1 수준이다. 물론 총원가에서 인건비가 차지하는 비율이 10% 내외라고 할 수 있다. 하지만 베트남이나 인도네시아 등에서는 해외투자 기업들에 대해 법인세 면제를 비롯한 여러 가지 혜택을 부여하기 때문에 다시 한국으로 돌아오기는 쉽지 않다고 할 것이다.

글로벌 경쟁 환경에서의 모든 발생 가능성을 대비해야 한다

앞에서 설명한 대로 글로벌가치사슬은 재편의 길을 걷고 있다. 글로벌가치사슬의 고부가가치화를 통해서 개도국은 생산 거점에서 생산과 소비의 거점으로 자리잡게 되었다. 또한 인건비 등의 문제가 기술적으로 축소됨에 따라 아웃소싱되었던 생산 기능이 리딩기업이 속한 선진국 쪽으로 리쇼어링될 가능성도 발생하고 있다.

그러나 국내에서 리쇼어링이 활발해질 가능성은 당분간은 크지 않으리라 예상된다. 리쇼어링을 위한 경영 의사결정이 단순하게 인건비나 기술 문제만으로 이루어지는 것이 아니기 때문이다. 여기에는 해당 국가의 투자유치를 위한 인센티브, 선진국에서의 규제 확대, 과세제도의 변경 등 매우 다양한 이슈들이 복합적으로 작용한다.

그렇다 보니 우리 기업들은 앞으로 리쇼어링보다는 중국 중심 또는 동남아시아 중심의 가치사슬이 어떻게 확대될 것인가에 대한 고민이 더 크다. 매우 주관적이지만 주로 남동쪽에서 남서쪽으로, 즉

글로벌화에 따른 노사관계 대응 과제

> ∨ 노동조합과 조합원들은 글로벌가치사슬과 글로벌화 경제에 대해 신속하게
> 그리고 효과적으로 대응하고 있는가?
> ∨ 국가별 차이에도 불구하고 노동기준의 글로벌화는 확산될 것인가?
> ∨ SNS를 포함한 정보통신기술의 발전은 글로벌 차원에서 사회적 압력을 위한
> 효과적인 수단을 제공할 것인가?
> ∨ 우리의 법과 제도는 글로벌화에 효과적으로 대응할 여건을 조성하고 있는가?

인도로 중앙아시아로, 그리고 더 나아가서는 아프리카나 남아메리카
까지 생산과 영업판매 지역이 확대될 가능성이 있다.

가장 중요한 변화는 중국이 기존의 단순부품 조립공장에서 벗어
나 이제는 기술을 가지고 생산과 소비가 병행되면서 기존의 선진국
들과 무역갈등을 겪게 될 것이라는 점이다. 물론 아세안 국가들이나
인도가 있기는 하지만 당장 중국을 대체할 수준은 되지 못한다. 중국
의 영향력은 상당 기간 계속될 것이라고 예상해야 할 것이다. 그럼에
도 중국의 경제정책 변화는 우리 글로벌 기업들에게 큰 영향을 미칠
것만은 확실하다. 물론 기업들은 이미 그에 대한 대응전략을 구축했
을 것으로 보이지만 중국의 소비자 시장을 고려할 때 중국의 비중을
쉽게 줄일 수는 없을 것이다. 따라서 다변화 전략을 추진한다고 해도
중국의 위상은 상당 기간 최우선 국가로 간주될 것이다.

추가로 최근 확대되고 있는 한일 간의 경제전쟁과 같은 예측하기
어려운 환경 변화에도 리스크 관리 차원에서 대응이 필요하다. 당연
히 예측불가의 자연재해 등에 대해서도 대비하는 것처럼, 발생 가능
성은 낮지만 현실적으로 발생 가능성이 있다면 그에 대한 대응책이

필요하다.

글로벌 환경에 따른 노동법제의 변화가 절실하다

중장기적으로 글로벌 노사관계는 급속하게 재편되는 기업의 글로벌가치사슬에 따라 이를 뒤쫓아가는 노동조합의 대응으로 설명할 수 있다. 여기에 정부나 NGO를 포함한 사회적 압력으로 기업의 자발적 또는 비자발적 변화가 함께할 것이다.

기업 경영의 글로벌화가 매우 빠른 속도로 진행되는 데 비하면 노동조합이나 조합원들의 생각은 상대적으로 더디게 바뀌고 있다고 생각된다. 예를 들어 현대자동차의 팰리세이드가 미국에서 큰 인기를 누리고 있지만 국내 현대자동차 조합원들은 노동강도 등을 언급하면서 생산량 증가를 제한했다고 언론에 보도된 바 있다. 이를 보면 노동강도 조정을 통한 근로자들의 생활도 중요하지만 좋은 기회를 놓치는 것은 아닌가 하는 생각을 하게 된다.

현대자동차의 해외 공장에는 대부분 노동조합이 결성되어 있지 않다. 국내 노조가 해외 공장의 근로자들을 만나고 노조결성을 유도하지만 성과는 크지 않다. 일부에서는 국내 근로자들의 임금과 보상 수준이 해외 공장에 구체적으로 알려지면 해외에서도 높은 수준의 임금 인상과 상여금 지급을 요구할 거라는 이야기도 있다. 중국이나 베트남은 사회주의 국가로 노동조합도 친정부 친기업의 성향이 강하다. 우리나라의 대립적인 노동조합운동과는 차이가 있어서 국내 노동조합들이 강력한 연대감을 구축하는 데는 한계가 있는 것이다.

노사관계는 역사적 문화적 차이 때문에 국가마다 많은 차이를 보인다. 그런데 글로벌화는 글로벌 표준을 강조하게 될 가능성이 크다. 그리고 의도적이든 아니든 선진국의 상대적으로 높은 노동기준들이 개발도상국에서도 적용될 가능성이 커진다. 특히 정보통신기술 발전과 정보의 공유 확대로 해당 기업, 나아가 해당 국가에 압력을 행사할 가능성도 커진다.

노동기준의 글로벌 표준화는 유럽연합이 가장 앞서 가고 있으며 해당 국가들에 일률적인 기준을 적용하길 원한다. 하지만 국가별로 역사적 경제적으로 그리고 문화적 가치관적 관점에서 많은 차이를 보이기 때문에 통일된 법과 제도를 만들기는 쉽지 않다. 그래서 유럽연합을 제외하고 동남아시아 국가를 비롯한 개발도상국은 국제노동기구ILO와 유엔UN 등의 노력에도 불구하고 높은 수준의 노동기준이 빠른 시일 내에 적용될 가능성은 크지 않다. 임금 수준이나 국민소득이 어느 기준을 넘어서야 노동권에 대한 사회적 관심이 높아질 수 있기 때문이다.

다만 정보통신기술 발전으로 정보 공유가 많은 변화를 가져올 가능성은 있다. 브라질 원주민들은 자연림 황폐화에 대해 정부에 이의를 제기하기보다는 바로 SNS에 공개해 글로벌 차원에서 사회적 압력을 행사하고 있다. 노동 관련해서도 유사한 형태로 정보가 공유되고 사회적 압력이 행사될 수 있다. 심지어는 산업재해로 추락하는 근로자의 모습이 영상으로 공개되고 사회적 공분을 일으키기도 한다. 중국 내 노동권에 대해서 중국정부는 상당한 통제력을 행사하고 있지만, 스웨덴의 시민단체는 직접적으로 중국의 노동권을 감시하고

SNS에 공유함으로써 압력을 행사하고 있다.

　글로벌가치사슬이 약화된다고 하더라도 여전히 글로벌 분업은 중요한 생산방식과 경영전략으로 작동하게 될 것이며 매우 신속하게 환경 변화에 대응할 것이다. 반면에 노동조합을 통한 전통적인 노동운동은 국가별로도 정체와 쇠퇴의 경향을 보이고 있다. 글로벌가치사슬에 대한 노동조합의 대응은 강력하다고 보기 어렵다. 결국 노동조합이 노력한다고 하더라도 그러한 노력에 비해서 기업이 훨씬 더 빠르게 움직일 것이다. 다만 글로벌 기업에 대한 사회적 압력은 더욱 강화될 것이다.

　따라서 노동조합만의 노력으로는 어려울지 모르지만 다양한 이해관계자들은 글로벌 기업에 대해 사회적 책임의 이행을 요구할 것이다. 글로벌 기업들은 노사관계 관점이 아니라 사회적 책임을 이행하기 위한 노동권 보호 차원에서 이 문제에 접근할 필요가 있다. 이러한 사회적 압력은 국제노동기구나 유럽연합을 통해서 글로벌 차원의 접근이 시도되고 있다. 따라서 기업들의 글로벌 가치 전략에 비하면 매우 힘이 약하다고 할 수 있다. 하지만 글로벌 차원의 사회적 압력에 대해서 충분한 검토와 대응이 필요하다고 할 것이다.

　여기에 정부의 제도를 통한 규제, 시민단체의 사회적 감시, 그리고 기업 자체의 사회적 책임의식에 대한 태도 전환 등은 상당한 변화를 가져올 것으로 보인다. 국제노동기구가 제시하는 글로벌 노동기준에 대해 글로벌 리딩기업들은 자발적으로 그 기준을 준수하려는 노력을 강화할 가능성이 크다. 또한 국가 간에 정부 차원에서 또는 비정부기관 차원에서 정보교류를 통한 노동기본권에 대한 공유가 확대될 가능성도 있다.

하지만 전통적인 근로자보호 방식에서 벗어나서 새로운 내용이 도입될 가능성도 있다. 하나는 4차 산업혁명에 대한 기본권 보장이고 더 나아가서는 기본소득의 보장을 통한 사회안전망 구축이다. 로봇과 같은 생산방식의 근본적인 변화로 일자리가 대폭 감소했을 때 사회적 차원에서 보상하는 것이다. 다른 하나는 전통적인 노동조합이 아닌 대안적 제도에 대한 법적 지원이다. 여전히 노동조합이 대표적인 근로자보호제도로 인정받고 있지만 글로벌 차원에서 노동조합 조직률은 정체 또는 하락하고 있다. 이러한 이유로 최근 유럽에서는 노동조합의 역할 쇠퇴에 따라 최저임금법도 시행하고 비노조근로자 대표제도에 대한 법적 지원방안을 마련하고 있다. 더 나아가서 정규직에 대한 보호와 함께 특수형태근로종사자와 플랫폼 노동자에 대한 보호 제도도 마련될 필요가 있다.

2장

기술 환경 변화가 노사관계에
미치는 영향

기술 발전과 노사관계 논의에서는 그 변화의 상 전체를 이해하고 구
체적인 전략을 수립해야 한다. 결론적으로 좋은 노사관계는 훌륭한
인적자원을 형성한다는 측면에서 노사는 파트너가 될 수 있다. 인류
역사에는 자기의 이익만 챙기고 아무도 관리하지 않아 황폐해지는
공유지의 비극만 있는 것이 아니라 공유지를 공동의 재산으로 잘 가
꾸어왔던 사례도 있다. 위기일수록 비상한 결단과 공동의 지혜가 필
요하다. 지금이 그러한 때다.

김형탁

동국대학교 경영대학 겸임교수

서울대학교 정치학과를 졸업하고 동국대학교 경영대학에서 박사학위를 받았다. 전국사무금융연맹 위원장, 민주노총 부위원장을 역임하고 중앙노동위원회 근로자위원으로도 활동하였다. 현재 동국대학교 겸임교수를 맡고 있다. 노사관계와 일터혁신 및 사회적 경제 분야에 관심을 가지고 연구를 하고 있다.

1

제2의 기계시대 또는
4차 산업혁명의 양상

21세기의 산업경쟁력은 이른바 '시대를 읽는 눈'이다

4차 산업혁명에 대한 논의와 관심이 본격화되고 있지만 새로운 기술세계의 도래가 인간의 삶을 더욱 풍요롭게 할 것이라는 기대보다는 오히려 인간이 기계와의 경쟁에서 뒤처질지도 모른다는 불안감이 더욱 크게 자리잡고 있다. 인공지능과 로봇이 인간의 일자리를 대체하여 기본소득 이외에는 달리 대안을 찾을 길 없는 실업자들이 양산될 것이라는 우울한 전망이 확산되고 있다. 또한 경제 발전이 이루어지더라도 고용 없는 성장은 당연하다는 인식의 패러다임이 지배하고 있다.

소득주도성장이 대안으로 제시되었다. 하지만 근로자 소득에 연계한 내수시장 활성화 경제성장 모델이 지금까지 한국경제에서 한 번도 제대로 추진된 적이 없었기에 그 성공 가능성에 대해서는 많은 의문이 제기되고 있다. 임금 소득자의 구매력을 높여 경제성장의 모멘텀으로 삼겠다는 구상은 상생의 경제를 실현할 수 있다는 점에서 훌륭한 발상이다. 그러나 정부가 사회적 일자리 확대와 사회안전망 강화 등 정부 주도의 공공적 영역에서 정책을 실현하는 방안 제시 외에는 경제 전반의 변화를 이루어낼 청사진을 제시하지 못하고 있다는 것이 문제이다.

대기업 입장에서는 임금 코스트 상승은 경쟁력 약화와 직결되는 문제다. 핵심인력에 대해서는 보상을 충분히 할 수 있는 여력이 있지만 전체 근로자의 노동소득까지 책임져야 한다면 제품 원가 경쟁력이 떨어질 수밖에 없다고 목소리를 낸다. 중국의 기술 추격이 눈앞에 다가온 상황에서 분배 문제로 시간을 허비할 틈이 없다는 것이다. 그리고 소득주도성장은 지금까지 지속해왔던 고용유연성 강화와 자본 집약적 투자 정책과도 맞지 않는다는 태도이다.

국가 간 기술력 격차의 문제도 심각하다. 미국, 독일, 일본을 비롯한 기술 선진국과의 기술 격차는 시간이 갈수록 확대되고 빠르게 성장해 오는 중국과의 기술 격차는 날이 갈수록 좁아지고 있다. 빠른 기술 추격을 중심으로 성장해 온 한국경제가 더 이상의 성장 동력을 찾는 것이 어려워지는 것은 아닌가 하는 불안감이 커지고 있다.

한편 다가오고 있는 상황이 급박한 해결책을 요구하는데도 불구하고 한국의 노사관계는 여전히 불신의 늪에서 헤어 나오지 못하고 있다. 대립적이고 배제적인 관행으로 공동의 운동장을 함께 관리하지 못하는 모습이다. 근로자들에게 신기술의 도입은 기존 일자리를 없애거나 근로조건을 악화시키는 수단으로 비친다. 기업 입장에서 노동조합은 빠른 기술 도입의 발목을 잡는 불편한 존재이다. 이러한 인식의 차이는 신기술 도입에 대한 공통의 이해에 기반을 둔 파트너십 형성을 어렵게 한다.

한국의 노사관계는 상대방이 한 발 밀고 들어오면 다른 상대방은 한 발 물러서야 하는, 그러기에 절대로 물러설 수 없는 싸움을 벌이는 모습으로 묘사되곤 한다. 이른바 전투적 조합주의가 흔히 우리나라의 노사관계를 나타내는 대표적 용어로 사용된다. 하지만 우리나라의 노사관계, 특히 대기업 노사관계는 전투적이고 대립적이라기보다는 불편한 동거관계로 볼 수 있다. 회사는 어렵사리 형성된 질서를 무리해서까지 깰 필요를 느끼지 않는다. 즉 관리가 될 수 있는 범위 내에서는 노조를 인정하는 전략이다. 한편 노조 집행부도 판 자체를 깨기를 원하지 않으며 조합원들 역시 현실적이고 실리적인 판단에 따라 움직인다. 많은 노조 간부들이 이러한 어정쩡한 상태가 지속 가능하겠는가에 대해서는 의문을 표시하고 있다. 하지만 장기적 전망 속에서 새로운 노사관계의 틀이 필요하다고 인식하는 노조 간부들도 당장 현실적 이해관계 속에서 움직이는 조합원들의 선택에 대해 뚜렷한 답을 내놓지 못하고 있다.

그러다 보니 노사관계 당사자들 사이에는 '당분간은 큰 변화 없이 그대로' 간다는 인식이 자리잡고 있다. 국내 대기업의 인력구성에서 이른바 '87년 노동체제'의 주력을 이루었던 세대들이 본격적으로 퇴직하기 시작했다. 그래서 세대 변화에 따라 앞으로 큰 변화가 있을 것으로 예상되지만, 지금 당장 급격한 변화를 꾀하기보다는 그때까지 잘 관리해나가면 된다는 생각이 지배하고 있다.

기업은 기존 인력을 훈련시켜 경쟁력을 키우겠다는 생각을 하지 않는다. 기존 인력은 큰 마찰 없이 잘 관리하면서 완전히 새로운 역사적 경험과 문화를 가진 세대들을 앞으로 어떻게 관리하면 될지에 대해 고민하고 있다. 이제 은퇴를 앞둔 근로자들 역시 신기술의 도입은 괜히 피곤함만 더할 뿐이라는 입장이다. 신기술 도입과 관련하여 노사 간에 합의할라치면 집행부에 대한 항의와 불만이 쏟아진다.

과연 그러한가? 이대로 몇 년간 잘 관리하면 될 문제인가? 지금까지 우리나라 대기업 노사관계는 기업 내부의 논리에 따라 움직여왔다. 하지만 대기업 노사관계는 실제로는 한국 노사관계 전반의 변화와 맞물려 있다. 대-중소기업 간 관계나 비정규직 문제 등 노사관계의 핵심 쟁점들이 대기업 노사관계와 다 연결되어 있다. 그리고 4차 산업혁명에 대한 대기업의 전략 또한 우리나라 산업구조와 노사관계의 내용 전반에 영향을 미치게 될 것이다.

기술 환경의 변화는 불가피하게 산업경쟁력과 노사관계에 변화를 가져온다. 하지만 역으로 노사관계의 변화 역시 기술 변화 수용 능력에 영향을 미칠 수 있음을 염두에 두어야 한다. 노사관계는 기업 내에서의 행위 주체 간의 관계임과 동시에 사회적 이해관계자들 사이의 관계이기도 하다. 특히 산업혁명으로까지 불리는 최근의 기술 변화는 이전의 산업혁명기와 마찬가지로 대규모 사회적 질서의 재편으로까지 이어질 가능성이 높다. 따라서 기술 발전과 노사관계를 논의함에서는 그 변화상 전체를 먼저 이해하고 구체적인 전략을 수립해야 한다.

4차 산업혁명의 핵심은 '초연결'과 '초지능'이다

21세기에 들어 전례 없는 수준의 디지털 기술 발전을 두고 에릭

브린욜프슨Erik Brynjofsson 교수와 앤드루 맥아피Andrew McAfee 교수는 '제2의 기계시대'라는 이름을 붙였다. 그러나 클라우스 슈밥Klaus Schwab이 2016년 다보스 세계경제포럼 연차 회의에서 '4차 산업혁명의 이해'를 주제로 발표하면서 4차 산업혁명은 보편적인 용어의 지위를 얻었다.

1차 산업혁명은 철도 건설과 증기기관의 발명을 바탕으로 기계에 의한 생산을 이끌었다. 2차 산업혁명은 전기와 생산 조립 라인의 출현으로 대량생산을 가능하게 했다. 1960년대에 시작한 3차 산업혁명은 반도체와 메인프레임 컴퓨팅, 퍼스널 컴퓨팅, 인터넷의 발달이 주도했다. 그래서 3차 산업혁명을 컴퓨터 혁명 또는 디지털 혁명이라고 부른다. 그리고 4차 산업혁명은 유비쿼터스 모바일 인터넷, 더 저렴하면서도 작고 강력해진 센서, 인공지능, 머신러닝에 의해 추동되고 있다. 현재 세상은 디지털 초연결 사회가 형성되는 시작점에 들어섰다고 한다.

3차 산업혁명의 자동화 기술이 사전에 프로그래밍된 규칙에 따라 기계적으로 작동하는 방식이라면 인공지능을 장착한 자동화 기계는 사전 프로그래밍이 아니라 스스로 학습하여 상황 판단을 하고 그것에 근거해서 최적의 작업방식을 찾아가는 방식으로 움직인다. 이러한 4차 산업혁명에 대해서는 학자마다 정의가 조금씩 다르지만 그 핵심은 초연결과 초지능에 있다. 3차 산업혁명을 이끌었던 인터넷 기술의 핵심 역시 연결성에 있지만 인공지능은 그것을 한 단계 더 뛰어넘어 스스로 학습이 가능하고 사물인터넷IoT으로 모든 물체 간의 연결이 가능하다. 또한 사이버물리시스템CPS을 통해 가상세계와

4차 산업혁명의 양상

기술적 측면	디지털 세계와 인간 세계의 융합
생산적 측면	생산방식과 가치사슬의 혁신적 변화
제품적 측면	제조업의 서비스화

물리세계가 통합되고 수많은 컴퓨터를 연결시키는 클라우딩 컴퓨팅 등의 정보지능기술이 기존 산업과 서비스에 연결되고 융합된다. 4차 산업혁명에서는 모든 것이 인터넷으로 연결되고 인간과 사물의 데이터가 수집, 축적, 활용되며 생산기기와 생산품 간의 상호 소통체계가 구축된다(이장원·김기정, 2017).

또한 공간적으로 떨어져 있는 사람들 사이의 소통과 상호조정도 가능해져 기업 내 작업공정을 조직하는 방식도 다양해진다. 초연결 사회에서는 근로자들의 원격근무와 재량근로 등 다양한 변형 근무 형태도 가능하다. 관리적 측면에서는 조직 구성원 간의 조정, 통합, 그리고 개별근로자들과의 직접적 의사소통 등이 훨씬 쉬워지고 조직구조 측면에서는 조직 구성원들의 직무뿐 아니라 기계와 제품, 외부 원자재 공급업자와 부품 공급업자, 고객까지도 서로 유기적으로 연결해 실시간으로 상호작용하는 생태계가 형성된다. 기능적인 측면에서는 제품의 디자인과 생산, 영업과 마케팅, 유통, 물류, 회계 등 제반 경영활동이 유기적으로 결합되어 체계화된다(노용진, 2018).

이러한 4차 산업혁명의 양상들을 좀 더 세부적으로 살펴 기술적 측면, 생산적 측면, 제품적 측면으로 나누어볼 수 있다.

기술적 측면: 놀랍도록 다양한 기술의 연결 가능성

4차 산업혁명을 일으키는 기술 발전은 다양한 양상으로 일어나고 있다. 증기기관, 전기, 인터넷 등 핵심 기술의 발전에 따라 연관된 기술의 발전을 가져온 이전의 기술혁명과는 다른 차원이다. 인공지능을 핵심기술로 들기도 하지만 어느 것이 현재 수준의 발전을 대표하는 기술인지를 특정하기가 곤란하다. 산업에 따라 핵심을 형성하는 기술이 다르기 때문이다. 역설적이지만 오히려 그 불특정함이 현재 기술 발전의 핵심이라고도 할 수 있다. 다양한 기술의 연결 가능성이야말로 기술적 도약의 힘이다.

인공지능

인공지능은 인간이 수행할 경우 지능을 활용해야 할 일을 기계가 대신하는 작업과정을 의미한다. 인공지능이라는 용어는 지능적인 문제 해결 행위와 지능적인 컴퓨터 시스템의 창조를 의미한다. 인공지능은 약한 인공지능과 강한 인공지능이라는 두 가지 종류로 나뉜다. 우선 약한 인공지능은 컴퓨터가 지능을 모방하는 것으로서 컴퓨터가 단지 인지적 과정을 수행하는 도구로 활용된다. 반면 강한 인공지능은 컴퓨터의 인지적 과정 자체가 지능적이고 자기 학습이 가능하다. 컴퓨터는 기존의 행위와 경험을 바탕으로 스스로의 행동을 최적화할 수 있다. 기계 간의 자율적인 네트워킹이 가능하며 그래서 계산 능력에서 극적인 규모의 효과를 일으킬 수 있다(IBA, 2017). 인공지능은 정보통신기술과 센서의 발달로 발생하는 활용 가능한 대량의 데이터를 관리하고 분석한다.

로봇

로봇은 이미 산업 현장에 광범위하게 도입되어 활용되고 있다. 그러나 현재까지 제조업에 활용되는 산업용 로봇은 사전 프로그램에 따라 작동되도록 제작되고 있다. 앞으로 지능형 로봇의 등장으로 사물인터넷, 빅데이터, 임베디드 소프트웨어, 클라우딩 컴퓨팅 기술을 기반으로 인공지능을 갖춘 상태에서 자기학습과 자동수정 등의 기능을 수행하는 한편 좀 더 저렴한 비용으로 더 많은 작업을 신속 정확하게 처리할 것으로 전망되고 있다.

이전에는 상당량의 노동력 투입이 필요하거나 인간이 직접 수행하기에 위험한 작업에 로봇이 투입되었지만 센서나 머신러닝 등 첨단기술 발전으로 수행 가능한 작업의 범위가 확대되고 있다. 안전상의 문제로 인간과 로봇이 동일한 공간에서 작업하기가 어려웠지만 협동로봇cobot은 안전상의 문제 없이 인간과 함께 작업하는 것이 가능하게 되었다.

사이버물리시스템

실제의 물리적 세계에서 진행되는 다양하고 복잡한 공정과 업무 데이터를 네트워크를 통해 연결해서 디지털 가상 설계 공간에서 수집, 저장, 처리, 분석, 제어하는 시스템을 말한다. 스마트 팩토리를 구성하는 데 핵심적인 기술이다. 전 공정을 최적으로 관리할 수 있을 뿐만 아니라 인간이 직접 접근하기 어렵거나 불가능한 공정에 대해서도 실시간 관리가 가능할 수 있도록 한다.

3D프린팅

3D프린팅은 적층 가공이라고도 하는데 설계에 따라 목적물을 액체, 수지, 금속 등의 재료를 층을 쌓는 방식으로 제작하는 것을 말한다. 재료를 자르거나 깎는 방식으로 제품을 생산하는 절삭가공과 대비되는 개념이다. 3D프린터는 경화성 수지를 재료로 사용하는 가정용이나 교육용 수준을 넘어 이제 산업용으로 생산되고 있으며 4차 산업혁명을 구현하는 기술로 주목받고 있다. 금속을 재료로 하여 항공, 조선, 자동차 산업 등에 적용되어 대량생산이 가능한 체제로 발전하리라 예상되고 있다. 설계와 동시에 기술 구현이 가능함으로써 작업 공정에 근본적인 혁신을 가져올 수 있다.

자율주행

자율주행은 4차 산업혁명의 핵심 특징인 초연결로 인해 가능한 기술이다. 사람의 조작 없이 스스로 상황을 인식하고 판단하여 움직이기 때문이다. 주변의 상황은 늘 가변적이기 때문에 센서, 가상현실, 인공지능, 클라우드, 빅데이터, 음성인식 등 4차 산업혁명에서 이야기되는 핵심 기술들이 다 활용되어야 한다. 자율주행은 단지 운송수단에만 활용되는 것이 아니라 산업 전반에 적용될 수 있는 기술이다.

가상현실과 증강현실

가상현실은 3차원 그래픽 영상으로 구현한 가상의 세계에서 현실과 같은 체험을 할 수 있도록 하는 기술을 말한다. 장치를 통해 인공적인 시각과 청각이 제공되며 장착된 센서를 활용하여 현실과 가상

세계가 융합되는 기술이다. 단지 오락과 게임에만 활용되는 것이 아니며 가상의 회의장 조성이나 가상의 건축물 구성 등을 통해 비용을 절감할 수 있다.

실제 환경과는 다른 가상현실과 달리 증강현실은 실제의 현실 환경에 추가적인 정보를 그래픽으로 제작하여 투영함으로써 서로 다른 현실을 융합하는 기술이다. 〈포켓몬고〉라는 모바일 게임이 증강현실을 이용한 것이다. 패션산업에서도 증강현실 거울을 활용하면 자신의 신체에 다양한 의상과 액세서리를 비용과 시간을 들이지 않고 착용해볼 수 있다.

사물인터넷

물체에 센서와 정보통신기술을 장착하여 인터넷에 연결하는 기술을 말한다. 사물과 사물, 사물과 사람 사이가 긴밀하게 연결된 초연결이 가능하게 된다. 타 산업과의 융합을 가능하게 하여 새로운 부가가치를 창출할 수 있으며 생산에 도입되면 스마트 팩토리 구현이 가능해진다. 실시간 데이터에 기초하여 자원과 설비의 활용을 최적화할 수 있으며 전체 가치사슬에 대한 관리를 효율적으로 수행할 수 있다.

센서

센서는 측정 대상물로부터 온도, 압력, 속도, 생체 신호 등의 정보를 감지하여 전기적 신호로 변환시켜 주는 장치다. 4차 산업혁명의 중요한 기술들은 주변 환경으로부터 정보를 수집하고 네트워크를 통해 전송하는 센서 시스템이 갖추어지지 않으면 무용해진다. 스마트 센서는 단순한 측정 기능 외에 데이터 처리, 의사결정, 통신 기능을 결합하여 스스로 의사결정 및 정보처리가 가능하도록 지능화되고 있다.

클라우드

사물인터넷과 센서를 통해 엄청난 양의 데이터가 발생한다. 클라우드는 이 빅데이터를 활용할 수 있는 기반을 제공한다. 클라우드 컴퓨팅은 언제 어디서든 필요한 만큼의 컴퓨팅 자원을 인터넷을 통해 활용할 수 있는 방식이다. 개별 기업은 빅데이터의 저장 공간을 별도로 갖출 필요 없이 필요에 따라 인터넷을 통해 활용하고 사용한 만큼만 비용을 내면 된다. 정보통신기술의 급속한 발달로 먼 곳의 서버를 통하지 않아도 기지국 가까이의 소규모 클라우드 센터에서도 바로 데이터를 받을 수 있게 된다.

빅데이터

디지털 환경에서는 지속적으로 대용량의 데이터가 축적된다. 빅데이터를 4차 산업혁명의 원유에 비유하기도 한다. 이 데이터는 대용량 처리를 위한 분산처리 및 저장기술이 있어야 활용이 가능하다. 빅데이터의 특징은 3V, 즉 볼륨volume, 속도velocity, 다양성variety인데 이로써 엄청난 양과 다양한 형식의 데이터를 미세한 시간 단위까지 분석하는 것이 가능하게 되었다. 빅데이터를 통해 진단과 예측 능력에 그야말로 혁명적인 변화가 가능해진 것이다.

이 외에도 블록체인, 모바일, 드론, 5G, 홀로그램, 플랫폼 등을 더 추가할 수 있다. 사람들에 따라서 각각의 기술들이 모두 4차 산업혁명의 핵심이라고 이야기하고 있다. 그러나 어느 하나의 기술을 가장 핵심적이라고 짚어서 말하기 어려울 정도로 모든 기술이 중요하게 작동한다. 디지털 세계와 인간 세계가 완전히 융합되어 작동되는 기술들이기 때문이다.

생산적 측면: 기존 방식과 가치사슬에 부는 혁신의 바람

다음은 생산적 측면에서 살펴보는 4차 산업혁명의 양상이다. 무엇보다 기존의 생산방식과 가치사슬에 혁신적인 변화가 이루어질 것으로 전망되고 있다.

생산방식의 변화

우선 소품종 대량생산 방식에서 다수의 모델을 대량 맞춤 생산하는 매스 커스터마이제이션이 실현 가능하게 되었다. 공급자가 제공하는 제품을 소비자가 선택하는 것이 아니라 고객의 주문대로 디자인하여 즉시 생산할 수 있는 시스템이 가능하게 된 것이다. 이러한 생산방식의 변화가 가능한 것은 앞에서 예로 든 4차 산업혁명의 핵심 기술 덕분이다.

또한 수많은 제3자가 함께 참여하여 개발하고 생산하는 네트워크의 구성이 가능해졌다. 기술을 비공개로 독점하는 대신 플랫폼을 통해 개발과 관련한 데이터 및 도구를 공개하여 사용자가 개발에 함께 참여할 수 있도록 하는 방식이다. 외부 개발자들의 참여로 다양한 애플리케이션이 만들어지고 그럼으로써 더 많은 구매자와 개발자를 끌어들이는 선순환 효과를 만들어낼 수 있다. 아마존이 혁신을 통해 사업 영역을 계속 확장할 수 있었던 것은 이러한 개방적이고 확장적인 플랫폼이 있었기 때문이다.

혼다자동차는 도요타의 린 생산체제와 달리 셀CELL 생산방식을 통해 다수 모델을 대량생산하고 있다. 린 생산방식은 제품 생산의 효율성을 제고하고 불량률을 줄이는 생산방식으로 각광을 받았지만 여전히 대량생산을 위한 컨베이어 벨트 방식이다. 이에 반해 셀 방식은 소수의 숙련공이 전체 공정을 처음부터 끝까지 수행한다는 점에서 자동차 생산 초기의 장인생산craft production 체제의 이점을 가지고 있다. 다양한 제품을 각기 다른 셀에서 생산할 수 있어 다품종 소량 생산에 적합하고 외부 환경에 대응해 생산 시스템을 탄력적으로 변경할 수 있다.

2016년 혼다자동차는 세계 최초로 자동차 셀 생산방식인 어셈블리 레볼루션 셀ARC, Assembly Revolution Cell을 태국 공장에 도입했다. 컨베이어처럼 움직이는 유닛에 자동차 한 대 분의 부품을 적재하고 한 팀(4명의 작업자)이 탑승하여 차체와 함께 이동하면서 조립한다. 이로써 한 라인에서 다수 모델 생산이 가능하고 작업 효율성이 기존 컨베이어 방식에 비해 10% 이상 상승했다고 한다.

가치사슬의 변화

공정의 혁신과 함께 고객 입장의 가치를 높이기 위해 기존의 가치사슬 단계가 없어지거나 재구성된다. 개별 기업 내의 가치사슬도 변하겠지만, 더욱 중요하게는 산업 차원에서 또는 산업 간에 가치사슬의 변화가 이루어진다. 기업 간의 연계성이 높아지면서 거래하는 회사와 가치사슬 시스템을 공유할 수 있다. 거래기업의 주문이 최종산출물이 아니라 제조 공정에 곧바로 반영될 수 있다. 제품 소비에 대한 반응이 실시간으로 체크되어 공정의 변화를 가져올 수도 있다.

크라우드 소싱crowd sourcing은 기업 활동의 전 과정에 소비자가 참여할 수 있도록 플랫폼을 개방하는 방식이다. 참여자에게는 적정한 보상이 주어진다. 알래스카에서 대형 유조선의 좌초로 원유가 새어나와 해안을 뒤덮었을 때 해결책을 찾지 못해 상금을 걸고 대중에게 아이디어 공모를 했다. 그러자 전문가들이 20년이 걸려도 해결하지 못했던 것을 평범한 회사 직원이 아이디어를 내 완벽하게 해결한 사례가 있다. 이처럼 다수의 비전문가를 활용하는 방식을 통해 수익을 창출하는 방법도 가능하다.

벨기에의 스타트업 기업인 오빈토는 운송수단에 GPS를 장착하여 이동 중인 소재의 물리적인 속성을 지속적으로 모니터한다. 데이터를 고객사와 실시간으로 공유하며 설정된 범위를 벗어날 경우 자동화된 대응 개입을 하게 된다. 데이터는 저궤도 위성을 통해 전송된다. 열차에 충격이 가해지거나 충돌이 발생한 경우 또는 화학물질의 온도와 같은 물리적 속성이 사전에 설정된 범위를 벗어나면 경보를 울려 자동화된 대응이나 수동적 개입을 유도한다. 운송 중에 벌어지는 사태에 대한 가시성은 위험한 화학물질의 배송과 더 나은 공급사슬 계획 수립에 도움을 준다.

미국의 로컬모터스는 오픈 소스 방식으로 맞춤형 자동차를 주문 받으면 3D프린팅으로 생산한다. 차량 개발 디자인을 인터넷 공간에 제안하여 온라인 투표로 선정한다. 고객은 아이디어를 자유롭게 변형하거나 재배포하는 것도 가능하다. 3D프린팅으로 시제품을 제작하여 고객이 직접 만드는 DIY 형태의 자동차 판매 방식이다. 개발 과정에서 문제가 발생할 경우 차량을 즉시 수정하는 것도 가능하다. 로컬 모터스가 3D프린터로 전기자동차를 생산하는 데 걸리는 시간은 44시간에 불과하다.

2016년 6월에는 '올리'라는 12인승 전기차 버스를 개발했는데 IBM의 인공지능 왓슨을 탑재해 자율주행이 가능하다. 통상 수년간의 개발 과정과 막대한 비용이 들어갈 일을 수개월 만에 끝낼 수 있게 된 것이다. 주문에 맞춰 제작하기 때문에 재고 없이 운영이 가능해 비용을 절감할 수 있다. 로컬모터스는 소형 공장을 10년 안에 세계 200곳에 세울 계획이라고 한다.

제품적 측면: 제조업의 서비스화

과거 훌륭한 개별 제품의 생산이 기업의 경쟁력을 좌우하던 시대에서 이제는 제품과 서비스의 융합을 통해 새로운 가치와 경쟁력이 만들어지는 시대로 변하고 있다. 제조업과 서비스업이라는 경계가 허물어지고 있다. 제조업의 서비스화는 생산, 판매, 사용 등 전 가치 사슬에 적용되고 있다. 정보통신기술을 활용해서 생산 과정을 디지털화하여 모니터링하고 공급망을 연결해 재고를 관리하는 등 시간

제조업의 서비스화에 따른 패러다임의 변화

제품	⇒	솔루션
산출물	⇒	결과물
거래	⇒	관계
공급자	⇒	네트워크 파트너
요소	⇒	생태계

과 비용의 대폭적인 절감이 이루어진다. 심지어 전통적인 형태의 공장을 가지지 않는 제조업체가 만들어질 수도 있다. 공유 제조 플랫폼을 통해 만들어진 고객 맞춤 제품을 고객 인근의 공간에서 3D프린팅으로 만들어 제공할 수 있기 때문이다.

제조업의 서비스화로 다섯 가지의 새로운 조류가 형성되고 있다 (Neerly et al. 2011). 첫째, 제품의 세계에서 솔루션을 포함하는 세계로의 변화. 둘째, 산출물에서 결과물로의 변화. 셋째, 거래에서 관계로의 변화. 넷째, 공급자에서 네트워크 파트너로의 변화. 다섯째, 요소에서 생태계로의 변화가 그것이다. 이제 공급자는 단 한 번의 판매 거래로 고객과의 관계를 종료하는 것이 아니라 제품의 생산에서 사용에 이르는 전 과정에서 고객과 장기간의 관계를 유지하게 된다.

4차 산업혁명으로 지금 현재 변화되고 있거나 변화될 양상에 대하여 간단하게 살펴보았다. 그러나 이러한 변화 양상이 당장 수익을 낼 수 있는 체제가 될 것인지에 대해서는 다른 의견들이 존재한다. 새로운 비즈니스가 기존의 공급망을 대체하려면 여러 요인들이 복합적으로 작용해야 하기 때문이다. 선진적 기술이 반드시 국제 표준이 되는 것은 아니다. 또한 사회적 환경 여건이 뒷받침되지 않으면 아무리 훌륭한 아이디어라도 성공할 수 없다. 하지만 새로운 성장 모형은 이러한 변화와 아이디어 속에서 탄생되는 것이 분명하다. 따라서 기술 환경의 변화를 민감하게 살피고 대응하지 않으면 안 된다.

2

4차 산업혁명의 변화에 따른 대응 방법

산업별 대응: 불안을 이기는 전략이어야 한다

정보통신기술을 포함한 4차 산업혁명의 기술들은 모든 산업 영역에서 변화를 불러일으키고 있다. 금융산업에서는 핀테크Fintech 도입이 한창이다. 핀테크는 금융Finance과 정보통신기술ICT을 융합한 모델로 기존의 공인인증서 증명을 통한 인터넷 뱅킹의 수준을 뛰어넘는 기술이다.

핀테크는 기존의 금융 거래 규제들을 뛰어넘는 기술들을 이미 갖추고 있다. 국가 간 송금도 자유롭게 이루어질 수 있으며 온라인 평가를 통한 신용평가도 가능하다. 지문인식이나 블록체인 방식을 통해 거래 안전을 보장하는 기술들도 갖추어져 있다. 금융 산업의 특성상 규제로 인해 스타트업 기업의 창업이 어렵게 된 가운데 기존 금융기관들이 핀테크 도입을 위한 발걸음을 서두르고 있다.

유통업에서는 패러다임의 전환이 이미 빠르게 이루어지고 있다. 유통업의 중심은 더 이상 점포와 같은 거점 판매 방식이 아니라 이미 온라인과 모바일로 이동했다. 빅데이터를 통해 고객의 잠재수요를 미리 파악하여 각종 정보를 제공하고 고객과 가까운 물류기지에 잠재 수요 상품을 이동하여 주문과 함께 즉시 배송할 수 있는 시스템을 갖추고 있다. 주문하면 유통이 시작되는 것이 아니라 소비자가 모바일로 상품을 검색하는 순간부터 가치사슬이 작동된다. 운송업도 큰 혁신이 이루어질 것이다. 미래의 운송 수단인 자율주행자동차에는 4차 산업혁명의 온갖 기술들이 다 구현되어 있다. 물품 이동 정보가 실시간 데이터로 제공되고 체계적이고 세분화된 관리가 가능하게 된다. 그렇게 되면 에너지 효율성도 대폭 개선될 것이다.

이 외의 산업에서도 인공지능은 기존의 시스템을 완전히 혁신하게 될 것으로 기대되고 있다. 의료산업에서의 인공지능을 활용한 진단 시스템, 공급자와 소비자가 상호작용하여 에너지 효율성을 높이는 지능형 전력망 시스템인 스마트 그리드, 센서와 정보통신기술로 혁신적인 농업이 가능한 스마트 팜 등 전 산업 분야에서 새로운 기술진보를 활용하기 위한 구상이 진행 중이다.

현재의 기술 수준은 지금까지 각 산업에서 혁신의 가능성을 예상하지 못한 수준으로 높이고 있다. 하지만 실제로 이를 실현하는 문제는 자원, 역량, 그리고 환경에 제한을 받을 수밖에 없다. 진보한 기술을 적용하기 위해서는 이러한 기술을 운용할 수 있는 사람이 있어야 한다. 전통적인 노동력과는 전혀 다른 기술을 다룰 수 있는 전문인력이 필요하다. 지금은 인력 양성을 위한 전략을 세워야 하는 초기 단계에 있다.

현재는 새로이 도입되는 기술이 기존 인력을 대체하는 상황이다. 지금 당장 사라지는 일자리들은 쉽게 자동화가 가능한 반복적이고 계측 가능한 직업들이다. 그러나 새로 만들어지는 일자리 역시 저숙련 저임금 일자리여서 고용 감소와 일자리 양극화는 심각한 문제로 떠오르고 있다. 사실 신기술의 확산에 따른 기술적 실업은 불가피한데 언제나 새로운 영역의 일자리가 고용 감소의 충격을 흡수해왔다.

하지만 지금의 상황은 다르다. 예전의 역사적 경험이 다시 재현될 수 있을지에 대한 불안이 크다. 지금 국가적 차원에서 논의의 초점은 신기술 시대의 인적자원을 어떻게 양성할 것인가이다. 전문인력 양성과 배치를 국가적 차원에서 계획적으로 진행하지 않으면 앞으로 산업 경쟁력에서 심각한 위기에 봉착할 수 있다.

국가별 대응: 전체의 최적화를 꾀하는 길로 가야 한다

전세계 각 국가들은 4차 산업혁명에 따른 위기의식을 느끼며 산업 정책에 적극 뛰어들고 있다. 민간 영역의 개별 기업 차원에서는 해결하기 어려운 과제들이 많기 때문이다. 국가 차원에서 해결해야 할 인프라 구축, 개발 자원, 인력 양성 등의 과제들이 생겨났다. 신자유주의 조류 속에서 뒤로 물러났던 국가가 다시 경제의 전면에 등장해야 하는 상황이 벌어진 것이다. 이것은 기존 대기업의 역할을 국가가 대체한다는 의미가 아니라 국가가 인프라의 구축과 산업 시스템에서 비어 있는 공간을 계획적으로 설계할 수밖에 없다는 의미다. 부분에서의 최적화가 전체의 최적화를 자동으로 만들어내는 것이 아니기 때문이다.

특히 선진 대열에서 치열하게 경쟁을 벌이는 각국은 제조업에 주목하고 있다. 이미 제조업과 서비스업의 융합이 이루어지는 상황에서 제조 기반을 확보하지 않으면 경쟁에서 밀리게 된다는 인식이 있기 때문이다. 각 정부는 민간에서의 혁신을 뒷받침하겠다는 방식으로 유보적으로 표현하고 있지만, 실제로는 국가가 앞장서서 경쟁력 강화의 견인차가 되겠다는 의지를 밝히고 있다.

독일은 전통적으로 제조업 경쟁력이 뛰어난데 그 강점을 살려 산업 데이터에 기반을 둔 제조업 혁신에 초점을 맞추고 있다. 국가 주도로 미래 제조업의 청사진을 제시하고 있으며 기업이 자율적으로 혁신을 추구할 수 있도록 기본 인프라를 지능화하는 데에 중점을 두고 있다. 독일정부는 연방의 각 부처 및 기관의 기술혁신 정책을 통합하고 체계화할 목적으로 '하이테크 전략 2020'(2010)을 실시했으며 그 전략 중 하나로 제조업 분야에서의 '인더스트리 4.0'을 제시한 바 있다.

인더스트리 4.0은 독일정보통신산업협회BITKOM, 독일기계산업협회VDMA, 독일전자산업협회ZVEI 등의 산업협회를 중심으로 제조업을 디지털화하기 위하여 사물인터넷 기반의 사이버물리시스템을 통한 유연생산과 네트워크화를 추진하는 전략이다. 2015년에는 기존 인더스트리 4.0을 분석 보완하여 정부, 산업, 연구기관, 노조가 참여하여 표준화, 중소기업역할 강화, 인력양성을 주된 목표로 삼은 '플랫폼 인더스트리 4.0'으로 전환했다(신동평·양윤나, 2018). 이는 인더스트리 4.0이 생산과 효율에만 치중하고 사회 전반의 디지털화에는 한계가 있는 것으로 판단했기 때문이다.

미국은 제조업의 경쟁력 약화, 경제 시스템의 위기, 일자리 감소 등의 문제를 극복하기 위하여 '선진 제조업 파트너십AMP, Advanced Manufacturing Partnership'(2011) 정책을 추진했다. 제조업의 기술개발을 강화하기 위해 '국가 제조업 혁신네트워크NNMI, National Network for Manufacturing Innovation'를 발족하여 첨단 제조기술의 연구와 상업화를 지원하고 있다. 2014년에는 선진 제조업 파트너십 2.0AMP 2.0으로 보완되어 유망 제조 인력에 대한 혁신 확대와 변화하는 신기술의 국가경쟁력 확보를 위한 새롭고 구체적인 전략을 포함시키고 있다. '미국 혁신을 위한 전략Strategy for American Innovation'(2015)에서는 주요 전략 분야 중 하나로 첨단제조의 비전을 제시하고 있다(신동평·양윤나, 2018).

미국에서는 기업들이 정보통신기술 혁신을 주도하며 글로벌 시장에서 영향력을 확대하고 있다. 2014년 3월 GE, AT&T, 시스코, IBM, 인텔 등 5개 기업이 사물인터넷 표준화를 위해 비영리 그룹인 산업인터넷 컨소시엄IIC, Industrial Internet Consortium을 구성했다. 제조, 헬스케어, 에너지 등의 분야에서 산업 인터넷을 활용하는 생태계를 이 컨소시엄을 통해서 조성하자는 취지였다(삼성경제연구소, 2018).

그러나 실제로 '미국에서 제조하기Making in America'(Berger, 2019)를 실현해야 한다는 주문도 있다. 애플과 같은 혁신의 슈퍼스타가 존재하지만 생산 기지는 중국에 둔 상황에 불만을 터뜨리기도 한다. 혁신을 위한 아이디어가 있어도 미국 내에서 자본과 기술과 전문인력이 결합하지 못한다면 경제성장과 일자리 창출이 어떻게 가능하겠느냐며 제조업 부활을 강력하게 요구하고 있다.

일본의 '일본산업재흥플랜'(2013)은 아베노믹스 전략의 하나로 산업구조혁신과 혁신적 설계생산기술 개발을 통해 '메이드 인 재팬Made in Japan'을 재현하겠다는 계획이다. '일본재흥전략 2015'에서 4차 산업혁명 대응을 언급한 이후 첨단기술을 산업 및 사회에 도입하는 '소사이어티 5.0Society 5.0'(2016)을 제시하며 주요 전략 중 하나로 제품의 개발-제조-판매-소비를 연결해 제조업 생태계의 스마트화를 이룩하는 스마트 공급망을 제시하고 있다. 일본의 제조업 혁신 성과는 인간 중심의 스마트 공장 구축, 자동화율 향상, 제조공장의 국내 U턴 등의 형태로 나타나고 있다(신동평·양윤나, 2018).

중국은 2015년 제조업 대국의 차원을 넘어 제조업 강국으로의 전환을 통해 상대적으로 취약한 제조 분야 핵심기술을 확보하고 구조 변화를 통해 제조업의 새로운 전환을 이루겠다는 계획으로 '중국제조 2025'를 수립했다. '중국제조 2025'의 구체적인 실행을 위하여 중국 공신부工信部는 '스마트 제조 발전 계획(2016~2020)'을 세우고 설비 제조에서의 스마트 공장 도입을 발표했다. 연구, 생산, 물류, 경영, AS 등 전 과정에서의 스마트화 관리를 목표로 하여 2020년까지 전체 공장의 20% 이상을 스마트 공장으로 전환할 예정이다. 스마트 제조 시범운영 확대, 중소기업의 스마트 제조 도입 추진, 스마트 제조 생태계 구축, 지역별 스마트 제조 협동 발전 추진, 스마트 제조 인재 배양 등의 주요 과제를 제시했다(신동평·양윤나, 2018).

스마트 공장이 점점 더 스마트해진다

우리나라 민관합동의 스마트 공장추진단이 정의한 스마트 공장은

'기획, 설계, 생산, 공정, 유통, 공급망 관리 등 제조 과정에 정보통신 기술을 적용하여 생산성, 품질, 고객 만족도를 향상시킨 공장'을 말한다. 여기에 친환경적이고 친인간적인 특성이 더해져 스마트 공장은 궁극적으로 '설비, 생산, 소재, 제품이 서로 소통하고 생산성과 품질을 향상시켜 제품이나 서비스를 생산하고 스스로 생각하고 일하는 똑똑하고 친환경적이고 인간적인 공장'이라고 할 수 있다. 이에 따라 스마트 공장은 힘들고 더럽고 위험하고 반복적인 작업은 로봇 등 자동화 기계가 수행하고 인간은 디자인이나 공정을 최적화하거나 가치사슬망의 협업 등과 같이 창의적인 과제를 선도하게 된다(박한구 외, 2017).

스마트 공장이 기존의 자동화 공장과 다른 점은 크게 두 가지다. 먼저 사전 프로그래밍 방식과 실시간 자율화 방식의 차이다. 자동화 공장은 사람이 미리 프로그램으로 짠 순서나 수식에 따라 기계가 작동하여 제품을 생산하게 된다. 따라서 공정이 바뀌면 프로그램을 변경해야 하고 기계는 미리 정해진 대로 시키는 일만 하게 된다. 이에 반해 스마트 공장은 공급되는 소재, 설비, 에너지, 환경 등 주변 상태에 따라 서로 통신하여 소프트웨어가 자율적으로 판단하고 프로그램이나 설비의 설정 값을 변경하여 제품을 생산할 수 있다.

둘째, 수직적 연결과 초연결의 차이다. 자동화 공장은 기계 설비에 자동제어, 생산 관리, 자원 관리 시스템을 통한 경영 정보의 자동화 시스템 등이 수직적으로 연결되고 통합되고 운영된다. 따라서 자동화 공장은 수직적 계층 간의 정보 소통과 연결에 한계가 있다. 스마트 공장은 제조 현장에서 유통까지 전 공정을 다양한 디지털 기계, 설비, 도구들이 공정을 통합하여 운영되는 공장을 말한다. 모델링, 시뮬레이션, 3D 가상현실과 증강현실에 의한 시각화, 디지털 모델, 프로세스, 도구들이 데이터 관리에 의한 통합으로 모두 연결되어 스스로 알아서 생각하고 결정하고 운영하는 공장이다.

스마트 공장은 설비, 공장 관리, 인력, 공급 사슬망 등이 운영기술, 정보기술, 데이터 기술을 기반으로 초연결되고 통합되며 자율적으로 운영된다. 초연결되어 있기 때문에 제품과 서비스와 경험을 통해 개인 맞춤형 가치를 제공하며 생산성과 효율성의 향상과 최적의 운영이 가능하다. 가장 대표적인 스마트 공장으로는 지멘스의 암베르크 공장과 GE의 푸네 공장을 꼽을 수 있다.

우리나라 제조업 혁신을 둘러싼 현실

2018년 우리나라 국내총생산GDP에서 제조업이 차지하는 비중은 29.2%이다(국가통계포털). 제조 강국으로 불리는 독일이나 일본보다 높은 비중이다. 총 상품 수출 대비 제조업의 수출 비중은 1980년대 이후 90% 수준을 유지하고 있다. 한국 수출의 대부분을 제조업이 차지하고 있는 것이다. 그러나 제조업을 중심으로 한 국제 환경이 만만하지 않은 상황으로 변하고 있다.

그간 효율성 중심으로 움직이고 있던 세계 제조업 시장은 글로벌 금융위기 이후 바뀌고 있다. 효율보다는 자국의 경제 기반 조성과 일자리 창출에 집중하기 시작했으며 제조업 강국들은 자국 내의 제조업 강화로 노선을 선회하고 있다. 또한 중국은 낮은 인건비를 장점으로 내세워 성장했던 경공업 강국에서 하이테크 분야에 본격적으로 투자를 시작하며 신흥 제조 강국으로 부상하고 있다. 따라서 한국의 제조업은 더욱 치열해지는 국가 간 경쟁에서 살아남아야 하는 상황에 있다. 그간 해외 투자로 인해 상대적으로 취약해진 국내 제조업 기반을 새롭게 세워야 하는 동시에 곧 다가올 초고령 사회를 앞두고 극심해지는 생산 가능인구 감소 문제 또한 해결해야 한다. 국내 제조업 영업이익률은 2000년대까지 6%를 웃돌았는데 2010년 이후 5.4%대까지 하락했으며 수출 및 부가가치 비중 증가율 정체 등의 위기를 겪고 있다.

정부는 2014년 이후 제조업과 정보통신기술의 융합을 통해 생산 현장은 물론 제조업 산업 전반의 혁신을 가져오기 위한 '제조업 혁신 3.0 전략'을 수립하여 관련 정책을 추진하고 있다. 2022년까지 스마트 공장 2만 개를 보급하여 제조업의 스마트화로 중소기업의 생산성 및 경쟁력 향상과 질 좋은 일자리 창출 등을 목표로 하고 있다. 하지만 기초 단계 수준의 스마트 공장의 수를 늘리는 데만 집중한다는 비판을 받고 있다. 또한 기업이 체감할 수 있는 스마트 공장의 효과는 아직 미미하다.

국가 간 제조업 경쟁력과 혁신 정도를 비교한 해외보고서를 분석한 결과를 보면 한국은 하이테크 분야의 제조업을 중심으로 높은 제조업 경쟁력을 보유하고 있지만 최근 국내 제조업의 국제경쟁력은 오히려 소폭 하향세를 보여주고 있다. 한국의 제조업은 높은 부가가치 및 수출과 연구개발비 비중을 보유하여 미국, 일본, 독일 등 제조 선진국과 함께 높은 제조업 기술력을 평가받고 있다. 우리나라의 총

연구개발비는 총액으로는 미국, 중국, 일본, 독일 다음으로 세계 5위이다. 국내총생산GDP 대비 투자비율로는 2017년 4.55%를 기록해 세계 1위이다. 그럼에도 경쟁 국가들의 제조업 강화 노선 및 중국의 부상으로 한국의 경쟁력은 소폭 하락하는 모습을 보이고 있다.

또한 우리나라 제조업 분야 내 혁신활동 비중은 높은 제조업 경쟁력과 비교해 상당히 낮은 편으로 나타났다. 제품·공정혁신기업의 비중은 OECD 36개국 중 24위이다. 특히 제조업 공정혁신기업의 비중은 조사대상국 중 최하위권에 속해 있다. 왜 세계 제일의 로봇 도입 비율과 연구개발비에도 불구하고 혁신활동의 비중이 낮게 평가되는 것일까? 그건 우리나라 제조업이 로봇 등 기술 장치 중심으로 혁신해왔기 때문이다. 따라서 스마트 공장의 도입 등 인적자원 역량의 강화를 포함한 공정혁신에 힘을 쏟을 필요가 있다.

국내 제조기업의 스마트 공장 및 제조업 혁신의 수준은 '일부 제한적으로 구축·마련'에 해당하는 정도로 파악되고 있다. 스마트 공장의 구축비용과 방법에 대해서는 기업 매칭 형태의 정부지원금이 가장 적절한 것으로 조사되었으나 기업의 자체 기술개발 수요는 상당히 높은 편이다. 기업 내에서 지속적인 제조업 혁신 성과를 나타내기 위해서는 스마트 공장의 통합적인 관리와 데이터 분석이 가능하고 기업 경영에 직간접적인 영향을 미칠 수 있는 전문인력의 확보가 가장 중요한 것으로 지적되고 있다(신동평·양윤나, 2018).

우리 정부의 정책 추진 현황

정부는 제조업·IT 융합을 통한 생산현장, 제품, 지역 생태계의 혁신을 목표로 2014년 '제조업 혁신 3.0 전략' 및 2017년 '스마트 제조혁신 비전 2025' 등을 마련한 바 있다. 제조업 핵심기술로서 8대 스마트 제조기술을 선정하여 신제품 조기개발, 효율적인 시제품 제작, 최적화된 양산 시스템을 구축하고 맞춤형 유연생산을 위한 스마트 공장의 고도화를 추진한다는 계획이다. 8대 스마트 제조기술은 스마트 센서, 사이버물리시스템, 3D프린팅, 에너지 절감, 사물인터넷, 빅데이터, 클라우드, 홀로그램 등이다.

'제조업 혁신 3.0 전략'은 제조기업의 경쟁력 제고를 위해 2020년까지 1만 개의 스마트 공장 확산을 목표로 했다. 문재인 정부는 2022년까지 2만 개 보급으로 목표를 확대 수정했다.

제조업 혁신 3.0 전략(2014. 6)

정부는 제조업과 IT·SW, 서비스업 등 타 산업과의 융복합이 확산되고 저비용 다품종 유연생산방식이 확산되면서 제조업 패러다임 변화를 위한 민관 공동의 '제조업 3.0 전략'을 수립했다. 양적 투입 위주의 제조업 성장 방식을 지양하고 생산현장의 스마트화를 통해 획기적으로 생산성과 경쟁력을 높이기 위하여 스마트 공장을 보급 확산한다는 계획이다.

이를 위해 정부는 민관 공동으로 1조 원 규모의 제조혁신재원을 조성하고 2017년까지 5,000개, 2020년까지 1만 개 공장을 스마트화하겠다는 추진 계획을 발표했다. 2015년 3월 후속으로 발표된 '제조업 혁신 3.0 전략 실행대책'에서는 스마트 공장 보급·확산과 이에 필요한 스마트 제조기술 개발과 스마트 공장 설비 개발 등 스마트 공장 관련 정책을 포함하고 있다.

또한 선진국 대비 취약한 국내 기술력 확보와 스마트한 생산방식의 확산을 위해 8대 스마트 제조기술 개발을 추진하고 '스마트 제조 연구개발R&D 중장기 로드맵'을 수립했다. 그리고 제조업 혁신 방향에 따라 10대 핵심 시나리오별로 스마트 산업혁명 성공사례를 제시하고 연구개발 포트폴리오 매트릭스 분석을 통해 투자 우선순위를 제시하고 있다.

스마트 제조혁신 비전 2025(2017. 4)

스마트 공장 구축을 통한 맞춤형 유연생산 체제로의 전환을 추진하며 보급 확산 목표를 2025년까지 스마트 공장 3만 개로 확대하고 기초 수준에 머물러 있는 스마트 공장의 고도화를 추진하겠다는 계획이다.

2025년까지 1,500개 선도 모델을 구축하고 지원 금액을 상향하는 등 인센티브를 부여하여 현재 기초 수준의 스마트 공장을 고도화한다. 또한 기술개발에 대한 집중지원과 국내외의 시장창출 등을 통한 스마트 공장 기반 산업 경쟁력을 강화하고 2025년까지 현장인력 및 전문인력 4만 명을 양성하겠다는 계획이다.

스마트 공장 확산 및 고도화 전략(2018. 3)

정부 중심의 지원과 기초단계 중심의 구축 등 기존 보급 확산 추진의 한계를 벗어나 '스마트 제조혁신을 통한 중소기업 중심 경제 실현'을 위해 스마트 공장 추진 전략을 수정했다. 2022년까지 2만 개의 스마트 공장을 보급하여 중소기업의 3분의 1이 스마트 공장을 보유할 수 있도록 하고 이에 따른 질 좋은 일자리 7만 5,000개를 창출하겠다는 목표를 세우고 있다.

제조업의 스마트화로 중소기업의 생산성과 경쟁력을 향상시키고 민간이 주도하는 스마트 제조 생태계를 조성하겠다는 전략이다. 개별기업 지원보다는 산단·업종 등 지역 및 기업군 중심으로 지원하며 민간 중심의 스마트 공장 확산 및 대기업이 참여하는 상생형 모델을 추진한다. 중소기업 재직자의 직무전환 교육을 확대하고 학습형 스마트 공장 등 체험 중심의 교육과정 운영 등으로 2022년까지 전문인력 5만 명을 확보하겠다는 계획을 세우고 있다.

우리나라의 스마트 팩토리와 리쇼어링의 현주소

정부는 2018년까지 7,903개의 스마트 공장이 구축되었다고 발표했다. 2019년에는 중소기업 스마트 제조혁신 전략으로 4,000개의 스마트 공장을 확산하겠다는 계획을 세우고 스마트 공장 보급 사업에 총 3,428억 원을 투입할 예정이다. 이는 2018년에 비해 2.6배 늘어난 금액이다.

스마트 팩토리는 수준별로 기초 수준, 중간 수준 1단계, 중간 수준 2단계, 고도화 수준 4단계로 나뉜다. 기초 단계를 두 단계로 나누어 5단계로 구분하기도 한다. 국내 기업 중에 아직 고도화 단계에 이르렀다고 평가되는 곳은 없다. LS산전 청주사업장 등이 2단계 중간 수준으로 우수한 평가를 받고 있다. 대부분 이제 막 전사적 자원관리 ERP 등이 도입된 기초 단계에 있다. 즉 자동화 공장과 질적으로 큰 차이가 없다. 따라서 양적으로는 많아졌다고 하지만 질적인 수준에서는 아직 갈 길이 멀다고 평가되고 있다.

우리나라에서 중소기업이 차지하는 비율이 2017년 기준으로 업체 수로는 99.9%이고 종사자 수로는 82.9%를 보여주고 있다. 하지만 스마트 팩토리를 높은 수준으로 실현할 수 있는 기반을 가진 업체가 많지 않다. 개별 기업 차원의 몇 가지 기술 도입으로는 국가의 성장 잠재력을 키우는 데 근본적인 한계가 있음을 의미한다. 스타트업 기업과 같은 창의적인 아이디어와 기술로 승부를 걸 수 있는 환경 구축이 시급하다고 하겠다.

그렇다면 리쇼어링의 현실은 어떠한가? 산업용 로봇의 도입으로 말미암아 저렴한 노동력을 찾아 생산기지를 해외로 이전(아웃소싱)한 선진국 기업들이 본국으로 생산시설을 회귀시키는 리쇼어링 현상이 일어나리라는 기대가 있었다. 제품의 디자인과 스타일 변화에 대한 소비자 요구에 신속하게 대응하기 위해 독일 본국에 스마트 팩토리를 설립하여 경쟁력을 높인 아디다스의 사례가 이러한 기대를 한껏 부풀렸다. 로봇을 통해 효율성을 높이고 비용을 낮춘다면 본국이나 본국에 가까운 곳으로 생산기지를 이전하는 것이 오히려 비용 측면에서 이익이 된다는 점을 강조한 것이다. 이러한 기대는 본국의 일자리를 창출할 것이라는 희망 때문에 증폭되었다.

그러나 글로벌 기업의 시장은 본국에 제한되지 않기 때문에 본국

시장의 수요에 맞추어 리쇼어링할 것이라는 기대는 지나친 것이었다. 실제로 산업용 로봇의 투자 확대와 선진국 본국의 고정자산 증가나 고용 확대에는 의미 있는 관계가 없음이 확인되고 있다.

글로벌 기업들은 글로벌 네트워크를 통해 특정한 나라에 매이지 않고 자원을 더 쉽게 옮길 수 있는 전략적 유연성을 가지는데 이러한 이점을 포기할 이유가 없다. 글로벌 기업들은 시장의 수요 변화에 따라 시장성이 높은 곳으로 생산시설을 이전하여 변화에 대한 대응력을 높여왔다. 따라서 본국의 시장 기반이 충분하지 않은 한 전략적 유연성을 포기하면서까지 리쇼어링하는 경우는 생기지 않을 것이다.

국가적 차원에서 보자면 글로벌 기업의 생산기지를 국내로 옮기는 것이 아니라 글로벌 기업을 중심으로 전후방 효과가 큰 생태계를 구축하는 것이 더 중요한 과제다. 수출 중심으로 성장해왔던 우리 경제를 급작스럽게 내수 중심으로 바꿀 방안은 없다. 따라서 기업의 지배구조 또는 생태계를 혁신하는 방법을 찾아야 한다. 글로벌 기업의 생산기지와 함께 중견기업들이 동반 진출하는 방법도 있지만 국내 연관 중견기업들의 기술경쟁력을 높임으로써 수출의 확대와 소재 부품의 수입을 대체하는 길을 찾아야 한다. 국내 중견기업을 통해 뛰어난 기술 인력을 육성하는 사슬을 형성해야 하는 것이다.

3

기술 발전에 따른 고용구조 변화와 그 수용능력

일자리 양극화와 새로운 고용형태의 등장

기술진보가 일자리에 미치는 영향에 대해서는 서로 다른 의견들이 존재한다. 따라서 실증적인 분석이 상황을 정확하게 해석하는 데 도움이 된다. 1983년부터 1993년 사이의 데이터를 활용해 미국의 중간 일자리 비중을 분석한 아세모글루Acemoglu(1999)에 따르면 해당 기간 미국에서 고임금과 저임금의 일자리 비중은 늘어난 반면 상대적으로 중간 일자리의 비중은 줄어들었다는 결과를 보고했다. 이후 아우터Autor, 레비Levy, 머네인Murnane(2003)은 반복적으로 수행하는 업무는 사전 프로그래밍을 통한 루틴화가 가능하여 컴퓨터에 의해 고용 대체가 일어나는 반면에 반복적이지 않으면서 컴퓨터와 보완성을 갖는 직종은 고용 비중이 꾸준히 증가한다는 것을 보여주었다.

아세모글루와 아우터(2010)가 1979년부터 2009년 기간의 데이터를 활용하여 분석한 결과에서도 루틴화 가능성이 높은 중숙련 일자리의 비중은 시간이 가면서 줄어들고 고숙련과 저숙련 일자리는 상대적으로 비중이 높아지는 양상을 보여주고 있다. 정보통신기술이 발전함에도 저숙련 일자리가 오히려 더 늘어나는 모습이다. 정보통신기술과 4차 산업혁명 기술의 발전은 대체된 중간 일자리 인력을 저임금의 서비스 일자리로 밀어내고 있는 것이다.

김세움(2014)이 동일한 방법론을 활용하여 한국고용정보원의 한국 직업사전의 세부직종을 변수화하여 분석한 결과 2000년대 이후 글로벌 금융위기 직전까지 루틴화 가능성에 따른 일자리의 양극화 현상이 나타나고 있음을 확인했다. 다만 2008년부터는 급격한 경기침체의 여파로 단기적 고용변동의 영향이 기술진보에 따른 장기적이고 구조적인 노동시장의 변화를 압도하는 현상이 나타나 루틴화 가설을 온전하게 적용할 수 없었다.

한편 우리나라 제조업의 고용 없는 성장에 대한 우려는 계속 제기되고 있다. 길은선(2019)에 따르면 2008년에서 2009년까지 글로벌 금융위기에 따른 고용과 생산의 동반하락이라는 단기적 변동성을 제외하면 2004년부터 2017년까지 제조업의 생산은 성장하고 있음에도 고용과 생산에는 음(-)의 상관관계를 보여주고 있다. 고용 없는 성장을 보여준 세부 산업을 구체적으로 보면 '전기 및 전자기기 제조업' '섬유 및 가죽제품 제조업' '1차 금속제품 제조업'이다. '운송장비 제조업'은 고용이 가장 많이 줄어들었다. 다만 생산 자체도 감소했기 때문에 고용 없는 성장으로 분류하기는 곤란한 점이 있다. 전기 및 전자기기와 운송장비 제조는 우리나라 대기업의 주력 업종이기 때문에 대기업의 성장이 곧바로 고용을 유발하지는 않는다는 것을 확인할 수 있다.

그리고 기술 발전에 따른 새로운 고용형태를 살펴보면 인터넷 플랫폼의 등장과 함께 여러 가지 극단적인 형태의 용역 거래가 나타나고 있다. 디지털 플랫폼의 등장은 플랫폼 참여자들의 소통과 연결 편의성을 높여 거래비용을 줄여주기 때문에 여러 가지 비즈니스 기회를 제공할 수 있다. 더구나 인터넷 플랫폼의 참여자 수가 많으면 많을수록 거래비용이 줄어드는 특성이 있어 앞으로 거대 플랫폼의 등장도 예견할 수 있다.

그 결과 1인 사업자와 자영업자 등 독립도급 근로자와 프리랜서의 수가 많아져 다양한 형태의 용역 기반 고용이 만들어질 것으로 예상된다. 예를 들어 크라우드 워크crowd work의 근로 형태는 초단기 계약에 근거하고 사무실에 출근하지 않고 원격근무를 하는 경우가 많다. 기존의 표준적인 고용 형태나 근무 형태와는 많은 차이를 보인다.

이러한 유형의 독립도급 근로자들은 일이 상시로 주어지지도 않고 노동법의 보호도 받을 수 없어 일부 고학력 고소득 프리랜서를 제외한 다수는 불안정한 고용 상태에 빠지게 된다. 인터넷을 통한 초연결 사회는 국경을 초월해 국제적 연결성이 강화되기 때문에 필연적으로 글로벌 소싱도 확대된다. 그에 따라 크라우드 근로자들은 저임금국가의 근로자들과도 경쟁해야 하기 때문에 근로조건이 개선될 여지가 극히 제한적이다. 이런 점에서 인터넷 플랫폼의 등장은 고용 형태의 다양화를 통해 노동시장의 이중구조화를 더욱 심화시킬 것으로 보인다(노용진, 2018).

기술 도입의 현실화를 위한 기술 수용능력

4차 산업혁명에 대한 논의에서 거론되는 제반 기술들은 이미 현실적으로 실현 가능한 기술이 되었다. 하지만 실현 가능하다는 것이 곧바로 실현된다는 의미는 아니다. 기술의 도입은 현실의 제도와 상황에 맞추어 조정되기 때문이다. 똑같은 기술을 제공하더라도 도입이 가능한 나라가 있고 불가능한 나라가 있다. 또한 도입이 되었다 하더라도 그 효용성은 각기 처한 조건에 따라 다르게 나타나게 된다.

기술 격차는 단지 시간적인 축을 따라 기술 도입 수준이 빠른 국가와 느린 국가 사이의 현재 시간 거리의 차이만으로는 이해할 수 없다. 비교 대상 간 움직임의 속도가 달라서 격차의 시간은 늘 가변적이다. 예를 들어 특정 국가와의 기술 격차가 3년이라고 하더라도 3년 뒤에 생길 기술 격차의 간격은 예측할 수 없다. 기술 격차는 특정 시점에서의 기술력의 비교일 뿐이다. 기술 격차가 더 커질 수도 있고 따라잡거나 추월할 수도 있다.

종속이론이나 주변부 자본주의론에서는 자본주의는 세계적 차원에서 작동하기 때문에 세계자본주의에 편입된 저개발국가들은 중심 국가들에 잉여가 착취되어 저개발 상태가 지속될 뿐이라고 했다. 반면 발전경제학에서는 기술 이전을 통해 개발도상국들이 빠른 속도로 선진국의 기술 수준을 추격할 수 있다고 보았다. 거센크론 Gerschenkron(1962)에 따르면 상대적으로 기술 수준이 뒤떨어진 국가는 새로운 기술을 도입할 때 가장 선진적인 기술을 채택할 가능성이 있기 때문에 빠른 추격이 가능하다고 했다. 독일이나 프랑스와 같은 후발 국가들이 영국을 따라잡은 경우를 예로 들었다.

그러나 가장 선진적인 기술을 도입하면 선진국을 추격할 수 있다는 논리는 비약이다. 그 가정에 따르면 추격에 나선 국가들은 일정한 시점이 지나면 앞선 국가들과 비슷한 기술 수준을 가져야 한다. 그러나 현실에서 그러한 경우는 많지 않다. 추격에 성공하여 선진국 대열에 들게 된 나라는 그 수가 많지 않으며 개발도상국 간에도 추격의 속도는 서로 다르다. 우리나라가 이러한 추격에 성공한 나라의 사례로 꼽힌다. 하지만 우리나라의 성공에는 선진적인 기술의 이전에 따른 추격의 성공이라는 논리와는 다른 설명이 필요하다.

기술의 도입이 현실적으로 작동되기 위해서는 기술의 수용 능력이 필요하다. 기술의 수용 능력은 다양한 측면에서 고찰될 수 있다. 노스North(1990)는 경제학과 경제사를 분석하는 데 제도institution의 변화를 도입했다. 그는 경제의 장기적 성과를 분석하기 위해서는 제도의 진화를 살피는 것이 핵심이라고 보았다. 제도는 한 사회 내에서 게임을 규율하는 법칙이고 인간의 상호작용을 형성하기 위해 인간에 의해 고안된 장치다. 제도의 변화는 사회가 시간적으로 진화하는 방식을 형성하기 때문에 역사적 변화를 이해하는 데 핵심을 이룬다.

인간의 행동은 합리적 선택이론에서 가정하는 바와 같이 이루어지지 않는다. 인간의 행동에는 동기motivation와 상황에 대한 해석이라는 두 가지 특징이 있다. 인간은 자신의 이익을 최대화하는 것으로만 움직이지 않으며 이타적 행위와 자기 규제적 방식의 행위를 보이기도 한다. 또한 주어진 환경을 해석하고 이를 통해 당면한 문제를 해결해나간다.

근로자는 자신의 단기적인 보상만 최대화하는 방식으로 행동하지 않는다. 기업의 성장이 자신에게 장기적으로 유리하다고 이해하면 단기적 손실을 감수하기도 한다. 회사와 종업원의 관계에서는 경제적 교환관계만 작동하는 것이 아니라 사회적 교환관계도 작동한다. 예를 들어 회사에 대한 자부심은 경제적 교환으로는 해석할 수 없는 요소다. 메이어와 알렌Meyer and Allen(1991)은 조직 몰입을 정서적 몰입, 규범적 몰입, 지속적 몰입이라는 개념적 구성으로 정의한 바 있다. 조직 몰입은 물질적 보상만으로는 해석될 수 없는 개념이다. 기업은 인적자원관리 방식을 통해 조직에 대한 몰입을 유지하고 동기부여를 통해서 타 조직과는 다른 인적자원의 특수성을 유지하게 된다.

구성원 간에 상호 협력적인 문화를 형성하고 조직을 위해 헌신하도록 만들 것인가, 아니면 단기적 이익을 위해 행동하도록 만들 것인가는 기업의 제도에 영향을 받는다. 시민사회와 민주주의 분석에 주로 활용된 퍼트남Putnam(1993)의 사회적 자본 개념도 기업의 성장에 적용할 수 있다. 사회적 자본은 단순하게 설명하자면 사회 내에서 개인이나 그룹들이 서로 신뢰하고 함께 일하도록 만드는 공유된 가치와 이해라 할 수 있겠다. 사회적 자본이 풍부하게 형성된 사회와 그렇지 못한 사회는 같은 상황에 부닥치더라도 그 대처 방식이 다르다.

기술의 적용은 기술자의 능력도 중요하지만 지식의 전파가 기술자들 사이에서 얼마나 원활하게 이루어지는가에 따라 더욱 중요하게 작동한다. 기계의 동작 매뉴얼만 받는다고 해서 금방 기술을 익힐 수 있는 것이 아니기 때문이다. 근로자의 능력은 동료의 암묵지tacit knowledge의 확산을 통해서도 이루어진다. 여기서는 조직의 문화가 핵심적인 요인이다.

마르크스주의 입장에서 기술의 진보는 탈숙련화를 가져오고 고도로 분업화된 대공장의 노동자는 단순 반복적인 작업을 하게 될 것이라고 보았다. 구상과 실행의 분리라는 논리에 입각한 이러한 예측은 대량생산 시스템의 도입에서 일정하게 확인된 바 있다. 그러나 복잡하고 불확실하고 변동성이 심한 현실에 적용하기에는 무리가 있다. 기술의 진보와 대량생산체제의 도입으로 경제적 풍요가 발생하는 사회 전체의 이익을 무시하고 작업방식만 지나치게 강조한 결과다.

기술진보의 결과는 산업의 성격까지 함께 고려해야 한다. 선진국은 노동집약적 산업에서 기술집약적 산업으로 산업구조가 변화했으며, 우리나라도 같은 경로를 밟고 있다. 노동집약적 산업에서도 숙련노동의 중요성을 간과할 수 없지만, 특히 기술집약적 산업에서는 근로자의 기술 숙련과 작업 태도가 대단히 중요하다.

질 높은 인적자원은 투자 없이 불가능하다

스티글리츠Stiglitz(2015)는 성공적인 성장에는 정태적 비교우위가 아닌 동태적 비교우위가 중요하다고 강조했다. 한국과 같은 나라가 성장할 수 있었던 것은 정태적 비교우위를 받아들이지 않았기 때문이었다고 한다. 만약 한국이 정태적 비교우위 이론을 받아들였으면 과거 비교 우위에 있었던 쌀 생산국으로 남아 있었을 것이다. 한 국가의 비교우위는 내생적이고 국가의 정책과 활동의 결과이기도 하다. 비교우위를 결정하는 '상태' 변수는 지식, 노동, 그리고 제도를 포함한 유동적이지 않은 요소들과 관련되어 있다.

동아시아의 성공은 수출 그 자체에 있는 것이 아니라 수출 전략이 성공할 수 있었던 고도의 학습과 관련되어 있다. 전통적인 경제학에서는 무시되어 온 학습은 역사적으로 보면 한 나라의 발전을 이룩하는 데 핵심적인 요소였다. 학습은 엄청난 기술이나 요소의 변화가 없더라도 생산성을 빠르게 증가시킬 수 있다. 이처럼 인적자원관리는 기술의 변화와 상관없이 성장의 핵심 요소다. 기술의 진보가 급격하게 이루어지는 현재와 같은 경우 그 기술을 제대로 적용하고 다룰 수 있는 학습 능력은 국가 산업 발전의 핵심이라는 점은 두말할 필요가 없다.

급격한 디지털 환경의 변화 속에서 근로자들에게 정기적인 선진 훈련을 받게 하는 작업 조직은 그 중요성이 더해지고 있다. 현재의 기술 표준을 따라잡기 위해서는 '디지털 문해력digital literacy'을 높이기 위해 정기적으로 심화 훈련이 필요하다. 디지털 문해력은 컴퓨터와 통신 장치에 대한 기본적인 이론적 지식에서부터 온라인 커뮤니티에서 스스로를 표현할 수 있고 항해할 수 있는 능력에 이르기까지 그것들을 사용하는 방법을 말한다. 이것은 정보 문해력이 동반되어야 가능하다. 정보 문해력이란 집중화되고 자율적이며 책임성 있고 효과적인 방식으로 정보를 다루는 능력이다.

가까운 장래에는 근로자에게 학습을 위한 교육 휴가가 없는 조직은 더 이상 상상하기 어려운 세상이 될 수도 있다. 루틴한 업무를 반복하면서도 숙련과 암묵지는 형성되지만 지금의 기술 발전 속도는 그 정도의 숙련으로는 따라잡을 수 없는 정도이기 때문이다. 따라서 유급 교육 휴가의 권리는 평생 훈련이라는 관점에서 점차 그 중요성이 더해질 것이다. 기업들이 자사 근로자들이 더욱 잘 교육받고 더 높은 질적 수준을 가지기를 원한다면 그러한 자질들을 습득할 기회를 부여하는 것이 불가피하게 요구된다.

자사 근로자의 정기적인 교육 훈련의 부족은 근로자의 동기 부족을 가져올 수 있다. 따라서 근로자들에게 기업가적 정신으로 업무에 집중할 수 있도록 하기 위해서라도 교육과 학습은 중요하다. 교육과 지식의 전달은 근로자가 사회적으로도 그 처지가 하락하지 않도록 방지하는 것이기 때문에 국가적 차원에서도 중요한 의제다. 따라서 학습조직과 지식경제의 형성은 기업 차원에만 맡길 과제가 아니며 국가가 질 높은 인적자원을 양성하기 위한 투자를 게을리해서는 안 된다.

4

대립에서 파트너십으로의
노사관계 변화

효율적인 신기술 활용의 핵심 요건 노사파트너십

4차 산업혁명으로 표현되는 현재의 기술진보 수준은 노동조합에
도 새로운 과제를 부여하고 있다. 급격한 기술진보는 사회적 충격을
준다. 기존의 시스템과 새로운 기술이 적합하지 않고 충돌하기 때문
이다. 장기적으로는 국가 전체적으로 심각한 문제가 되겠지만, 단기
적으로도 일자리 양극화와 대기업을 중심으로 한 고용 없는 성장은
지속될 것으로 보인다. 당장 다양한 고용형태가 나타나고 있다.

현재 노동조합이나 근로자 대표조직으로 보호받지 못하는 근로자
들이 늘어나고 있다. 독립노동과 플랫폼 노동은 근로조건을 두고 협
상할 파트너가 아예 없다. 따라서 그들의 사회적 권리가 사각지대에
방치될 수 있다. 특히 젊은 세대는 프리랜서로의 삶을 선호하는 경우
도 많아서 권리 보장 장치 마련을 더는 미룰 수 없는 시점이다.

노동조합이 있는 경우도 불안에서 예외인 것은 아니다. 기술진보
에 따른 일자리 상실의 위협은 항상 존재한다. 고용에 대한 불안 때
문에 조합원들은 노동조합으로 하여금 진보된 기술의 도입을 저지

하도록 요구하기도 한다. 설령 새로운 기술을 도입하더라도 현재 재직하고 있는 노동자들의 고용에는 아무런 영향이 미치지 않도록 설계하라고 요구한다. 노동조합은 치열한 경쟁 환경 속에서 회사의 장기적 성장과 당장의 고용안정 요구 사이에서 갈등하게 될 것이다. 조합원에 의해 선출된 권력이기 때문에 후자의 입장을 우선으로 대변할 수밖에 없다. 두 과제 사이의 간극에 어떠한 다리를 놓을 수 있는지에 따라 집행부의 능력이 증명될 것이다.

이러한 때 노사파트너십 체제는 작업자들의 직무내용과 숙련요건을 높이는 기술과 인간의 조합을 통해 더 근원적인 방식으로 근로자들을 보호할 수 있다. 그리고 기업과 근로자 간에 파트너십을 통한 신뢰관계가 형성되어야 현장지식과 노하우를 동료나 조직에 공유할 수 있다. 근로자들의 이런 현장지식과 노하우가 신기술 콘텐츠를 구성하기 때문에 노사파트너십이 효율적인 신기술 활용의 핵심 요건이 되어야 한다(노용진, 2018).

하지만 우리나라의 노사관계 당사자들은 적어도 노사관계 문제에 관한 한 아직 디지털화의 도전을 맞아 본격적이고 적극적인 대안을 찾지 못하고 있다. 정부는 정합성 없는 일자리 대책을 나열식으로 제시하고 있고 4차 산업혁명을 마치 개발국가 시대의 산업 전략처럼 다루고 있다. 노조도 새로운 변화를 적극 수용해가면서 지속가능한 비즈니스와 지속가능한 일자리 질서를 함께 구축하는 거시적이고 포괄적인 시각이 부족하다.

기업들 역시 새로운 도전이 가져올 사회 전반의 변화에 대해 책임 있는 자세로 임하기보다는 비즈니스 기회로만 보고 있다. 디지털 전환 거버넌스 구축에서도 4차산업혁명위원회는 비즈니스와 기술 중심으로 논의가 이루어지고 사회적 소통방식보다는 국가 주도적 산업화 시대의 정책결정 방식을 답습하고 있다. 특히 노동이 내용에서 빠져 있어 노동을 산업·기술과 분리시키고 후자에 종속적인 것으로 사고하는 주류 경제적 사고가 여전히 남아 있다(박명준, 2017).

좋은 노사관계가 훌륭한 인적자원을 형성한다

4차 산업혁명을 준비하기 위한 정부의 정책은 과학기술 중심의 신산업, 신기술 확대 중심으로만 나아가서는 안 된다. 4차 산업혁명을 사회적 성과로 만들어내고 사회적 갈등을 줄이기 위해서는 특별한 정책적 노력이 필요하다. 4차 산업혁명 관련 정부나 사회적 기구에 주요 산업의 노사가 직접 참여해서 협력하고 논의해야 한다. 즉 기술적 혁신과 사회적 혁신을 결합해야 한다. 이를 위해 산별교섭에 소극적인 태도를 버리고 적극적인 과제로 추진해야 한다. 정보통신기술 기반으로 진행되는 일하는 방식의 표준화와 플랫폼 노동 확산에 따른 고용 형태의 비정형화와 이동성 강화는 개별 기업 단위의 노사가 풀기 어려운 문제이기 때문이다(이장원, 2017).

노동조합 차원에서도 기술혁신에 따른 '파괴적 피해'에 맞서 국가, 업종·지역, 그리고 기업 및 사업장 차원에서 다양한 대응전략이 필요하다. 기술혁신에 대해 노동조합은 기업이나 국가 차원에서 기술혁신과 관련된 정책을 수립하는 과정에 적극 참여하여 근로자들의 피해를 최소화하고 노동조건의 개선과 노조 조직 기반의 지속가능성을 도모하는 방향으로 정책결정이 이루어지도록 적극 발언권을 행사하는 전략을 가져야 한다(이병훈, 2017).

4차 산업혁명은 다수의 패배를 바탕으로 소수가 승리하는 방식이 되어서는 안 된다(금속노조 노동연구원, 2017). 그러나 이 명제가 성립하기 위해서는 반응적 대응에 그쳐서는 안 된다. 4차 산업혁명을 다수의 승리로 만들어내기 위해서는 산별노조 또는 총연맹 차원에서 산업에 대한 개입과 공론화 작업을 적극 진행해야 한다. 이를 통해 4차 산업혁명이 고용을 유지 확대하면서 사회 전반의 발전을 도모할 수 있도록 해야 한다. 기술진보가 가져올 사회 변화의 시나리오를 작성하고 바람직한 시나리오의 실현을 위한 이해관계자 모두의 전략적 파트너십 형성이 절실하다.

지금까지 기술 환경 변화가 노사관계에 미치는 영향을 살펴보았다. 기술진보와 노사관계는 풀 수 없는 실타래처럼 여겨질 수 있다. 그러나 더 크고 튼튼한 동아줄을 만든다는 목표를 세우면 그 실타래 자체를 하나의 줄로 만들 수 있다. 사회 구성원의 안녕과 행복이라는 관점에서 기업과 근로자가 공동의 목표를 세운다면 여러 가지 가능한 대안이 만들어질 수 있다. 신뢰라는 사회적 자본이 작동될 수 있다면 우리 앞에 닥친 위기가 남이 풀어야 할 숙제가 아니라 바로 스스로가 해결해야 할 과제로 다가올 수 있다.

우리나라 경제가 급속하게 성장할 수 있었던 데는 요소의 투입이 아니라 뛰어난 인적 자본이 배경이 되었다. 수준 높은 교육과 학습능력으로 같은 기술이라도 더욱 훌륭한 성과물을 만들어냈다. 기술이 모든 것을 결정할 것이라는 생각은 금물이다. 기술도 운용할 수 있는 사람이 필요하다. 사람이 없다면 기술은 무용지물이다.

우리가 과거에 비슷한 수준에서 출발한 나라들, 아니 더 앞서 있던 나라들을 추월할 수 있었던 이유는 역시 인적자원이 가장 핵심이었다. 좋은 노사관계는 훌륭한 인적자원을 형성한다는 측면에서 노사는 파트너가 될 수 있다. 기업 내에서는 숙련의 형성을 위한 기획을 공동으로 제안하고 기술진보에 따른 구조적 변동에 대해서는 국가적 차원에서 해결할 수 있도록 공동의 자원을 투자해야 한다. 자기의 이익만 챙기고 아무도 관리하지 않아 황폐화되는 공유지의 비극만 있는 것이 아니라 인류는 공유지를 공동의 재산으로 잘 가꾸어왔던 사례도 역사로 남겨주고 있다. 위기일수록 비상한 결단과 공동의 지혜가 필요하다. 지금이 바로 그러한 시기다.

3장

한국기업의 해외 직접투자와 글로벌 노사관계 전략

슬로벌라이제이션 시대를 맞아 글로벌 대기업들의 해외 인적자원관리 방안도 달라져야 한다. 여기서는 통합형 인적자원관리를 제안하는데 이는 모기업과 자회사 간 모든 이해관계에서 적절한 균형을 추구하는 것이다. 다른 말로 하면 본국 중심의 테르티우스 가든스 지향에서 세계 중심의 테르티우스 융겐스 지향으로 나아가는 것이다. 이로써 한국기업들은 상생의 관점을 취하면서 장기적이고 지속가능한 국제경쟁력을 확보할 수 있을 것이다.

이상민

한양대학교 경영대학 교수

서울대학교 대학원에서 경영학 석사과정을 졸업한 뒤에 독일 쾰른대학교 경영학 박사학위를 받았다. 현재 경제사회노동위원회 산하 공공기관위원회 공익위원으로 참여하고 있으며, 한국인사관리학회 학술지 『조직과 인사관리연구』 편집위원장, 한국고용노사관계학회 상임이사직을 맡고 있다. 노사상생, 패러독스 경영, 인적자원개발 연구에 관심을 갖고 있다.

1

슬로벌라이제이션과 리쇼어링

세계를 하나로 묶었던 글로벌가치사슬의 약화

1990년대 이래로 전성기를 구가했던 세계화의 추세는 2008년 글로벌 금융위기를 기점으로 약화되고 있다. 전세계를 하나로 묶었던 상품 교역이 지역 단위로 파편화되고 국경을 넘나들던 자본 이동이 위축되면서 글로벌 경제의 통합이 새로운 조정 국면에 접어들고 세계화의 속도가 느려지는 슬로벌라이제이션slowbalisation 시대가 도래했다는 주장이 제기되었다(한국일보, 2019. 2. 4.).

슬로벌라이제이션 주장의 근거는 무엇보다 가파른 상승세를 보였던 국가 간 교역량과 해외 직접투자가 한풀 꺾인 모습을 보이는 데 있다. 국가 간의 재화와 서비스 교역량은 2008년 전세계 국내총생산 대비 61%에서 10년 후인 2018년에 58%로 줄었다. 해외 직접투자는 2007년 전세계 국내총생산 대비 3.5%에서 2018년 1.3%로 많이 줄어들었으며 국가 간 은행대출stock of cross-border bank loans은 2006년 전세계 국내총생산 대비 60%에서 2018년 36%로 절반 아래로 감소했다(The Economist, 2019. 1. 24).

슬로벌라이제이션은 글로벌가치사슬 분석에서도 확인된다. 글로벌가치사슬이란 제품의 설계, 부품과 원재료의 조달, 생산, 유통, 판매에 이르기까지 각 과정이 여러 국가와 지역에 걸쳐 형성된 글로벌 분업체계를 의미한다. 2000년대 들어서 빠르게 확산되던 글로벌가치사슬은 2012년 이후 약화되는 모습을 보이고 있다.

국가 및 산업 간 부가가치의 원천과 최종소비를 분석한 주요 국제산업연관표인 다지역산업연관 데이터베이스Eora I/O와 국제투입산출 데이터베이스WIOD에 따르면 다음의 그림 〈글로벌가치사슬 참여도〉에서 보듯 세계 총수출에서 국내생산에 중간 투입된 해외 부가가치와 해외생산에 중간투입된 국내 부가가치가 차지하는 비중은 2008년 60% 수준에서 2015년 55%로 줄어들었고 세계 국내총생산에서 글로벌가치사슬을 통해 창출된 부가가치가 차지하는 비중을 나타내는 글로벌가치사슬 참여도는 2008년 14.1%를 정점으로 2015년 13.2%로 하락했다.

서로 다른 주요 국제산업연관표를 분석한 결과는 모두 비슷한 결과를 도출했는데 2001년부터 2008년 중에 글로벌가치사슬 참여도는 3.9%p 증가했지만 2012년부터 2015년까지 0.7%p 하락했다. 2000년대 대부분의 국가에서 빠르게 확산되었던 글로벌가치사슬이 2010년대에 들어 신흥국을 중심으로 약화되었다. 특히 베트남 8.2%p, 한국 3.2%p, 중국 2.5%p 등 아시아 지역이 큰 폭으로 하락했다. 이러한 추세 변화에 중요한 영향요인은 한 국가에서 생산된 중간재가 교역을 통해 다른 국가의 생산 과정에 투입되는 중간재 수입 비중의 하락이다(한국은행, 2018). 결국 국내생산을 위하여 외국으

글로벌가치사슬 참여도

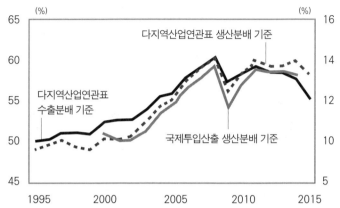

주: 다지역산업연관표, 다지역산업연관 데이터베이스는 1990년부터 2015년까지 189개
국의 26개 산업을 포괄한다. 국제투입산출표 데이터베이스는 2000년부터 2014년까지
43개국의 56개 산업을 포괄한다. (자료: 한국은행, 2018)

로부터 수입하는 중간재를 국내에서 자체적으로 생산하여 대체하는
방식이 세계적으로 강화되었다고 할 수 있다.

중간재 수입을 국내생산으로 대체하는 경향은 신흥국에서 두드
러지게 나타난다. 선진국에서 생산된 중간재가 신흥국의 국내생산
에 투입되는 방식은 신흥국이 중간재를 국내생산으로 대체하는 방
식으로 전환되고 있다. 이는 선진국에서 국내생산된 중간재를 해외
생산에 투입하는 전방참여가 감소하고 신흥국의 국내생산에 해외
에서 생산된 중간재가 투입되는 후방참여의 감소를 통하여 확인할
수 있다.

다음의 그림 〈선진국과 신흥국의 전후방 참여도 추세〉에서 나타나
듯 선진국은 자국 내에서 생산된 중간재가 해외생산에 투입되는 전
방참여도가 2000년 9.6%에서 2011년 14.0%로 증가했다가 2015년

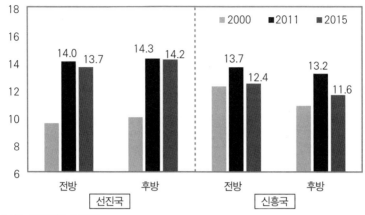

선진국과 신흥국의 전후방 참여도 추세

(자료: 한국은행, 2018)

13.7%로 감소했다. 신흥국은 해외에서 생산된 중간재가 국내생산에 투입된 후방참여가 2000년 10.8%에서 2011년 13.2%로 증가했다가 2015년 11.6%로 약화되었다. 특히 중국의 후방참여도는 2000년 10.8%에서 2011년 14.9%로 늘어났지만 2015년 11.5%로 많이 감소했다.

슬로벌라이제이션을 불러온 핵심요인 3가지

글로벌가치사슬이 약화되는 슬로벌라이제이션에 영향을 미치는 핵심적인 요인들로는 세 가지가 있다. 보호무역 강화, 아시아 주요국의 경제구조 변화, 국가 간 생산비용 격차 축소 등이다.

첫째, 보호무역 강화는 주로 관세율 조정과 무역제재 시행을 통해 이루어진다. 수입관세율은 1995년 세계무역기구WTO 출범과 자유

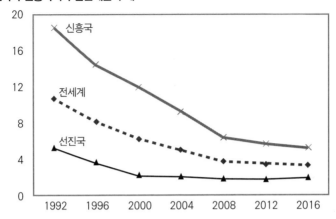

선진국과 신흥국의 수입관세율 추세

(자료: 국제연합무역개발회의 통계 자료; 한국은행, 2018, 재인용)

무역협정FTA 확산에 힘입어 1990년대에 선진국과 신흥국에서 모두 빠르게 하락했다. 2000년대에는 신흥국을 중심으로 급격한 하락세가 유지되었지만 2008년 이후에 하락세는 크게 둔화되었다.

무역제재는 주로 수출하는 국가의 정부가 수출 기업에 대하여 수출보조금이나 무역금융을 통해 불공정한 지원을 했을 때 무역량이나 방식을 제한하거나, 외국의 물품이 정상가격 이하로 수입되어 국내산업이 실질적인 피해를 받거나 받을 우려가 있거나 국내산업의 확립이 실질적으로 지연되었을 때 반덤핑 관세anti-dumping duty를 부과하는 방식으로 이루어진다.

글로벌 무역 연구기관인 글로벌 트레이드 알러트GTA, Global Trade Alert를 보면 2012년부터 2017년까지 주요 34개국을 기준으로 관세 및 비관세 무역제재 건수는 2009년부터 2011년 대비 연평균 219건 증가했지만 반면에 자유무역을 활성화하는 조치는 108건 증가하는

데 그쳤다. 특히 미국과 인도가 중국, 독일, 한국 등을 대상으로 시행한 무역제재 건수가 크게 확대되었다. 무역제재를 통한 보호무역 강화는 글로벌 분업체계의 확산을 제약한다. 국경을 통과할 때마다 중간재에 추가적인 관세를 부과하여 조달비용을 높임으로써 글로벌가치사슬의 원활한 작동을 저해하는 것이다.

둘째, 아시아 주요국의 경제구조 변화를 들 수 있다. 글로벌가치사슬 확대 과정에서 생산기지 역할을 했던 아시아 주요국의 경제구조가 내수 중심으로 변화하고 있는 것이다. 2017년 중국의 국내총생산 대비 수출입액의 비중(대외의존도)은 2008년의 66% 수준으로 하락했다. 또한 중국의 전년 대비 교역증가율은 2000년부터 2008년까지 19.8%에서 2012년부터 2016년까지 5.4%로 많이 감소했다. 그리고 홍콩, 필리핀, 싱가포르, 태국, 베트남, 대만 등 아시아 6개국의 2017년 대외의존도는 2008년의 89% 수준으로 떨어졌고 교역증가율도 2000년부터 2008년까지 8.8%에서 2012년부터 2016년까지 3.3%로 줄어들었다.

이처럼 신흥국에서 수입품의 국내 대체가 확대됨에 따라 기술선도국가의 핵심부품을 신흥국에서 조립하고 가공하는 제조업의 글로벌 수직적 분업이 약화되었다. 중국은 저부가가치 조립가공 중심의 무역에서 고부가가치 중간재의 국내생산 및 수출 강화 정책을 추진하고 있다. 이를 위하여 2004년부터 원재료를 수입하여 제품을 만든 후에 이를 수출하는 가공무역의 금지품목을 확대하여 지정했다. 또한 신흥국의 가계 구매력 증대에 따라 다국적기업들이 현지생산 제품을 재수출하지 않고 현지에서 판매한 것도 국제적인 생산분업의

중국의 가공무역 규모와 비중 추세

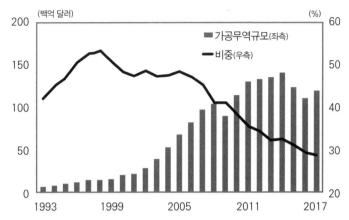

(자료: 중국 해관 및 글로벌 데이터베이스CEIC; 한국은행, 2018, 재인용)

약화 요인으로 작용했다고 하겠다.

마지막 슬로벌라이제이션 영향 요인은 국가 간 생산비용 격차 축소다. 선진국 및 신흥국 간에 생산비용 격차가 줄어들면서 다국적기업들이 글로벌가치사슬 네트워크에 참여할 유인이 축소되었다. 중국, 인도 등의 임금 수준이 꾸준히 상승한 반면에 선진국의 인건비 부담은 인공지능, 로봇 등의 4차 산업혁명 발전과 생산공정 자동화로 축소되었다. 또한 다국적기업의 비즈니스 모델에서 연구개발과 혁신 인프라 등 비가격 경쟁력의 중요성이 확대되면서 신흥국의 해외 직접투자 유입이 많이 줄어들게 되었다.

선진국 해외 진출 기업들의 리쇼어링 증가

신흥국의 해외 직접투자 유입이 많이 줄어든 반면 선진국 해외 진

산업기술별 유럽의 리쇼어링 (단위: %)

산업기술별	리쇼어링 기업비율
첨단 산업	7.5
중고기술 산업	5.3
중저기술 산업	3.0
저기술 산업	2.7

주: 2010~2012년 유럽 제조 서베이의 결과를 바탕으로 작성
(자료: 최혜린, 2018에서 재인용)

출 기업의 회귀, 즉 리쇼어링 사례는 증가했다. 리쇼어링의 증가는
일자리 창출에 대한 각국의 정책적 필요성이 증가하면서 더욱 주목
받고 있다. 유럽, 미국, 대만 등도 저임금국가에 설립했던 공장을 국
내로 다시 들여오는 리쇼어링이 진행되고 있다.

유럽의 리쇼어링은 전기장비 제조업, 컴퓨터 제조업, 항공우주 산
업 등 첨단기술을 사용하는 산업에서 가장 활발하다. 또한 유행과 수
요자의 요구에 민감하게 반응해야 하는 의류 및 식품 산업에서도 생
산 자동화를 활용해 생산속도와 정확도를 높이고 생산비용을 절감
하기 위해 리쇼어링을 선택하기도 한다.

독일기업들은 해외생산으로 제기되는 품질관리 및 유연성 부족
문제에 대응하는 전략으로 국내생산 과정의 자동화, 국내외 혁신 인
프라 및 신기술 활용을 위해 리쇼어링을 추진하고 있다. 국내의 혁신
환경을 개선하는 독일의 인더스트리 4.0 정책은 선진기술을 활용하
고자 하는 독일기업의 리쇼어링 유인으로 작용하고 있다. 인더스트
리 4.0은 기존의 제조업에 IT 시스템을 결합하여 지능형 생산 시스
템을 갖춘 스마트 공장을 지향함으로써 고임금 국가에서도 제조업

미국의 리쇼어링 현황

(단위: 개)

연도	2010	2011	2012	2013	2014	2015	2016
리쇼어링	16	64	104	210	208	151	91

(자료: AT, 2018. 11. 27)

생산이 경제적으로 실행 가능하도록 뒷받침하고 있다.

클라우드 컴퓨팅과 사이버물리시스템 결합은 맞춤형 생산을 통해 기업의 유연성과 생산의 효율성을 향상시킨다. 이는 국내 공장에서 규모의 경제 실현을 위한 리쇼어링 유인으로 작용한다. 리쇼어링은 이러한 생산의 자동화로 직접적인 일자리 창출은 크지 않을 수 있다. 하지만 리쇼어링 기업의 장비 구입, 인프라 사용, 중간재 및 서비스 구입을 통해 간접적인 일자리 창출 효과를 볼 수 있다.

이제 미국의 사례를 보자. 미국의 리쇼어링은 2000년대부터 나타나기 시작하여 2010년 16개 회사가 해외 생산공장을 국내로 이전했고 2014년에는 208개 회사가 리쇼어링을 결정했다. 리쇼어링 이니셔티브Reshoring Initiative 리포트에 따르면 리쇼어링과 외국인 직접투자는 미국에서 2016년 7만 7,000개, 2017년에는 17만 1,000개의 일자리를 창출했다. 2017년 미국의 리쇼어링에 따른 신규 일자리 수는 전년 대비 52% 증가했다. 이는 대부분 중상 기술 수준의 직업에 집중되어 있다. 리쇼어링 이니셔티브는 리쇼어링과 관련된 기사를 통해 데이터를 수집한다. 이때 매우 광범위한 정의를 적용하여 생산기지를 본국으로 이전하는 경우뿐만 아니라 해외아웃소싱이 국내아웃소싱으로 바뀌는 경우도 모두 리쇼어링으로 보고 있다.

미국 리쇼어링의 대표적인 사례인 GE는 2009년과 2012년 각각 중국과 멕시코로부터 고품질의 냉장고, 온수기, 세탁기 생산 일부를 켄터키의 루이스빌과 위스콘신의 밀워키로 옮겨왔으며 2013년 월풀은 세탁기 생산을 멕시코에서 오하이오주로 옮겨왔다. 또한 2014년 GM은 캐딜락 SUV 생산을 멕시코에서 테네시주의 스프링힐로 옮겨왔다. 2015년 포드는 에코부스트 터보 차저EcoBoost Turbo Charger 엔진 생산을 오하이오의 클리블랜드로 옮겨왔다.

미국기업의 리쇼어링 배경에는 개도국의 임금 상승이 가장 중요한 요인으로 작용했으며 그 외 운송 및 창고 비용, 렌트비, 공급자 관리 비용 등의 생산비용 증가가 영향을 미쳤다. 실제 중국의 근로자 임금은 2000~2005년 사이에 매년 10% 이상 증가했고 2005~2010년 사이에는 매년 19% 증가하는 등 10년 동안 3배 이상 증가했다. 2005년 중국의 임금 수준은 미국의 약 10%에 불과했지만 2012년에는 미국 임금의 37%로 증가했고 2020년에는 미국과 중국의 임금 차이가 거의 사라질 것으로도 예상된다. 아시아 국가의 실질임금도 2000~2008년 사이 매년 7.5% 증가하면서 미국과 개도국 사이의 임금 격차가 크게 감소했다.

기존 개도국으로의 오프쇼어링은 주로 저임금을 활용하여 생산비용을 절감하고자 한 것이었다. 최근 중국과 동남아시아 국가의 임금이 급격히 상승하면서 더 이상 미국기업은 개도국의 저임금으로부터 큰 생산비용 절감 효과를 기대하기 어려워졌다.

그러나 여전히 리쇼어링이 오프쇼어링을 대체하는 주요 트렌드인지 아니면 제한적으로 관찰되는 경우인지에 대한 논의는 지속되고 있

미국 기업의 리쇼어링 사례

기업	발표일	품목	원생산지
GE	2012. 2	세탁기, 냉장고 등	중국
월풀	2014. 4	냉장고	중국
리복	2016. 10	섬유, 운동화	중국
인텔	2017. 2	컴퓨터, 반도체	중국 등
GM·포드	2011. 12 2017. 6 2017. 8	중형트럭, 자동차	멕시코
애플	2013. 11 2018. 1	컴퓨터, 전기제품	중국 등

(자료: 한국은행, 2018, 재인용)

미국 다국적기업의 오프쇼어링

(단위: 개수, 천 명)

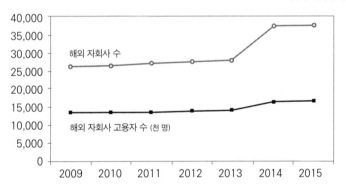

주: 자산, 매출, 순소득이 2,500만 달러 이상인 해외 자회사만을 포함함.
(자료: 미국 경제조사국BEA, 2018. 2 19)

다. 올덴스키Oldenski(2015)는 리쇼어링으로 인한 일자리 창출 효과는 미국 전체 고용의 4.6%에 해당하며 미국 다국적기업이 2만 5,000개의 해외 지사를 설립한 것에 비해 리쇼어링 수는 매우 미미해서 리쇼어링이 주요 트렌드라고 주장하기는 어렵다고 했다. 코헨과 리Cohen and Lee(2015)는 기업의 의사결정은 항상 변화하며 리쇼어링만큼 오프쇼어링도 활발하게 진행되고 있어 리쇼어링이 오프쇼어링을 대체하기는 어렵다고 보았다. 미국의 다국적기업에 의한 오프쇼어링은 2009년부터 지속 증가하는 추세를 보이고 있다. 다국적기업의 총매출 및 미국 내에서의 매출 역시 증가 추세를 보이고 있다.

글로벌 시각으로 한국의 리쇼어링을 바라봐야 한다

그렇다면 한국의 상황은 어떠할까? 독일이나 미국과 비교하여 한국의 리쇼어링 성과는 아직 미미한 수준에 불과하다. 한국은 2012년부터 2018년 2월까지 지자체와 양해각서MOU를 체결하는 등 국내 복귀 의향을 나타낸 기업은 총 90개사가 있다. '해외 진출 기업의 국내 복귀 지원에 관한 법률(유턴기업지원법)'이 시행된 이후 2018년 2월까지 총 44개사가 국내 복귀 기업으로 선정되었다.

국내 복귀 의향 및 선정 기업은 대부분 중국에 해외사업장을 둔 중소기업에 해당한다. 이는 최근 중국 당국의 수입대체정책을 통하여 해외투자 기업에 대한 지원이 줄어들면서 투자 동기가 약화된 결과로 해석할 수 있다. 또한 대기업들은 현지시장 진출과 선진기술 도입과 같은 수평적 투자 목적이 강화되면서 해외 직접투자를 유지하고 있다. 반면에 중소기업들은 현지국의 임금 상승 경향으로 한국과 현지국의 임금 격차가 축소되면서 대기업보다 더 강한 국내 복귀 동기를 가진다고 할 수 있다.

한국은 글로벌가치사슬의 전후방 참여도가 모두 높은 점을 고려

연도별 국내 복귀 기업 현황

(단위: 개사)

	2012	2013	2014	2015	2016	2017	2018. 2	개
국내 복귀 의향 기업	21	30	16	9	9	3	2	90
국내 복귀 선정 기업			22	4	12	4	2	44

주: 국내 복귀 의향 기업은 지자체의 양해각서를 체결한 기업을 의미함.
(자료: 산업통상자원부, 2018, 내부자료)

국내 복귀 기업의 해외 사업장 위치 및 기업 규모 현황

(단위: 개사)

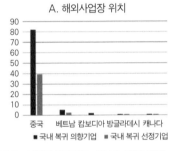

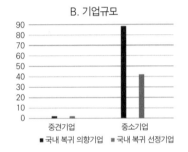

(자료: 산업통상자원부, 2018, 내부자료)

하여 글로벌가치사슬 변화에 시의적절하게 대응해나갈 필요가 있다. 중국 등 생산기지 역할을 하는 주요국의 경제구조 변화에 따른 글로벌가치사슬 재편에 대비하는 한편 전문기술 등 고부가가치 서비스업의 글로벌가치사슬 확산에 적극 참여하려는 노력이 중요하다(한국은행, 2018). 이러한 관점에서 볼 때 외국 자본을 유치하고 국내 투자를 활성화해서 더 많은 일자리를 창출하는 노력도 필요하다. 하지만 이와 함께 해외 직접투자를 국내 입지경쟁력 약화의 결과로 해석하거나 산업 공동화의 원인으로 협소하게 바라보는 태도를 경계할 필요가 있다.

2

한국의 해외 직접투자
추세와 특징

수출 주도 경제성장 국가전략

국제적인 분업체계의 변화는 각국의 해외 직접투자 성격에 직접적인 영향을 줄 수 있다. 특히 한국과 같이 무역의존도가 높은 경우에 국제적인 분업체계의 변화는 해외 직접투자의 특성과 영향을 바꿀 수 있다. 해외 직접투자는 경영 참여의 목적하에 나라 간의 장기적 자본 이동으로 해외 자회사를 설립하거나 이미 설립된 회사를 인수하고 해외기업의 지분에 참여하거나 장기자금을 대부하는 등의 방식으로 이루어진다. 그간 한국의 수출과 해외 직접투자는 경제성장의 주춧돌 노릇을 했으며 그 과정에서 노사관계에 직간접적인 영향을 미쳤다. 한국전쟁 직후 폐허 상태였던 한국의 수출시장이 급격하게 성장하기 시작한 시기는 1960~1970년대다. 이때 정부는 본격적인 산업화를 시도하면서 수출 주도 경제성장을 지향했다.

1961년 상위 수출 품목을 보면 철광석, 중석, 무연탄 같은 광물과 오징어, 활선어 등 수산물이 주를 이루었다. 그러나 정부가 경제개발계획을 본격적으로 추진하면서 가발, 합판, 섬유류, 신발 등의 경공업이 수출 주력 산업으로 떠올랐다. 수출증가율은 1960년대 연평균 41.1%에서 1970년대 37.5%로 뛰어올랐다. 1964년에는 수출 1억 달러를 달성했다.

자본과 기술이 부족했던 산업화 초기에 한국기업들은 근로자들의 장시간 저임금 체제를 기반으로 확보한 원가우위를 수출경쟁력의 원천으로 삼았다. 이때 주요 선진국들은 임금 수준이 높아지면서 노동집약적인 경공업을 국내에서 유지하기 어려웠고 가격경쟁력을 갖춘 한국의 경공업 수출품들은 글로벌 시장에서 큰 호응을 얻을 수 있었다. 그러나 원가우위를 통한 수출경쟁력을 유지하기 위하여 한국 정부와 기업들은 인건비 상승 요인으로 작용할 수 있는 노동조합 운동을 탄압했는데 이후 갈등적 노사관계의 불씨가 되었다.

그리고 1980년대에 산업구조의 고도화로 주력산업이 바뀌면서 수출 주력 품목들은 크게 변화했다. 중화학공업의 활성화로 주요 수출품목들은 의류, 철강판, 신발, 선박으로 바뀌었다. 1990년대 중국이 글로벌 시장을 잠식하면서 경공업 제품 수출이 위축되기 시작했고 산업구조는 정보통신, 자동차, 조선산업 중심으로 변화했다. 2005년 이후 주요 수출 품목들은 반도체, 자동차, 무선통신기기, 선박, 석유제품이 되었다(중앙일보, '한국 수출, 세계보다 3배 빠른 성장으로 경제강국 견인', 2016.7.13).

이와 같은 수출 주도 경제성장 전략에 힘입어 한국은 1982년부터 1996년까지 평균 경제성장률 9.4%를 유지하게 되었고 노동소득 불평등도를 나타내는 지니계수는 1991년부터 1997년까지 가장 낮은 수준을 기록함으로써 소득불평등 문제도 크게 개선할 수 있었다. 그러나 1997년 IMF 외환위기 이후 이를 극복하는 과정에서 세계화에 적극 대응하기 위하여 국제경쟁력을 강화한 대기업과 그렇지 못한 중소기업 간의 경쟁력 격차가 벌어지고 정규직과 비정규직 고용 간의 소득 격차도 증가하면서 지니계수는 다시 증가 추세로 바뀌었고 소득불평등은 악화되었다.

해외 직접투자가 실제 국내 고용에 미치는 효과

한국의 해외 직접투자는 1980년대에 수출 증대 방안의 하나로 추진되었다. 1970년대에 정부는 국제수지 적자의 심화를 우려하여 엄격하게 해외 직접투자를 규제했으나 1980년대에 접어들면서 부족한 자원을 안정적으로 확보하고 보호무역주의 대두에 따른 무역환경 악화를 극복하기 위하여 해외 직접투자에 대한 규제를 완화하기 시작했다(하병기, 2010).

1980년대 말에 국제적인 저금리 추세, 원화 약세, 유가 하락 등을 의미하는 소위 3저 효과로 한국은 무역수지 흑자로 전환했다. 외환확보전략에서 외환 유출전략으로 바꾸고 해외 직접투자를 본격적으로 확대하기 시작했다. 1990년대에 해외 직접투자 정책은 국내 산업구조의 고도화와 한국기업의 세계화를 지원하기 위한 체제로 개편되었다.

우리나라 해외 직접투자는 1990년대 중반 제한이 불가피한 일부 업종만 최소화하여 열거하고 그 이외에는 투자를 전면 자유화하면서 본격화되기 시작했다. 2000년대 들어서면서 빠르게 증가하여

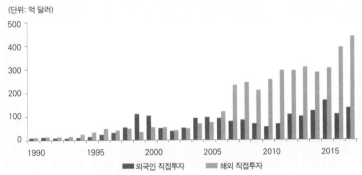

해외 직접투자 추이

(단위: 억 달러)

■ 외국인 직접투자　■ 해외 직접투자

주: 신고 기준이 아닌 실제 송금액 기준임
(자료: 수출입은행 해외투자 통계; 국회예산정책처, 2018, 재인용)

연평균 규모는 2001년부터 2009년까지 121억 달러, 2010년부터 2012년까지 281억 달러, 2013년부터 2017년까지 345억 달러를 기록했다. 2006년 이후에는 외국인 직접투자 규모를 큰 폭으로 웃돌았다(국회예산정책처, 2018).

해외 직접투자 확대는 기업의 경쟁력을 높이고 해외 자회사에 대한 자본재와 중간재 수출을 늘려서 국내 고용을 증가시킬 수 있다. 반면에 해외 직접투자는 국내 투자, 생산, 수출 기회를 대체해 국내 고용에 부정적인 영향을 미칠 수도 있다. 현혜정 외(2010)의 연구를 보면 해외 직접투자는 생산기지의 해외이전으로 해외투자가 국내투자를 대체함으로써 단기에 생산 및 고용의 감소를 가져올 수 있다. 그러나 장기적으로는 국내에서의 저부가가치 활동 감소로 인한 구조조정과 해외생산에 따른 전문화와 수출입 증가에 따라 생산성이 높아졌다. 이러한 생산성 증대와 고부가가치 일자리 수요 증대로 고용, 특히 숙련직 노동의 고용이 증가했다. 반면에 이경희와 김윤지

(2018)의 연구를 보면 투자대상국과 기업규모에 따라 해외 직접투자가 국내 근로자의 고용형태에 미치는 효과가 다르게 나타났다. 대기업 근로자는 해외 직접투자가 고용형태 면에서 정규직 확률을 증가시키고 비정규직 확률을 감소시켰다. 하지만 국내 근로자의 임금에 대체로 부정적인 영향을 미쳤다. 특히 대 베트남 해외 직접투자는 기업 규모에 상관없이 국내 정규직 근로자의 임금을 낮추는 방향으로 작용했다. 황선웅(2017)은 제조업 해외 직접투자의 확대가 국내 고용에 부정적인 영향을 미쳤음을 보여주었다.

글로벌 분업체계 변화와 수평적 투자 증가

글로벌 분업체계의 변화는 한국기업의 산업별 해외 직접투자 비중의 변화에 영향을 미쳤다. 업종별로 제조업 비중이 줄고 서비스업 비중은 금융보험업, 부동산업, 도소매업 등을 중심으로 빠르게 증가하는 추세다. 제조업 투자가 전체 해외투자에서 차지하는 비중은 2001년 74.3%, 2007년 35.8%에서 2017년 17.9%로 많이 축소되었다. 반면에 서비스업의 해외 직접투자액 비중은 2001년 23.1%, 2007년 49.1%에서 2017년 73.9%로 가파르게 증가했다.

국가별로는 대중국 투자비중이 지속적으로 감소한 데 반하여 대미국 투자 비중은 최근 들어 빠르게 증가했다. 제조업 투자가 감소하면서 관련 업종 투자가 대부분을 차지하는 대중국 투자비중이 2000년대 중반 40%에서 이후 지속적으로 축소되어 2017년 7% 내외로 감소했다. 이는 저임금활용을 위한 제조업종 투자가 베트남(4.5%)과 인

산업별 해외 직접투자 비중 변화 추이

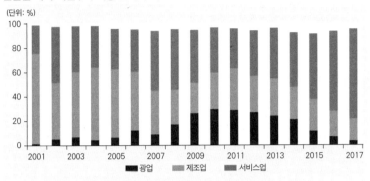

(단위: %)

(자료: 수출입은행 해외투자 통계; 국회예산정책처, 2018, 재인용)

도(1.2%) 등으로 다변화되면서 나타난 결과로 해석된다. 반면 금융위기 이후에 미국 경제의 견실한 성장이 지속되고 부동산과 주식 등 자산시장이 호황을 보이면서 금융업, 부동산업, 도소매업 관련 대미 투자가 최근 들어 큰 폭으로 늘어났다. 대미 해외 직접투자 연평균 증가율은 2001년부터 2007년까지 29.8%에서 2008년부터 2010년까지 2.6%로 줄었다가 2011년부터 2017년까지 31.3%로 증가했다.

해외 직접투자는 투자 목적에 따라 크게 수직적 투자와 수평적 투자로 구분된다. 수직적 투자가 중간재와 자본재를 국내에서 조달하고 최종재는 저임금활용을 통해 해외에서 생산하는 목적이라면 수평적 투자는 현지시장이나 제3시장 진출을 위해 해외에서 모든 생산이 이루어지는 투자다.

국내 일자리의 양과 질을 중시하는 노사관계적인 관점에서 볼 때 수직적 투자와 수평적 투자는 모두 긍정적인 측면과 부정적인 측면을 갖고 있다. 저임금활동을 위한 수직적 투자는 국내 일자리를 감소

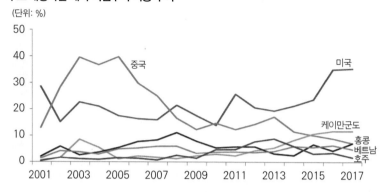

주요 대상국별 해외 직접투자 비중 추이

(단위: %)

(자료: 수출입은행 해외투자 통계; 국회예산정책처, 2018, 재인용)

시킬 수 있다는 점에서 부정적으로 평가되기도 한다. 하지만 국내 산
업구조의 고부가가치화를 촉진한다는 점에서 긍정적인 평가를 받기
도 한다. 현지시장이나 제3시장 진출을 위한 수평적 투자도 국내 일
자리를 대체한다는 점에서 부정적이지만 보호무역주의가 강화되고
있는 상황에서 현지국 진출은 불가피한 측면이 있을 뿐만 아니라 한
국기업으로부터 아웃소싱을 하여 수출을 촉진함으로써 간접적으로
일자리를 늘릴 수 있다는 점에서 긍정적으로 볼 수 있다.

우리나라의 생산기지 역할을 했던 주요국의 임금 수준이 상승하
고 근로조건 개선에 관한 정부와 NGO 단체의 요구가 강해지면서
저임금활동을 위한 수직적 투자는 지속적으로 줄어들고 있다. 실례
로 우리나라 기업의 누적 기준 최대 투자 대상국인 중국의 실질임금
은 2000년대 이후 약 4배 수준으로 증가했다. 또한 여타 주요 해외
직접투자 대상국의 임금상승률 역시 전세계 평균 임금상승률을 웃
돌고 있다. 한국의 해외 직접투자에서 수직적 투자가 차지하는 비중

은 금융위기 이전 30%를 웃돌았으나 최근 5년간 연평균 9% 수준으로 떨어졌다.

반면에 현지시장과 제3국 진출을 위한 수평적 투자의 비중은 금융위기 이후 가파르게 상승하여 최근 5년간 그 비중이 67%대로 증가했다. 수직적 투자 비중이 줄고 수평적 투자가 늘어나면서 현지법인으로 중간재를 수출하는 규모도 줄었다. 대 현지법인 수출액을 해외직접투자 잔액으로 나누어 계산한 직접적 수출 유발 효과는 2012년 166.7%에서 2017년 117.4%로 감소한 것으로 나타났다.

한국의 해외 직접투자는 더 늘어나야 한다

수직적 투자가 줄어들고 수평적 투자가 확대되는 경향은 법인 형태별 해외 직접투자의 비중 비교에서도 나타난다. 신규법인을 설립하는 형태로 이루어지는 그린필드형 투자비중은 줄고 기존법인의 지분을 인수하는 인수합병형 투자가 금융위기 이후 지속적으로 증가했다. 그린필드형 투자 비중은 2013년 76.1%에서 2017년 52.4%로 감소한 반면 인수합병형 투자 비중은 2013년 23.4%에서 2017년 47.0%로 증가했다. 이는 한국과 현지국의 임금 격차가 줄어들면서 주로 한국에서 노하우와 시설을 가져와서 투자국에 신규법인을 설립하는 경향은 약화된 반면 글로벌 경쟁이 치열해지면서 기업들이 신기술 확보와 경쟁력 강화 등을 위해 인수합병형 투자를 활용할 필요성이 커지는 데 기인한다.

신기술 도입을 위한 해외 직접투자 비중은 최근 들어 빠르게 증가

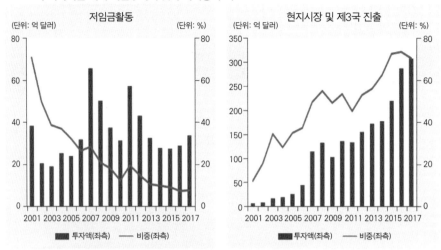

투자목적별 해외 직접투자액 및 투자비중 추이

저임금활동

(단위: 억 달러) (단위: %)

현지시장 및 제3국 진출

(단위: 억 달러) (단위: %)

■ 투자액(좌측) —— 비중(좌측)

(자료: 수출입은행 해외투자 통계; 국회예산정책처, 2018, 재인용)

하는 추세를 보인다. 특히 국내 IT 기업은 선진기술을 확보하고자 적극적인 해외기업 인수합병형 투자에 나서고 있으며 2017년 SK하이닉스의 일본 메모리업체 인수, 삼성전자의 미국 자동차용 전장제조 그룹 인수, 네이버의 인공지능 분야 진출을 위한 일본 로봇제조사 인수 등이 대표적인 예다. 특히 이러한 경향은 최근 들어 대기업뿐만 아니라 중소 제조업체로까지 확산되고 있다. 이는 대기업과 중소기업 간의 분업 밀착 관계가 중소 제조업체의 현지시장 진출을 촉진한 측면이 있다.

한국의 해외 직접투자 증가에 대한 부정적 평가를 경계해야 하는 또 다른 근거는 경제 규모 대비 해외투자액의 비중이다. 2017년 전 세계 해외 직접투자 규모는 1조 4,300억 달러다. 이 가운데 미국은 3,423억 달러로 전체의 23.9%를 차지하고 있다. 일본 1,605억 달러

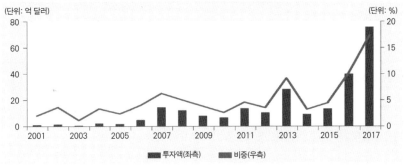

한국기업의 선진기술 도입을 위한 해외 직접투자액 및 투자비중 추이

(단위: 억 달러)　　　　　　　　　　　　　　　　　　　　　　　　(단위: %)

■ 투자액(좌측)　　■ 비중(우측)

(자료: 수출입은행 해외투자 통계; 국회예산정책처, 2018, 재인용)

(11.2%), 중국 1,246억 달러(8.7%), 영국 996억 달러(7.0%)를 기록하고 있다. 한국은 2017년 317억 달러를 투자하여 전체 2.2%를 차지했고 세계 13위를 기록했다. 그러나 한국의 경제규모에 비하여 해외 직접투자액은 그리 높은 수준이 아니다.

기획재정부의 '2019년 1사 분기 해외 직접투자 동향'에 따르면 2019년 1사 분기에 해외 직접투자액은 141억 1,000만 달러로 전년 동기 대비 44.9% 증가했고 사상 최대치를 기록했지만 2016년 기준 한국의 국내총생산 대비 해외 직접투자 비중은 21.7%로 전세계 평균인 34.6%보다 낮았고 선진국의 44.8%와 비교하면 절반 수준에도 못 미친다. 또한 해외 직접투자액 비중이 60%에 달하는 대만의 3분의 1 수준이다.

한국의 총고정자본투자에서 해외 직접투자가 차지하는 비중은 세계적으로 금융위기 이전 10%를 웃돌았으나 슬로벌라이제이션의 영향으로 2017년에는 7.4%로 줄었다. 선진국은 금융위기 이전 14.4%에서 2017년 10.9%로 떨어졌고 개도국은 같은 기간에 5.4%에서

4.0%로 떨어졌다. 반면 우리나라 경우에는 금융위기 이전인 2005년에서 2007년까지 4.6%에서 2017년 6.9%까지 상승하여 아직 선진국 수준에 미치지 못하고 있지만 세계 평균 수준에 근접하게 되었다. 국제적으로 비교해볼 때 한국의 해외 직접투자는 경제적인 규모 면에서 여전히 확대되어야 할 필요가 있다. 이런 상황에서 볼 때 해외 직접투자액 증가를 부정적으로만 평가하기는 어렵다.

한국의 입지경쟁력을 다각적 차원에서 분석하자

최근 우리나라 기업에 대한 정부의 규제 강화와 노사관계 갈등으로 해외 직접투자가 늘어나고 국내 설비에 대한 투자는 감소하고 있다는 주장이 떠오르고 있다. 이러한 주장의 주요 근거가 되는 지표는 국내 설비투자와 해외 직접투자 간의 증가율 비교다. 실제로 2009년 99.7조 원이었던 국내 설비투자 금액은 2018년 156.6조 원으로 연평균 5.1% 증가했다. 같은 기간에 제조업종의 해외 직접투자 금액은 51.8억 달러에서 163.6억 달러로 연평균 13.6% 증가해 국내 설비투자 증가율의 2.7배에 달했다. 이러한 지표로 볼 때 한국의 입지경쟁력이 급격하게 약화되고 있다고 주장하는 것이다.

그러나 앞서 논의한 바와 같이 한국의 경제 규모로 볼 때 해외 직접투자액의 증가를 무조건 부정적으로 평가하는 것은 적절하지 않으며 국내 설비투자와 해외 직접투자를 단순 비교하여 한국의 입지경쟁력을 평가하는 것은 바람직하지 않다. 한국의 입지경쟁력을 제대로 평가하려면 좀 더 다각적인 차원의 자료와 분석이 비교되어야

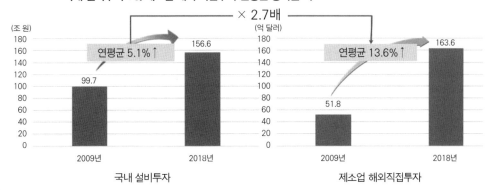

국내 설비투자 VS. 제조업 해외 직접투자 연평균 증가율 비교

국내 설비투자

제소업 해외직집투자

(자료: 한국경제연구원, 2019)

할 것이다.

예를 들어 총고정투자는 국가 경제의 성장잠재력을 결정하는 주요 요인이다. 총고정투자율은 한 해 동안 생산된 재화와 서비스 중에서 현재의 소비 대신 미래의 생산을 위해 투입된 부분을 말한다. 이 비율이 높게 유지되면 경제성장률과 노동생산성이 높아지는 경향이 있다. 일반적으로 투자는 국내총생산의 다른 지출항목들에 비해 기간별 변동 폭이 상당히 크다. 따라서 투자 변동에 따라 호황과 불황이 결정된다. 총고정투자율은 이처럼 단기적인 경기변동에서도 영향을 미친다. 한국의 총고정투자율은 꾸준히 증가하다가 1997년 외환위기를 겪으면서 급락한 후 지속적으로 하락하여 지금은 30% 내외 수준을 유지하고 있다. 한국의 투자율은 아직 선진국들에 비해 높은 편이다. 한국의 총고정투자율은 2017년 기준 31.1%(OECD 기준)로 영국, 독일, 미국, 일본, 프랑스, 스웨덴 등의 국가들보다 높은 수준을 유지하고 있다.

OECD 주요국의 총고정투자율

(단위: %)

	2005	2006	2007	2008	2009	2010	2011	2012	2013	2014	2015	2016	2017
영국	17.2	17.4	17.9	17.1	15.4	15.5	15.5	15.8	16.0	16.6	16.8	16.8	17.2
독일	19.1	19.8	20.1	20.3	19.2	19.4	20.3	20.1	19.7	20.0	19.9	20.1	20.3
미국	22.9	23.0	22.4	21.3	18.8	18.4	18.8	19.6	19.8	20.3	20.3	20.2	20.5
프랑스	21.8	22.5	23.2	23.6	22.1	22.1	22.4	22.5	22.0	21.8	21.5	21.9	22.5
일본	24.6	24.7	24.1	24.0	22.4	21.3	21.9	22.4	23.3	24.0	23.8	23.5	24.0
스웨덴	22.2	23.1	24.0	24.4	22.4	22.3	22.8	22.7	22.4	23.1	23.6	23.9	25.0
한국	30.9	30.7	30.5	31.4	31.3	30.5	30.2	29.6	29.3	29.2	29.3	29.7	31.1

주: 총고정투자율 = (총고정투자액 / GDP) * 100
(자료 : OECD, http://stats.oecd.org, National Accounts at a Glance : Expenditure, 2018. 10)

설비투자는 총고정자본 형성의 주요 구성요소로서 국가의 경제성장을 견인하고 동시에 미래 성장동력을 확충하는 핵심적인 경제 활동이다. 한국은 반도체 수출 확대에 힘입어서 2017년 이후 설비투자가 큰 폭으로 증가했다. 산업은행 설비투자계획조사의 2017년 설비투자액 189.8조 원 중에서 반도체와 디스플레이 업종의 설비투자액은 57.9조 원(비중 30.5%)으로 전체 설비투자를 견인했다. 국민계정 설비투자는 2016년 4분기 3.3% 증가 이후 6분기 연속 증가세를 보였고 2017년 2분기에 17.9%로 최대치를 기록했다.

그러나 2019년 통계청 발표를 보면 전년 동기 대비 설비투자 증가율은 2018년 2분기 −4.8%를 기록하며 감소세로 돌아선 이후에 2019년 3분기까지 지속적인 감소세를 보였다. 이러한 감소세가 세계적인 불황과 무역분쟁에 따른 일시적인 현상인지, 아니면 한국의

연간 설비투자 증가율 추세

(전년 대비, 단위: %)
※ 2019년 1~11월(누계)은 전년 동기 대비   자료: 통계청

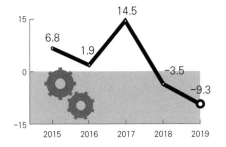

(자료: 문화일보, '소주성이 부른 설비투자 후퇴, 사상 첫 2년 연속 마이너스', 2020. 1. 6)

입지경쟁력 약화의 구조적인 변화를 반영하는 것인지는 속단하기 어렵다.

노동생산성은 여전히 주요 국가들과 비교하여 낮은 수준을 보이고 있다. 총노동시간으로 전산업 국내총생산을 나눈 노동생산성을 비교하면 2017년에 한국은 34.3달러에 그쳤다. 하지만 영국은 48.3달러, 독일은 60.4달러에 달했다. 물론 전통적인 장시간 근로체제로 한국의 노동생산성이 낮은 수준을 보이고 있다. 최근에 주 52시간제가 도입되면서 개선 가능성을 보이고 있지만 입지경쟁력 차원에서 평가해 볼 때 노동생산성은 약화 요인이 되고 있다.

노동생산성 국제 비교

(단위: 달러)

	한국 (Korea)	덴마크 (Denmark)	프랑스 (France)	독일 (Germany)	이탈리아 (Italy)	일본 (Japan)	스페인 (Spain)	영국 (U.K)	미국 (U.S.A)
1980	5.0	34.9	32.2	32.3	33.9	19.0	28.1	25.9	36.1
1985	7.1	40.1	38.3	36.0	36.3	22.7	34.8	29.8	39.3
1990	10.4	44.8	43.3	40.7	40.5	28.2	36.9	32.1	42.1
1995	13.9	51.5	47.4	46.0	44.9	31.4	40.7	36.9	44.8
1996	14.7	52.7	47.9	46.9	45.0	32.3	41.1	37.4	45.9
1997	15.7	53.1	48.7	48.2	45.8	32.8	41.1	38.8	46.6
1998	16.4	53.0	49.9	48.7	45.7	33.3	40.8	39.2	47.7
1999	17.8	53.6	50.6	49.4	46.0	34.2	40.7	40.1	49.0
2000	18.5	54.8	51.9	50.6	47.3	35.2	40.9	41.4	50.4
2001	19.0	54.6	52.9	52.0	47.6	35.7	40.9	42.1	51.5
2002	20.2	55.1	54.4	52.6	47.2	36.4	41.0	43.3	53.0
2003	21.1	56.0	54.7	53.1	46.8	36.9	41.1	44.6	54.6
2004	22.0	57.8	55.3	53.6	47.3	37.8	41.2	45.5	56.0
2005	23.1	58.6	55.8	54.4	47.6	38.3	41.4	45.9	57.1
2006	24.0	59.3	57.1	55.5	47.6	38.4	41.6	46.8	57.5
2007	25.3	59.4	56.8	56.3	47.5	38.7	42.1	47.4	58.1
2008	26.8	58.5	56.4	56.4	47.2	38.7	42.3	47.4	58.5
2009	27.7	58.0	55.8	55.0	46.2	38.2	43.3	46.3	60.2
2010	29.3	60.3	56.5	56.3	47.2	39.5	44.3	47.3	61.9
2011	30.1	60.5	57.0	57.5	47.5	39.6	45.0	47.1	62.1
2012	30.5	61.6	57.1	57.8	47.3	40.0	45.9	47.3	62.2
2013	31.1	62.1	57.9	58.3	47.8	40.8	46.5	47.3	62.3
2014	31.8	63.1	58.5	58.7	47.8	40.8	46.7	47.4	62.7
2015	32.1	63.5	58.9	59.2	47.9	41.4	46.9	48.2	63.1
2016	32.9	63.5	58.9	59.9	47.5	41.5	47.2	47.9	63.3
2017	34.3	64.1	59.5	60.4	47.7	–	47.8	48.3	–

주: 1) 노동생산성=전산업 GDP/총 노동시간
    2) 2010년 구매력평가기준(USD PPPs)의 불변가격(constant prices) 기준임.
(자료: OECD, http://stats.oecd.org, 2018. 8. 기준)

3

글로벌 인적자원관리와
글로벌 노사관계

다국적기업의 글로벌 통합과 현지 적응

한국기업의 해외 직접투자가 늘어나고 해외 자회사의 전략적 중요성이 증대하면서 기업 경쟁력의 핵심적인 요소라고 할 수 있는 글로벌 인적자원관리와 노사관계에 관심이 늘어나고 있다.

해외 직접투자의 주체인 다국적기업의 '글로벌 통합과 현지 적응integration-responsivess 모델'에 따르면 다국적기업은 글로벌 통합global integration과 지역별 현지 적응local responsiveness이라는 두 가지 상반된 압력을 받는다. 글로벌 통합의 압력이 동질적인 고객의 욕구와 글로벌 시장구조로 형성된다면 현지 적응의 압력은 고객 성향이 다르고 시장구조가 달라서 나타나게 된다. 해외 진출 기업들은 그 특성과 전략에 따라 글로벌 통합과 현지 적응의 압력 간에 발생하는 갈등과 긴장에서 적절한 균형과 조화를 선택하게 된다.

인적자원관리와 노사관계(이하 HR)에서도 글로벌 통합의 압력이 현지 적응의 압력보다 강하다면 글로벌 차원에서 표준화된 HR을 지향하게 되고 현지 적응 요구가 글로벌 통합 요구보다 더 강한 상황에서는 현지의 문화와 규범에 따라 차별화된 현지 적응 HR을 지향하게 된다. 다국적기업의 글로벌 표준은 일반적으로 본사의 HR을 따르게 된다. 이때 해외주재원은 글로벌 HR 형성에 핵심적인 역할을 하게 된다. 다국적기업이 본사에서 해외 자회사로 주재원을 파견하는 경우, 주재원들은 모회사의 HR 목표와 전략을 숙지하고 있으므로 모회사의 전략적 의도에 따라 자회사의 HR 의사결정과 운영을 효과적으로 조정하고 통합할 수 있다.

반면 현지국의 고객 성향이 다르고 시장 구조가 다르고 현지국 정부의 압력이 클수록 다국적기업의 해외 자회사는 현지 시장의 특성에 맞춘 현지 적응 전략을 수행해야 하고 현지 적응 HR을 지향해야 한다. 현지 적응 압력이 높은 해외시장 진입에서 주재원들의 현지 적응 역량은 해외 자회사 성과를 결정하는 중요한 요인이다. 또한 현지국 출신의 관리자들은 현지국에 배태된 경영 관행과 현지 시장 특유의 지식을 내부화함으로써 문화적, 제도적 장벽 등으로 인해 다국적기업이 부담하는 외국인 비용liability of foreignness을 감소시킬 수 있다. 또한 현지국 출신의 관리자들은 현지 시장 특유의 지식을 활용해 고객 요구와 기호에 더 효과적으로 대응하는 제품과 서비스를 제공할 수 있다.

해외 진출 기업들은 글로벌화와 현지화를 적절히 조화시켜야 한다. 그러나 초기의 국제화 과정에서 한국기업들은 주로 본사를 표준으로 하는 HR 의사결정과 강력한 통제를 통해 글로벌 차원의 HR 효율성을 달성하는 것을 초기 전략적 목표로 삼았다. 그러나 해외 자회사들도 현지 시장의 규모가 확대됨에 따라 현지국 정부로부터 투자와 기술 이전의 압력에 직면하게 되었고 현지국의 노사관계 규범 준수 요구가 증대하면서 글로벌 HR 전략을 수정할 필요가 있었다.

이에 따라 초기 본사 중심적 HR 전략에서 현지 지향적 HR 전략으로 수정했다. 이와 같은 현지 적응성의 증대는 현지 채용 관리자들의 수적인 증대뿐 아니라 해외 주재원들의 이문화 적응 역량 강화를 통하여 본사와 해외 자회사 간에 수직적인 위계관계를 넘어서는 전략적인 파트너십을 구축하게 되었다.

글로벌 인적자원관리와 노사관계의 유형

글로벌 HR은 주로 자기업에 대한 모기업의 통제 정도에 따라 통제형, 자율형, 절충형 등 3가지 유형으로 구분된다(Taylor et al., 1996; 정선욱·김성수, 2008).

첫째, 통제형은 다국적기업의 본사가 현지국 자회사에 대해 모든 인적자원관리를 통제하는 유형이다. 이 유형은 현지 시스템이 발전되어 있지 않을 경우나 자질을 갖춘 현지인이 부족할 때 한다. 그리고 해외 직접투자의 유형 중에는 저임금을 활용하기 위한 수직적 투자나 새롭게 법인을 설립하는 신규법인형에서 많이 나타난다고 볼 수 있다.

이 경우에 본사는 주재원을 통해 현지 자회사를 운영한다. 대부분의 시스템이나 운영방식에서 본사 방식을 전수한다. 따라서 자회사의 자율성은 거의 없게 된다. 또한 글로벌 시장 환경이 급변하고 산업이 세계화되어 있는 경우, 본국과 현지 국가의 사회 문화적 환경이

흡사한 경우, 이념유사성과 제도유사성이 모두 높게 나타나 현지의 문화나 제도를 무시한 채 모기업의 시스템을 그대로 제공하는 경우에 모두 본사의 통제를 촉진하게 된다. 그러나 설사 본국과 현지국의 사회 문화적 환경이 유사하지 않더라도 현지국의 특성을 적극 배려하지 않고 효율적인 관점에서만 접근하면 나타날 수 있다.

둘째, 자율형은 다국적기업의 본사가 현지국의 자회사 스스로 인적자원관리를 할 수 있도록 자율권을 부여하는 유형이다. 이 유형은 현지국들이 고유한 문화와 관습을 가지고 있으며 현지국 경영제도나 시스템이 어느 정도 유용하다는 가정하에 한다. 이 유형에서는 해외 자회사를 현지인을 통해 경영하는 경우가 많고 해외 지사는 기본적으로 본사와 독립적인 관계를 유지한다. 인사제도나 시스템도 본사의 것을 모방하는 것이 아니라 현지의 상황에 적합한 정책과 관행들을 개발해 활용하게 된다.

이러한 이문화 경영은 현지 구성원들과의 언어장벽을 피할 수 있고 인건비를 줄이며 현지시장 정착에 유리한 장점이 있다. 하지만 문화적 차이가 생길 소지가 많고 본사의 전략 방향과 불일치할 때는 해결하는 데 어려움이 있다. 주로 외부환경이 급격히 변화하는 경우, 다양한 환경적 조건 및 상황과 조직이 여러 목표를 갖는 경우, 본국과 현지국가의 법적, 사회적, 문화적 차이가 큰 경우, 그리고 이념유사성과 제도유사성이 모두 낮을 경우 본사는 해외 자회사에 자율권을 부여하게 된다.

셋째, 절충형은 다국적기업의 본사 중심의 관점을 고수하되 본사와 자회사의 상황에 따라 임기응변으로 통제형과 자율형을 절충하는 유형이다. 절충할 때는 필요성과 시급성의 차원에서 인적자원관리 결정을 하게 된다. 상황에 따라 일관된 기준의 적용이 가능한 것은 공유하고 제도적 또는 문화적 제약 때문에 그렇지 못한 것은 현지화를 추구한다는 점에서 통제형과 자율형을 절충한 것이라고 할 수 있다.

이 유형에서는 국경을 초월해 관리자나 종업원을 채용하며 공통된 제도를 가지고 채용, 훈련, 성과평가를 실행할 수 있지만 필요한 경우에는 현지 문화를 반영한 제도를 설계하여 자회사마다 다른 기준을 적용하기도 한다. 그러나 본사와 현지국 자회사 간에 이해관계가 충돌할 때는 기본적으로 본사의 이해관계를 우선시하여 적용한다는 점에서 통제형과 기본적인 특성을 공유한다고 할 수 있다.

이 장에서는 이 같은 전통적인 3가지 유형 구분에 통합형을 추가하고자 한다. 이전 논의에서도 통합형이란 용어가 존재했지만 실질적으로는 절충형에 그쳤는데 핵심적으로 전략적인 지향이 본국 중심성에 한정되었기 때문이라고 할 수 있다. 본 연구에서 통합형이란 자국의 모기업과 현지국의 자회사 간에 발생하는 이해대립적인 측면과 이해공통적인 측면 간의 균형을 추구하는 유형이라고 할 수 있다.

통합형은 실제로 절충형과 유사할 수 있으나 근본적으로 전략적 지향에서 차이를 보인다. 절충형은 전체 기업을 하나의 범세계적 네트워크로 보지만 근본적으로는 본국 중심성ethnocentric에서 벗어나지 못한 상태라고 한다면 통합형은 본국 중심성과 세계 중심성geocentric을 조화시킬 수 있는 경계관리boundary management의 형태라고 할 수 있다.

다국적기업의 새로운 역할로서의 국제경계관리

국제경영 관점의 국제경계관리 연구는 전세계에 흩어져 있는 다국적기업의 해외 자회사 간 상호작용에 초점을 두고 있다(Kostova and Roth, 2003; Makela and Brewster, 2009; Reiche et al., 2009; Schotter and Beamish, 2011). 이 연구들은 사회 네트워크 관점을 바탕으로 하여 본사와 해외 자회사의 네트워크가 사회적 자본 구축, 지식과 자원의 공유, 조정과 통합 기능을 수행한다는 점을 설명한다(Kostova and Roth, 2003).

본사와 해외 자회사들은 네트워크를 통하여 전략에 따른 정보와 자원의 광범위한 쌍방향 교환을 진행한다. 이때 국제경계관리자는 본사와 해외 자회사 간의 문화적 차이와 지리적 거리를 초월하는 경계관리 행동을 수행한다. 특히 해외 자회사 주재원들은 경계관리자로서 본사의 암묵지를 자회사에 전파하고 현지 지식을 습득하여 본사에 전달하는 중요한 역할을 한다(Makela and Brewster, 2009; Reiche et al., 2009). 본사와 해외 자회사 간 구축된 사회적 자본은 경계관리를 촉진하는 비공식적 메커니즘이 되어 상호신뢰, 호혜성, 공통적 규범 형성과 같은 공동의 이득을 가져다준다(Kostova and Roth, 2003).

국제경계관리 연구는 본사와 해외 자회사의 경계관리를 주로 주재원과 같은 국제인력이 담당한다고 본다(Kostova and Roth, 2003; Maleka, 2007; Reiche et al., 2009; Vora, Kostova and Roth, 2007). 레이헤 등Reiche et al.(2009)에 따르면 국제인력은 경계관리자로서 본사와 해외 자회사를 연결하고 사회적 자본을 형성하는 역할과 지식의 교환과 확산을 돕는 역할을 한다. 마케라Makela(2007)는 주재원이 본사와 자회사 간의 문화적 경계를 뛰어넘어 본사에서 자회사 방향으로, 그리고 자회사에서 본사 방향으로 지식전달 기능을 수행하는 경계관리자라고 보았다.

국제경영 관점의 연구들은 본사와 해외 자회사의 네트워크를 통한 국제경계관리의 중요성을 강조하고 있다. 그리고 주재원과 같은 국제인력이 본사와 해외 자회사 간의 문화적 경계를 뛰어넘어 사회적 자본 형성과 지식 공유 역할을 담당해야 한다고 보고 있다. 그러나 아직 국제경계관리 행동의 구성요인에 관한 심층 논의는 하고 있지 못하다. 다국적기업의 조정과 통합 내용은 단지 지식 공유 차원에 머무르지 말아야 한다. 국제경계관리에는 지식 공유뿐만 아니라 본사와 해외 자회사의 문화 차이를 극복하여 조정하고 공동의 이해를 구축하는 요소가 포함되어야 할 것이다. 본사와 해외 자회사 간 조정과 통합의 중요성에 비추어 이러한 논의는 아직 부족하다고 하겠다.

국제경계관리를 논의하기에 앞서 본사와 해외 자회사 간의 경계 boundary를 명확하게 개념 정의할 필요가 있다. 조직과 관련된 경계는 마케팅팀과 연구개발팀의 경우처럼 같은 조직 내에서 다른 팀 간에, 팀과 팀이 소속된 상위 조직 간에, 조직과 외부고객, 공급자, 정부 등과 같은 환경 간에, 본사와 해외 자회사 간에 존재한다(Druskat & Wheeler, 2003; Kostova & Roth, 2003; Marrone, 2010). 국제경계관리는 본사와 해외 자회사 간 경계에 관한 행동이다. 본사와 해외 자회사는 문화적 차이에서 비롯된 고유의 해석체계와 행동양식을 가지기 때문에 의사소통 과정에서 상대편에 대한 편견과 왜곡으로 갈등을 빚을 수 있다(Tortoriello & Krackhardt, 2010). 이는 다국적기업의 상호의존성과 협력을 방해하고 나아가 혁신을 어렵게 한다. 국제인력은 해외 자회사로 파견되어 본사와 해외 자회사 간에 문화적 차이 때문에 생기는 구조적 공백을 연결하고 관리하는 국제경계관리를 한다.

상호 연결을 꿈꾸는 '테르티우스 융겐스' 지향

국제경계관리는 기존에 연구된 경계관리와 비교해볼 때 연결하는 대상과 전략적 지향에서 차이를 보인다. 사회 네트워크 이론에 따르면 경계관리자의 전략적 지향은 테르티우스 가든스Tertius Gaudens와 테르티우스 융겐스Tertius Iungens로 구분된다(Obstfeld, 2005). 테르티우스 가든스는 구조적 공백structural hole에 위치한 개인이 서로 연결되지 않은 양자를 연결하여 정보의 이익과 통제의 이익을 얻는 것이다(Burt, 1992). 경계연결자는 이러한 이익을 얻기 위해 양자를 적극분리하는 전략을 취한다. 옵스트펠트Obstfeld(2005)는 테르티우스 가든스의 역할을 사회 네트워크의 소극적인 형태로 보면서 학계에서 이를 지나치게 강조해 양자에게 이익을 주고 협력을 돕는 적극적인 연결자의 역할은 등한시했다고 주장했다. 그리고 이러한 적극적인 형태를 테르티우스 융겐스로 명명했다.

테르티우스Tertius는 라틴어로 제3자라는 의미이고 융겐스Iungens는 연결인데 결합을 뜻한다. 테르티우스 융겐스는 매개자 또는 초당

파적인 사람non-partisan의 의미로 직접 연결되지 않은 양자 간의 차이를 줄이고 충돌되고 상호 모순되는 양자의 요구를 조화시킨다. 테르티우스 가든스가 양자의 적극적인 분리로 자신의 이익만을 추구하는 반면 테르티우스 융겐스는 구조적 공백의 이점을 포기하며 공동 번영을 추구한다. 경계관리에 관한 기존 연구는 조직 내 다른 팀 간의 혹은 팀과 상위 조직 간의 경계관리를 경계관리자 본인과 소속팀의 이익을 추구하는 테르티우스 가든스 지향 관점에서 다루었다면 초국적 조직을 지향하는 국제경계관리는 본사와 해외 자회사 간에 존재하는 경계를 테르티우스 융겐스 관점으로 다룬다(Ancona & Caldwell, 1992; Druskat & Wheeler, 2003; Tesluk & Carson, 2007; Joshi, Pandey, & Han, 2009).

테르티우스 융겐스 지향의 국제경계관리 행동은 본사와 해외 자회사가 목표와 비전을 공유하고 자원의 쌍방향 교환을 이루며 상호의존성을 갖도록 돕는다(Lingo & O'Mahony, 2010; Tortoriello & Krackhardt, 2010). 주재원이 테르티우스 융겐스를 지향할 때는 본사와 해외 자회사의 서로 다른 이해와 고유한 관점이 존재하는 상황에서 본사와 해외 자회사 간 정보를 각 문화에 적절하게 완충하고 변환할 수 있다(Tushman & Scanlan, 1981). 또한 상호의존적 과업에서 발생하는 문제들을 해결하거나 상충되는 요구를 원만하게 조정할 수 있다. 이와 같이 테르티우스 융겐스 지향의 국제경계관리 행동은 본사와 해외 자회사 양측에게 정보 공유뿐만 아니라 갈등해결과 조정의 이득을 제공해 초국적 조직의 형성을 촉진할 수 있다.

다국적기업에서 해외주재원이 본사와 해외 자회사 간의 경계를 확장하는 역할을 한다면, 글로벌가치사슬 관계에서 해외 진출 한국기업은 한국의 비즈니스 생태계와 현지국의 비즈니스 생태계 간의 경계를 연결하는 매개자 기능을 수행하게 된다. 특히 글로벌 노사관계 관점에서 해외 진출 한국기업은 한국의 고용생태계와 현지국의 고용생태계 간의 경계를 확장하고 연결하는 효과를 보게 된다.

전통적인 수직적 분업구조에서 해외 진출 한국기업은 한편으로 수직적 투자를 통하여 현지국 고용생태계의 저임금을 활용하여 한국의 고용생태계에서 얻기 어려운 높은 수준의 이윤을 획득하고자 한다. 다른 한편으로 해외 진출 한국기업은 해외 직접투자 기회를 활용하여 한국의 고용생태계에 고용불안과 임금인하를 위협하게 된다. 해외 진출 한국기업의 이러한 태도는 한국과 현지국의 고용생태계를 분리하고 양측에서 이득을 얻는 테르티우스 가든스 전략이라고 할 수 있다. 지금까지 해외 진출 한국기업은 이러한 방식을 통하여 국제경쟁력을 강화하고자 했다.

글로벌 환경의 3가지 변화 동력

해외 진출 한국기업들의 전략적 지향을 테르티우스 가든스에 한정하지 않고 테르티우스 융겐스까지 확장하도록 요구하는 글로벌 환경 변화의 핵심 동력으로는 다국적기업의 사회적 책임에 대한 요구, 글로벌가치사슬에서 수평적 투자의 확대, 고용생태계에 관한 정보공유의 확대 등을 들 수 있다.

첫째, 다국적기업의 사회적 영향력이 세계적인 차원에서 커지면서 사회적 책임 수행에 대한 요구가 늘어나고 있다. 다국적기업에 대한 사회적 요구는 현지국의 법령 준수를 넘어서 인권 존중까지 관심이 확장되고 있다. 또한 단지 해외 자회사의 고용관행에 대한 문제제기뿐만 아니라 해외 자회사가 거래하는 다양한 협력업체의 고용관계 개선과 인권 신장에 관한 요구로 확대되고 있다. 이러한 변화에 중대한 영향을 미친 것은 유엔의 글로벌 컴팩UN global compact, 국제표준기구의 ISO 26000 등 기업의 사회적 책임에 대한 국제적 표준이 제정되고 이에 대한 준수 압력이 증대한 것이다.

둘째, 이제 글로벌 분업구조에서 수직적 투자가 줄어들고 수평적 투자가 늘어나고 있다. 수평적 투자의 확대는 신흥국에서 수입품의 국내 대체가 늘어나면서 선진국의 핵심부품을 신흥국에서 조립 가공하는 제조업의 글로벌 수직적 분업이 약화되면서 발생하는 현상이다. 또한 선진국과 신흥국 간의 임금 격차가 경향적으로 줄어들면서 전통적인 수직적 투자 동기도 줄어들었기 때문이다. 이러한 상황에서 단지 저임금만을 활용하려는 해외 자회사들의 전략은 지속가능하기 어렵다.

셋째, 세계적으로 인터넷 보급률과 속도가 늘어나고 공유하는 정보량도 많이 증가하면서 개별 국가의 고용생태계 간 정보비대칭성 information asymmetry이 크게 줄어들고 있다. 다국적기업들의 경영성과는 세계적 차원에서 공개되고 인터넷을 통하여 빠르게 확산되고 있다. 이러한 상황에서 본사와 해외 자회사 간의 성과배분정책은 민감한 반응을 불러일으킬 수 있다. 이제 다국적기업에서 보상의 공정성 이슈는 개별 기업이나 일국 수준을 넘어서 전세계적 차원으로 확대

해외 진출 한국기업의 테르티우스 융겐스와 테르티우스 가든스 전략

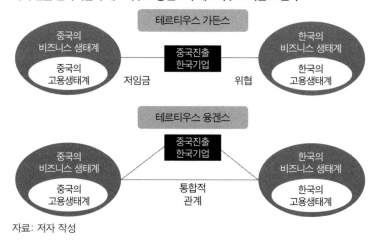

자료: 저자 작성

되었다.

따라서 새로운 글로벌 환경에서 테르티우스 가든스 전략의 한계가 제기되면서 한국과 현지국 고용생태계를 통합적 관계로 연결하는 테르티우스 융겐스 전략의 필요성이 제기되고 있다. 테르티우스 융겐스는 직접 연결되지 않은 한국과 현지국의 고용생태계 간 차이를 줄이고 상호 충돌하는 갈등을 조화시키며 양자 간의 통합적 관계를 지향한다. 테르티우스 가든스가 양 고용생태계의 적극적인 분리로 해외 진출 한국기업의 이익만을 추구한다면 테르티우스 융겐스는 구조적 공백의 이점을 포기하며 양국 고용생태계의 공동 번영을 추구한다. 테르티우스 가든스 전략이 한국과 현지국 공동의 주인의식과 쌍방향적 상호작용을 제한하는 반면 테르티우스 융겐스 전략은 한국과 현지국 간에 목표를 공유하고 협력관계를 형성하도록 한다.

글로벌 HR의 통합형은 본국 중심의 테르티우스 가든스와 세계 중심의 테르티우스 융겐스 간의 조화를 추구한다. 테르티우스 가든스 지향에서 해외 진출 한국기업들은 현지국의 저임금을 활용하여 이득을 취하고 한국의 노동조합이나 정부를 위협하여 국내 입지조건의 개선을 추구한다. 이러한 테르티우스 가든스 전략은 주로 단기적인 관점에서 국제경쟁력을 유지하려 한다고 볼 수 있다. 반면에 테르티우스 융겐스 지향에서 해외에 진출한 한국기업들은 상생의 관점을 취하면서 현지국의 비즈니스 생태계와 본국인 한국의 비즈니스 생태계에서 공존하려고 시도하면서 장기적이고 지속가능한 관점에서 국제경쟁력을 개선하고자 노력한다.

4장

한중 분업구조 변화에 따른 노사관계 전망과 과제

1987년 근로자 대투쟁 이후 우리나라 대기업 노사관계는 많이 안정화되어 왔다. 그러나 그것은 근로자들에게 대폭적인 임금인상과 근로조건 개선을 전제로 한 불안정한 안정화이며 경제의 고용창출 능력 저하와 노동시장의 이중구조화 등을 대가로 해서 이루어진 것이다. 그런데 중국 등 신흥개발국의 부상은 우리나라 기업들에 상당한 경쟁 압박을 높여가면서 노사관계 안정화의 조건을 약화시키고 있다. 이런 상태에서 우리나라 글로벌 대기업들의 지속가능한 노사관계체제는 무엇일까? 이 장은 그 해답으로 노사파트너십 관계의 강화를 제안하고 있다.

노용진

서울과학기술대학교 경영학과 교수

서울대학교 경제학과를 졸업했고 미국의 미네소타대학교 경영대학에서 인사노사관계학 박사학위를 받았다. 한국노동연구원 부연구위원을 거쳐 미국의 코넬대학교 고용노동관계 대학원에서 초빙교수를 역임하기도 하였다. OECD 국제 이주 정책 전문가 그룹 International Expert Group on Migration의 한국대표로 참석하였으며 서울지방노동위원회 공익위원, 국제고용노동관계학회 학술위원장, 한국고용노사관계학회 부회장, 한국인사관리학회 부회장 등의 역할도 수행했거나 수행하고 있다. 노사관계, 일터혁신, 직업훈련, 중소기업의 인사관리, 고용서비스 등에 관한 다수의 논문들과 저서들을 저술하였고, 한국고용노사관계학회로부터 4회에 걸쳐 우수논문상과 최우수논문상을 수상하였다.

1

글로벌 시대의 새로운 도전 앞에 선 한국 노사관계

한중 분업구조의 변화는 우리나라 노사관계에 심각한 위협요인

이번 장에서는 한중 분업구조의 최근 변화들이 우리나라 노사관계의 전개 방향에 어떤 영향을 줄지 전망해보고 우리나라 노사관계의 바람직한 발전 방향을 탐색해보고자 한다. 중국은 우리나라의 최대 교역국이기 때문에 한중 분업구조의 변화는 우리나라 노사관계에 어떤 식으로든 심각한 영향을 미칠 가능성이 높다.

그동안 한중 분업구조는 중국기업들은 한국기업들이 생산한 중간재를 사용해 저가의 완제품을 만들어 제3국에 수출하는 형태였다. 그러나 이제 중국기업들은 스스로 중간재를 만들기 시작했고 한국 제품에 버금가는 품질을 갖추기 시작하면서 우리나라 기업들을 턱밑까지 쫓아와 위협하고 있다. 2000년대까지는 중국경제가 우리나라 경제성장의 견인 역할을 해왔다면, 이제는 우리나라의 주된 경쟁상대로 부상하고 있다.

한중 분업구조의 변화는 우리나라 노사관계에 심각한 영향을 미칠 전망이다. 1987년 이후 등장했던 우리나라 노사관계가 갈등적 구조를 조금씩 벗어나서 안정화의 길을 걸어왔다. 그러나 이러한 노사관계 안정화는 대기업 근로자들의 고임금 등 높은 근로조건의 보장에 기반을 둔 것이기 때문에 그 조건이 충족되지 않으면 언제라도 갈등적 구조로 되돌아갈 수 있는 불안한 안정화이다. 그런데 한중 분업구조의 변화로 우리나라 대기업들이 저임금 기반의 중국기업들과 치열한 경쟁 상태에 들어가게 되면, 우리나라 대기업들이 근로자들에게 고임금을 보장하기가 갈수록 어려워질 수밖에 없다. 유럽과 미국 등 선진국의 노사관계가 가장 큰 위기에 처하게 된 시점이 신흥개발도상국의 부상 시점과 일치하는 것은 우연이 아니다.

이런 상태가 되었을 때 다시 과거의 갈등적 관계로 되돌아갈 것인가, 아니면 공동의 난국을 극복하기 위해서 더욱 상생적인 파트너십 관계를 발전시킬 것인가? 우리나라 대기업 노사관계가 그런 선택의 갈림길에 설 날이 멀지 않은 것으로 보인다. 이런 문제의식에서 이 장은 한중 분업구조의 변화가 우리나라 노사관계에 어떤 영향을 미칠지, 또 그런 변화에 어떻게 대응해야 하는지 등을 살펴보고자 한다.

분석의 기본 시각

한중 분업구조의 변화에 따른 우리나라 노사관계의 전망과 과제를 분석하기 위해 노사관계와 시장의 관계를 재설정할 필요가 있다. 글로벌 차원에서는 일국의 노사관계가 글로벌 시장을 규제할 수 없어서 시장의 힘이 훨씬 크게 작용하기 때문이다. 노사관계의 핵심적 주체 중 하나인 노동조합은 노동력을 시장 경쟁의 밖에 두어서 노동의 가치에 대한 시장의 경쟁 압박을 벗어나려는 제도적 장치이기 때문에 노사관계와 시장은 항상 상호 긴장관계에 있다. 노동조합이 노동시장을 규제할 수 있지만 제품시장은 규제할 수 없다. 그러다 보니 제품시장의 경쟁이 치열해지면 노동조합의 영향력이 줄어드는 경향이 있다. 우리나라에서 대기업 노조들이 안정적으로 발전해온 것도 그 대기업들이 국내시장에서 제품시장의 독과점적 지위를 누리고 있었기 때문에 가능했다. 그리고 노동조합의 조직구조가 노동시장을 제도적으로 규제하기 쉬운 산업별 형태를 취하려는 동인을 갖는 이유도 이런 특성과 관련이 있다.

그런데 노사관계를 글로벌 차원에서 보면, 노동조합이 스스로의 힘이나 정부의 정책을 통해서 규제할 수 있는 노동시장은 제한적이고 국내 노동시장마저도 글로벌 제품시장의 압력 때문에 부분적으로밖에 규제할 수 없게 된다. 글로벌 차원의 규제는 노동조합의 조직구조가 산업별 형태를 취하더라도 대응할 수 없고, 국제적 형태를 취할 때에만 규제가 가능하게 된다. 그런데 현실은 노동조합들이 국가별로 분열되어 있고 노동시장에 대한 법적 규제도 일국 차원에서 이루어지고 있으며 국가 간 근로조건의 차이가 존재해서 근로자들을 국제적으로 조직하기도 어렵다. 따라서 노동조합이 일국의 범위를 넘어서서 국제적으로 규제할 수 있으리라는 전망을 세우기는 어려운 상황이다. 그나마 국제노동기구나 OECD 등을 통해서 글로벌 표준을 만들려는 시도들이 있었지만, 그런 국제 표준도 중국 등 저임금국가에 대해서 확대될 날은 아직 요원하다. 기 이런 사정 때문에 글로벌 차원에서는 제도보다 시장력이 우위에 있으며, 그만큼 탈규제 압력을 가하고 있다.

우리나라 노사관계를 글로벌 차원에서 보게 될 때 또 한 가지 주
목할 점은 국내시장에서는 독과점 지위를 누리는 대기업들도 글로
벌 차원에서는 여러 경쟁 기업 중의 하나에 불과하다는 사실이다. 우
리나라 대기업들은 역대 정부들의 경제정책에 의해서 협소한 국내시
장을 뛰어넘어 글로벌 플레이어로서 성장해왔기 때문에 글로벌 시장
환경의 압력을 강하게 받고 있다. 그동안에는 우리나라 대기업들이
주로 선진국 기업들과 경쟁구도를 그리면서 나름대로 선전해왔기 때
문에 글로벌 시장 환경이 국내 노사관계에 미치는 압력이 상대적으
로 낮은 것처럼 보였다. 하지만 앞으로 중국 등 저임금국가 기업들과
경쟁구도를 그리면서 우리나라 기업들이 경쟁력 위기 상황에 빠지게
되면 우리나라 노사관계에 심각한 영향을 미칠 가능성이 높다. 기업
들의 경쟁력 위기는 경기 순환상의 위기와 본질적으로 다른 것으로
서 노사관계에 깊고 장기적인 영향을 미칠 것이다.

이런 특성 때문에 경쟁력 위기로 파이가 줄어들 때의 노사관계는
더욱 파괴적일 가능성이 높다. 경쟁력 위기를 벗어나기 위해서 기업
들은 공장을 해외로 이전하고 급격한 구조조정을 하고 인원을 감축
하는 등의 조치들을 취하게 되고 그에 대해 근로자들과 노동조합의
저항이 뒤따르면서 노사갈등과 노사공멸로 이어질 가능성이 높기 때
문이다. 이런 점에서 국제 분업구조의 변화에 따른 경쟁력 위기가 오
기 전에 그나마 아직 시간적 여유가 있을 때 그에 대한 대응책을 마
련할 필요성이 있다. 이처럼 한중 분업구조의 변화에서 따라서 시장
이 노사관계제도보다 우위를 차지하는 상황이 전개될 때 지속가능한

연구의 분석틀

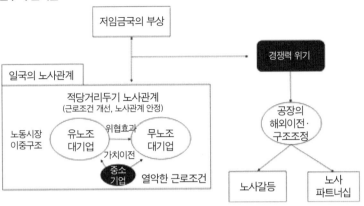

노사관계체제기 무엇일까, 그런 노사관계체제를 어떻게 구축할 것인
것 등이 이 장의 기본 문제의식이자 기본 시각이다.

분석의 틀

이상의 문제의식에서 이 글에서는 위의 그림 〈연구의 분석틀〉과
같은 분석틀을 사용하고자 한다. 먼저 일국적 시각에서 전개되어 온
우리나라 노사관계의 특성과 한계 등을 살펴보고자 한다. 1987년 노
동조합운동의 부활과 함께 우리나라의 현 대기업 노사관계가 오랜
기간의 노사갈등을 거쳐서 적당거리두기 노사관계arm's length relations
로 안착되어 온 과정을 살펴보고자 한다. 여기서 적당거리두기 노사
관계는 노사가 힘의 균형 속에서 서로의 존재와 독립성을 인정하지
만, 노사 상생을 위한 파트너십 관계까지 나아가지 않은 노사관계를
의미한다(Walton et al, 1994). 적당거리두기 노사관계에서는 노사가

현재의 노동법과 단체협약 등의 규제에 순응하지만 여전히 대립적 요소들이 잠재된 불안한 안정화 상태의 노사관계를 특징으로 하고 있다. 우리나라 대기업 노사관계가 그나마 이 정도의 안정화를 취할 수 있었던 것은 대기업들이 저임금 기반 중소기업의 하청계열화, 공장의 해외이전, 자체의 혁신 등에 근거하기 때문이다. 그런 과정에서 필연적으로 등장하는 중소기업의 열악한 근로조건은 중소기업의 지속가능한 경영을 어렵게 만들고 노동시장 이중구조의 심화는 근로자들의 통합성을 크게 훼손하고 있다.

이런 상황에서 저임금국가들의 부상으로 저가격 경쟁 상태에 빠지게 되고 대기업들의 국제경쟁력이 약화되면 적당거리두기 노사관계를 유지해왔던 물적 토대가 사라지게 된다. 그때 우리나라 노사관계가 어떤 방향으로 발전할 것인가, 즉 더 갈등적인 관계로 악화될 것인가 파트너십 관계로 발전할 것인가가 이 글의 주된 관심이다. 이런 문제의식을 염두에 두고 이어서 중국경제의 질적 성장과 함께 한중 분업구조의 변화 과정을 살펴보고자 한다. 1990년대 초반 한중 무역관계가 개시된 뒤 중국보다 우리나라가 부가가치가 더 높은 산업이나 제품에서 비교우위를 보였고 동시에 우리나라 기업들이 중간재를 공급하고 중국기업들이 완제품을 만들어서 제3세계에 수출하는 분업구조가 상당 기간 유지되어 왔다. 그런데 최근 중국기업들의 약진을 통해서 우리나라 기업들과 경쟁하는 완제품 수가 늘어나고 부품소재산업에서도 중국 굴기를 천명하면서 한중 간 분업구조에 중대한 변화들이 발생하고 있다.

최근 LCD나 스마트폰 등에서 볼 수 있는 것처럼 중국기업들의 제품 품질 수준이 우리나라 기업들과 경쟁할 수 있는 수준에 도달하면 저임금과 중국정부의 대대적인 지원 속에 저가정책으로 공세를 취하기 때문에 우리나라 기업들이 버티기가 매우 어려운 상황에 빠지고 있다. 그런데 전자산업뿐 아니라 자동차, 화학, 철강, 기계 등 우리나라의 주력 산업에서 중국기업들의 기술력이 빠른 속도로 올라오면서 대부분이 중국기업들과의 경쟁범위 안에 들어갈 가능성이 높아 보인다. 이런 상황적 변화들을 고려해서 중국경제 전문가들의 연구결과에 근거해서 한중 간 분업구조의 변화과정을 살펴보고자 한다.

마지막으로 중국기업들이 직접적 경쟁관계를 형성할 때 우리나라 노사관계에 미칠 영향을 전망해보고 정책적 시사점들을 도출해보고자 한다. 중국기업들과의 경쟁관계에 빠지면서 경쟁력 위기가 발생하면 기업들이 그 위기에서 벗어나기 위해 해외이전이나 구조조정 등의 조치를 취할 가능성이 높고 그에 대해서 근로자들의 반발과 저항이 뒤따르면서 노사갈등으로 치달을 위험성이 있다.

그렇긴 하지만 그동안 노사관계가 많이 안정화되었다. 또 기업의 경쟁력이 위기에 빠지면 노사관계의 존립 자체가 어려워진다는 점을 인식한다면 함께 그 위기를 극복할 수 있는 대안적 방법을 찾을 수도 있다. 그러다 보니 그런 위기가 노사파트너십의 발전 계기로 작용할 수도 있다. 이런 점들을 고려해서 한중 간 분업구조의 변화 이후 우리나라 노사관계의 발전과정을 전망해보고 노사파트너십의 확대 강화를 통해 위기를 극복하는 정책 방안들을 찾아내보고자 한다.

2

우리나라 노사관계의
전개과정과 특성

'1987년 근로자 대투쟁'과 전투적 기업별 노동조합주의의 탄생

국제 분업구조와 노사관계가 서로 영향을 미치겠지만 그동안 우리나라에서는 노사관계가 국제 분업구조의 변화에 미치는 영향이 훨씬 컸다. 국제 분업구조에서 우리나라 경제의 위치를 결정한 주된 요인 중 하나였던 저임금이 1987년 근로자 대투쟁을 거치면서 크게 변화했기 때문이다. 그런 위상변화 과정에서 저부가가치 산업의 쇠퇴, 저임금을 겨냥해 들어왔던 외국인투자기업의 철수, 나아가 지난 IMF 사태와 같은 심각한 경제위기를 경험하기도 했다. 하지만 그래도 고부가가치 산업으로의 전환이 비교적 성공적으로 이루어졌다고 평가할 수 있다.

그런 전환 과정을 촉진해준 요인 중 하나가 이 글에서 다뤄지는 중국시장의 부상이었다. 이처럼 성공적인 위상 전환은 역으로 우리나라 노사관계의 발전 과정에서 글로벌 요소의 중요성을 무시하게 한 측면이 있다. 이런 맥락에서 이번 장은 주로 국내적 시각에서 전개되어 온 우리나라 노사관계의 발전과정과 특성을 살펴본 후 앞으로 부닥쳐 올 한중 분업구조의 변화와 어떻게 충돌할 것인지 전망해 보고자 한다.

우선 이 글에서는 우리나라 노사관계의 특성을 1987년 이후 갈등적 기업별 체계에서 시작해서 지금은 많이 안정을 찾아가는 적당 거리두기 관계로 전환하고 있다고 본다. 1987년 근로자 대투쟁에서 시작된 전투적 기업별 체계는 전투성과 기업별 노조라는 두 가지 이질적인 요소의 결합체다. 기업별 노조는 결국 종업원의식에 빠지기 때문에 노조의 자주성을 확보하기 어렵다는 평가를 받고 있다 (Galenson & Odaka, 1976; Hyman, 1975) 우리나라 노동조합들은 기업별 노조의 그런 약점을 전투성으로 보완하고 있는 셈이다.

우리나라 노동조합들의 전투성은 1987년 이전의 저임금 장시간 노동에 대한 근로자들의 분노 외에도 당시 팽배했던 기업과 정부의 반노조주의 정책과 작업현장의 병영적 통제 등으로부터 노동조합의 생존을 지켜내려는 움직임 등에 뿌리를 두고 있었다. 더구나 전투적 노동조합주의가 1987년 이후 임금 인상이나 노동조합 조직률 확대 등 근로자 성과를 상당한 수준에서 거두면서 노동조합운동에 깊게 구조화되어 갔다.

우리나라 노사관계는 전투성으로 무장되어 있지만 여전히 기업별 체계의 단점들을 그대로 가지고 있다. 기업별 체계의 가장 큰 단점 중 하나는 그것이 단기적 실리주의에 매몰된다는 점이다. 다수의 일반 근로자들을 조직한 노동조합 자체가 단기적 실리주의에 빠지는 경향이 있지만 기업별 체계에서는 노조활동의 시야가 더 좁기 때문에 그것이 극단적인 형태로 나타나게 된다. 1987년 이후 신생 노동조합들이 표방했던 민주성도 그런 실리주의를 부추긴 또 다른 요인이다. 민주주의는 그것 자체로 아주 건강한 조직구성 원리이다. 하지만 노동조합 리더들의 리더십 부재로 이어질 때는 조합원의 단기적 이해에 떠밀려가는 모습을 낳게 된다.

기업별 체계는 그것의 소규모성으로 인해서 리더십이 조합원 직접민주주의를 통해서 결정되는 경향이 있다. 그 결과 리더들이 단기적 성과를 중시할 수밖에 없게 되었다. 실제로 많은 노조에서 집행부의 빈번한 교체로 안정적인 리더십을 구축할 기회를 갖지 못하고 있다. 결국 노동조합 리더들이 개인적으로는 장기적 시야를 가질 수 있을지 몰라도 공식적인 리더로서 역할을 할 때는 장기적인 안목을 가지고 노조 조직을 끌고 가기는 어려운 실정이다. 이런 점에서 다수 조합원들이 상황적 조건의 어려움을 목격하면서 경각심을 가지지 않는 한 우리나라 노사관계 풍토를 바꿔내기가 쉽지 않은 상태에 있다.

기업별 노조가 기업별로 분단되어 있고 단기적 실리주의에 매몰되어 있기 때문에 기업별 체계는 기업 간 임금 격차의 확대를 낳게 된다. 임금 격차가 확대되어 가면서 지불능력이 약한 중소기업에서는 노동조합을 통해서 얻을 수 있는 임금 프리미엄이 제한적이기 때문에 노동조합이 설 자리를 잃게 되고 그 결과 노동조합이 대기업이나 공기업 중심으로 쏠리게 된다. 한편 대기업과 중소기업은 대부분 원하청 관계로 묶여 있기 때문에 대기업의 인건비 부담을 중소기업들에게 전가해서 중소기업의 지불능력이 더욱 약화될 수밖에 없게 된다. 그리고 그 결과 대기업과 중소기업 간 임금 격차는 더욱 벌어져 가는 노동시장 왜곡이 심각한 수준까지 이르게 된다.

이런 맥락에서 보면 대기업 노동조합운동의 활성화는 노동시장 이중구조를 더욱 심화시켰고 중소기업 노동조합운동을 더욱 약화시켰다. 그러면서 그만큼 노동조합운동이 주변 근로자나 일반 국민들의 마음으로부터 멀어져 가는 결과를 낳게 된다.

1990년대 말 금융위기 이후 시장의 반격과 노사관계의 안정화

노동조합이 시장 왜곡을 지나치게 하면 반격을 받게 된다. 우리나라에서도 1987년 이후 새로운 노사관계 질서에 적응해오던 노동시장이 1990년대 말의 아시아 금융위기 때부터는 노사관계에 공세적으로 반격을 가하기 시작했다. 금융위기로 도산 위기에 처한 다수의 기업들에서 정리해고나 명예퇴직 등 고용조정이 추진되었으며 그 뒤를 이어 연봉제와 성과급제 등 성과주의 인사제도와 비정규직 고용 등 노동시장의 유연화를 위한 움직임들이 활발해졌다.

그에 대해서 노동조합도 강하게 반발하면서 노동시장 질서를 기업들이 원하는 대로 바꾸기가 쉽지 않았지만 2000년대 중반이 되면 노동계가 궤도연대, GS칼텍스, 코오롱 등 몇 가지 중요한 파업들에서 패배하면서 파업이나 길거리 투쟁만으로는 이전 노사관계 질서를 지켜내기가 쉽지 않다는 점도 확인되었다. 그 이후에도 노사 간 일진일퇴를 경험하면서 대기업 노사관계도 점차 안정화되어 가는 모습을 보이고 있다.

우리나라 노사관계의 안정화 추세는 노사분규와 노동조합 조직률

노사관계 특성의 변화 추이

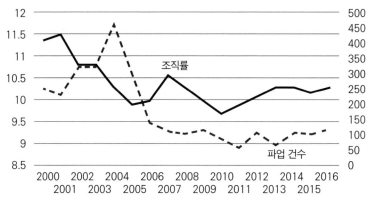

(자료: KLI 노동통계, 각 연도
조직률은 왼쪽 종축, 파업건수는 오른쪽 종축과 대응하고 있음)

등 노사관계 특성의 변화 추이에서 확인할 수 있다. 그것을 살펴보기 위해서 위의 그림 〈노사관계 특성의 변화 추이〉에 2000년대 이후의 노조 조직률과 파업 건수 등을 정리해보았다. 그 결과를 보면 먼저 파업 건수가 2005년까지 증가하다가 뚝 떨어진 후 매년 100건 전후를 보이고 있다. 노동조합들이 2004~2005년 몇 개의 대규모 파업의 패배 후 파업의 성과가 크지 않고 동시에 우리나라 경제의 회복 국면 진입으로 고용조정 등이 많이 줄어들면서 파업 건수도 전반적으로 줄어들고 있다. 2000년에 들어선 이후 조직된 파업 중 일부는 비정규직 근로자들의 파업이어서 대기업에서의 파업은 이 통계보다 더욱 적다고 볼 수 있다.

노조 조직률도 2002년 10%대로 들어선 이후 줄곧 10% 전후에서 등락을 보이고 있다. 노조 조직률이 2010~2011년까지 하락 추세를 보이면서 10% 미만으로 떨어졌다. 그 이후 그나마 기업 내 복수노조의 허용과 함께 반등하는 모습을 보이고 있다. 기업 내 복수노조의 허용 이후 등장한 신규노조들의 다수가 온건한 성격의 노조들이기 때문에 복수노조의 허용에 따른 노조 조직률 증가가 반드시 노동조합의 영향력 증가를 의미하는 것이 아닌 점도 주의할 필요가 있다.

최근의 비가맹 노조 통계를 얻기 어려워서 여기에 보고하고 있지 않지만 2010년대 중반까지의 통계는 비가맹노조의 비율이 상당히 증가하였음을 보여주고 있다. 앞으로도 노동조합들이 비정규직 근로자나 중소기업 근로자의 조직화에 성공하지 않는 한 노동조합의 영향력 하락 추세를 반전시키기는 어려우리라 예상된다. 어쨌든 노동조합의 영향력이 줄어들게 되면 노동조합이 파업에 의존하기가 더 어려워지기 때문에 노사갈등이 더 줄어드는 모습을 보이게 된다.

그렇다면 노동조합 조직률 증가를 위한 핵심적 요건 중 하나인 비정규직 근로자의 조직화에는 어느 정도 성공하고 있을까? 그것을 살펴보기 위해서 다음 그림 〈비정규직 근로자의 노조 조직률〉에 비정규직 근로자들의 조직률 추이를 정리해보았다. 그 결과를 보면 비정규직 근로자들의 노조 조직률은 2000년대에는 4~5% 정도를 보이다가 2009년 이후 3% 정도에서 등락을 보이고 있다. 좀 더 세부적으로 한시적 근로자와 비전형 근로자들의 경우 2009년 이후에 노조 조직률의 급락이 발견되고 있다. 시간제 근로자들은 2009년 이후에도 노조 조직률이 낮아지지 않고 있지만 원래 매우 낮았기 때문에 큰 의미가 없다. 열악한 근로조건 때문에 비정규직 근로자들의 노조 가입 동인이 크지만 불안한 고용관계가 역으로 노동조합 활동을 억제하고 있어서 비정규직의 노조 조직률이 낮은 경향을 보이고 있다.

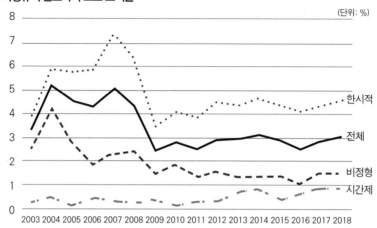

비정규직 근로자의 노조 조직률

(단위: %)

한시적

전체

비정형

시간제

2003 2004 2005 2006 2007 2008 2009 2010 2011 2012 2013 2014 2015 2016 2017 2018

(자료: 통계청, 「경제활동인구조사 근로형태별 부가조사」, 연도별 8월 한국노동연구원, 『2018 KLI 비정규직 노동통계』에서 재인용)

여기에는 보고되어 있지 않지만, 문재인 정부 들어서서 공공부문에서 비정규직으로부터 전환된 정규직 근로자들이 대거 노조에 가입함으로써 노동조합 조직률이 많이 오른 점도 이런 맥락에서 해석 가능하다.

2000년대 이후 점차 확대되어 가는 노사관계 안정화는 노사갈등 요인이 해소되었거나 노사 양측이 갈등보다 평화를 원하기 때문에 이루어진 것이 아니다. 노사 간 힘의 균형 속에서 노측도 사측도 달리 어찌할 수 없기 때문에 이루어진 것이다. 노동조합의 임금 프리미엄이 상당히 확대된 상태 속에서 유노조기업의 임금을 더 올리기가 쉽지 않고 동시에 작업현장이 다수의 비정규직과 고령인력 등으로 채워지면서 노동조합의 동원력이 떨어지고 있으며, 반대로 사측도 노동조합의 반발 때문에 노동조합을 무시하거나 약화시키는 움직임을 보이기 어려운 곳들이 다수를 차지하고 있다.

어떤 사정에서든 노사 한쪽이 그 선을 넘어서게 되면 노사 간 장기 투쟁으로 발전하고, 결국은 노사공멸로 이어지는 사례들을 왕왕 발견되는 것도 이런 사정과 관련이 있다. 이런 점에서 현재 우리나라 노사관계의 안정화는 다분히 전략적 차원에서 이루어진 것이고 상황적 조건이 바뀌면 언제라도 노사갈등으로 비화할 수 있다. 현재의 노사관계 안정화는 노사의 불안한 동거를 의미한다고 볼 수 있다.

노사관계의 근로자 성과 추이: 임금성과

이제 임금과 고용 등을 중심으로 노사관계의 근로자 성과 추이를 살펴봄으로써 우리나라 노사관계와 노동시장의 충돌 추이를 살펴보고자 한다. 우리나라의 노사관계가 어떻게 불안한 상태에서 안정화되어 가는지를 재차 유추해볼 수 있고 동시에 앞으로 한중 분업구조의 변화와 어떻게 충돌하고 어떻게 변화할 것인지 등을 추론해볼 근거를 제공해줄 것으로 기대된다.

먼저 다음 그림 〈명목 임금 인상률과 노동생산성 증가율 추이〉에 우리나라 명목 임금 인상률 추이를 명목 노동생산성 증가율 추이와 함께 정리해보았다. 1987년 이후 초기에는 명목 임금 인상률이 10%를 넘어서고 있지만 1990년대 말의 금융위기를 계기로 하락 추세로 접어들고 있다. 그래도 2000년대 중반 이전까지만 해도 임금 인상률이 5%는 넘고 있었지만 그 이후에는 5% 미만으로 떨어지고 있다. 전 기간 살펴보면 명목 임금 인상률 추이는 대체로 노동생산성

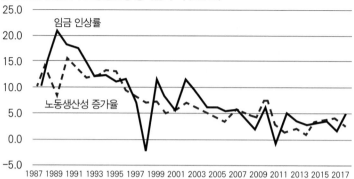

명목 임금 인상률과 노동생산성 증가율 추이 (단위 : %)

(자료: 노동부, 매월노동통계조사보고서, 각호; 통계청, 경제활동인구연보, 각 연도; 한국
은행, 국민계정, 각 연도; 2019 KLI 노동통계)
주: 명목 노동생산성은 10인 이상 비농전산업 명목 국내총생산을 10인 이상 비농전산업
취업자 수로 나누어 계산함

증가율 추이와 유사하게 나타나고 있다. 임금 인상이 노동생산성에
제약이 된다는 것을 알 수 있다.

또 한 가지 특성은 경제위기 시에는 임금 인상률이 노동생산성 증
가율보다 낮게 나타난다는 점이다. 1990년대 말의 금융위기 시에는
기간은 짧지만 임금 인상률이 노동생산성 증가율보다 크게 낮았고
2000년대 말의 금융위기 시에도 한동안 임금 인상률이 노동생산성
증가율을 밑돌고 있다. 물론 경제위기 직후에 임금 인상률을 노동생
산성 이상으로 되찾는 과정이 있지만 일시적인 현상이고 금융위기
는 결국 임금 인상률을 한 단계 낮추는 결정적 계기로 작용하고 있
다.

이 추세들에서 흥미로운 점은 2000년대 중반까지는 명목 임금 인
상률이 명목 노동생산성 증가율보다 높지만 그 이후에는 노동생산

성 증가율을 따라잡지 못하는 해가 많아지고 있다는 사실이다. 여기에 보고되고 있지 않지만 실질 임금 인상률과 실질 노동생산성 사이에서도 유사한 패턴이 발견되고 있다. 이런 패턴의 변화에는 2000년대 말의 금융위기가 영향을 주는 것으로 보인다. 하지만 그와 동시에 임금 인상률 결정에서 노동조합의 영향력이 줄어들 가능성도 시사하고 있다. 노동조합의 영향력은 경제위기를 거치면서 약화되는 경향이 있다. 이 기간에 파업건수나 노동조합 조직률도 줄어들거나 답보 상태에 있기 때문에 이 사실들은 노동조합의 영향력이 서서히 줄어들고 있음을 시사하고 있다.

임금 인상률에서 노동조합의 영향력이 어느 정도인지를 직접적으로 볼 수 있는 통계는 노동조합의 임금효과다. 1987년 이전에는 유노조기업과 무노조기업의 임금 격차가 거의 존재하지 않았지만 2000년대에는 임금 격차가 10%대 초반 정도로 높게 나타나고 있다. 분석모형에 따라 다소 차이는 있지만 사업체 규모나 근로자들의 특성 등을 통제하고 난 후의 노동조합 임금효과는 3~7% 정도로 분석되고 있다.

유노조-무노조기업 간 임금 격차 추이에서 또 한 가지 흥미로운 점은 2000년대 중반 이후에는 유노조기업의 임금 인상률이 무노조기업보다 낮게 나타나는 경향을 보인다는 점이다. 사업체패널조사 자료에서 500인 이상인 기업들을 대상으로 해서 유노조기업과 무노조기업의 임금 인상률 추이를 정리한 다음 그림 〈유노조-무노조 임금 인상률 추이〉를 보면 2005~2017년 기간에 2011년을 제외한 모든 해에 무노조기업의 임금 인상률이 더 높게 나타나고 있다. 유노

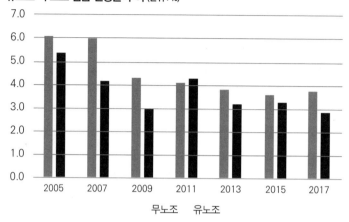

유노조-무노조 임금 인상률 추이 (단위 : %)

(자료: 한국노동연구원, 사업체패널조사)

조-무노조 간 임금 인상률 역전은 중소기업을 포함하면 여전히 나타
나고 있다.

　임금 인상률 계산에서 분모인 임금 수준이 유노조기업에서 더 높
기 때문에 임금 인상액 측면에서는 유노조기업이 더 높을 가능성이
있다. 하지만 임금 인상률이 노동조합 활동의 성과지표로서 중요하
기 때문에 유노조기업의 임금 인상률이 더 낮다는 점은 운동적 측면
에서는 여전히 중요한 의미가 있다. 어쨌든 유노조기업의 지불 능력
이 점차 떨어져서 노동조합의 힘만으로 무노조기업과의 임금 격차
를 더 벌리기가 버거운 상태로 가는 것을 알 수 있다. 이 점에서 우리
나라 노사관계가 노측이 공세적인 국면으로부터는 벗어나고 있으며
사측이 아직 역공을 취하지 않은 상태에서 힘의 균형을 이루는 곳들
이 많음을 짐작할 수 있다.

　정규직과 비정규직 근로자들의 임금 격차를 확인하기 위해서 정

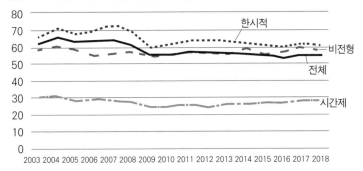

정규직과 비정규직 근로자들의 임금 비교 (정규직=100)

(자료: 통계청, 『경제활동인구조사 근로형태별 부가조사』 각 연도별 8월 한국노동연구원, 『2018 KLI 비정규직 노동통계』에서 재인용)

규직 근로자들의 임금 수준을 100으로 했을 때 비정규직 근로자들의 임금 수준이 어느 정도인지를 위의 그림 〈정규직과 비정규직 근로자들의 임금 비교〉로 정리해보았다. 그 결과를 보면 정규직 근로자 대비 전체 비정규직 근로자들의 임금지수가 2008년까지는 60%를 넘고 있다가 2009년 이후 55% 정도로 떨어져서 비정규직이 금융위기의 충격을 훨씬 더 많이 받음을 알 수 있다.

비정규직 근로자 중에는 임금 수준이 더 낮은 시간제 근로자를 포함하고 있기 때문에 한시 근로자와 비전형 근로자만의 임금지수를 뽑아볼 필요가 있다. 먼저 한시 근로자들의 임금지수는 2000년대에 70% 근방에서 형성되고 있다가 2009년 이후 60% 근방으로 떨어지고 있다. 반면에 비전형 근로자들의 임금지수는 2009년 이후 약간 떨어졌지만 점차 2000년대 초반 지수 수준으로 회복되고 있어서 정규직 대비 임금지수 하락이 주로 한시적 근로자에서 비롯됨을 알 수 있다.

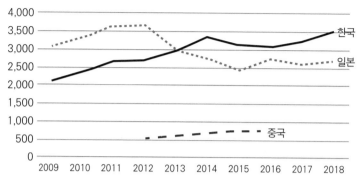

한중일 제조업 근로자들의 월급 평균 (단위: 달러)

(자료: ILO, http://www.ilo.org/ilostat, 2019. 8, kosis.kr에서 추출), 한국과 일본은
5인 이상 기업, 중국은 도시지역 근로자)

이처럼 우리나라 임금 인상률이 많이 둔화되고 있지만 여전히 다른 OECD 국가들보다는 높은 수준의 인상률을 보이고 있다. 특히 우리나라 기업들과 경합관계에 있는 일본이나 중국 대비 상대적 임금 수준이 중요한 의미를 가지기 때문에 위 그림 〈한중일 제조업 근로자들의 월급 평균〉에 제조업 근로자에 대한 한중일 3국의 임금 수준 추이를 정리해보았다. 먼저 한일간 임금 수준 추이를 보면 놀랍게도 2013년 이후부터는 우리나라 제조업 근로자들의 임금 수준이 일본 제조업 근로자들을 앞지르고 있다. 아베 정부 등장 이후의 엔저현상을 부분적으로 반영하고 있겠지만 그보다 주되게는 지난 30년간 우리나라와 일본의 임금 인상률 차이를 반영하고 있다.

그와 동시에 우리나라 제조업 근로자들의 임금 수준이 중국의 제조업 근로자들보다는 4배 정도 높게 나타나는 점도 주목할 만하다. 중국의 임금 추이 통계가 2012~2016년 기간에 대해서만 정리되어 있지만 최근 2년 사이에 몇 배씩 변화한 것은 아니기 때문에 한중 간 임금 격차가 매우 크다는 사실을 짐작할 수 있다. 이상의 통계들은 우리나라 기업들이 인건비 측면에서 중국이나 일본기업들과 경쟁할 때 상당한 어려움에 부닥친다는 것을 보여주고 있다. 그동안 우리나라 노사관계에서는 노사분규나 노동시장 유연성이 주된 쟁점이었지만 이제는 지나치게 높은 임금 수준까지 전면적으로 쟁점화될 필요가 있음을 알 수 있다.

노사관계의 근로자 성과 추이: 고용성과

노동조합의 고용성과를 살펴보기 위해 사업체패널조사를 이용해서 구한 유노조기업과 무노조기업의 고용변동률을 다음의 그림 〈고용의 변화 추이: 유노조-무노조 부문 비교〉에 정리해보았다. 그 통계 결과를 보면 2005년부터 2017년까지 계속 유노조기업의 고용증가율이 무노조기업의 그것보다 현저하게 낮게 나타나고 있다. 유노조-무노조기업 간 고용변동률 격차가 줄곧 크게 존재하고 있으며 해가 가도 그 차이가 줄어들지 않고 있다.

이 통계만으로도 노동조합이 고용에 상당히 부정적인 영향을 주고 있음을 알 수 있지만, 패널데이터 회귀모형을 이용해서 더 정교하게 분석한 노용진(2016)에서도 노동조합의 고용효과는 부정적으로 나타나고 있다. 고용조정이 아닌 한 고용규모의 결정은 사측의 일방적 의사결정에 따른다는 점을 고려하면 고용규모의 추이는 사측의 의중을 반영하고 있다. 이 통계결과는 유노조기업이 상당한 인건비 부담을 느끼며 임금 수준에 손을 댈 수 없어 고용을 줄이고 있음을

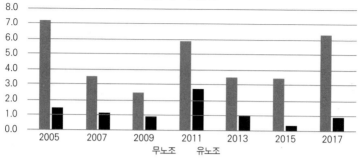

고용의 변화 추이: 유노조–무노조 부문 비교 (단위: %)

무노조　유노조

(자료: 한국노동연구원, 사업체패널조사)

말해준다.

2000년대 이후의 고용성과에서 가장 뚜렷한 현상 중 하나가 비정규직이다. 비정규직 고용의 비율 추이를 다음의 그림 〈비정규직 근로자 비율 추이〉에 정리해보았다. 2004년 이후 비정규직 근로자의 비율이 조금씩 감소하고 있지만 2010년대에 들어선 이후에는 30%대 초반에서 안정적인 모습을 보이고 있다. 구성적으로 기간제 근로자와 비전형 근로자의 비율들이 떨어지고 자발적 성격이 강한 시간제 근로자 비율이 증가하고 있다는 점 정도가 그나마 다행스러운 상태다.

전체적으로 비정규직 근로자의 비율이 30% 근방에서 균형 상태에 도달해 있으면서 비정규직 고용이 우리나라 노동시장의 필수요소로 구조화되고 있다는 느낌을 준다. 이런 점에서 비정규직 고용 문제를 해결하기 위해서는 거기에 영향을 주는 다른 노동시장 요소들(가령, 정규직의 근로조건)도 함께 구조적으로 해결해야 한다. 비정규직 고용 문제 해결이 쉽지 않은 이유도 비정규직 고용 문제만을 독

비정규직 근로자 비율 추이 (단위: %)

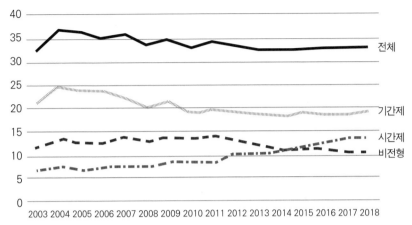

(자료: 통계청, 「경제활동인구조사 근로형태별 부가조사」, 연도별 8월 한국노동연구원, 『2018 KLI 비정규직 노동통계』에서 재인용)

립적으로 해결할 수 없기 때문이다. 특히 우리나라 기업들의 인건비 부담이 큰 상태에서 비정규직 근로자들의 근로조건을 상향 조정하는 방식으로만 접근하는 것은 우리나라 기업들의 국제경쟁력을 더욱 약화시킬 우려가 있음을 알 수 있다.

2010년대 우리나라 노사관계의 특성
: 안정화 추세 속의 불안한 노사평화

우리는 지금까지의 논의에서 노사관계를 특징지었던 갈등적 기업별 체계에서 갈등성이 점차 줄어든다는 것을 알 수 있었다. 노사갈등이 잠재되어 있고 노사분규도 여전히 일부 발생하고 있지만 전체적으로는 노사관계가 안정화되는 방향으로 가고 있다. 그러나 지속적으로 근로조건이 개선되는 조건이 충족되지 않을 때는 노사관계가 어떤 방향으로 튈지 알 수 없는 상태이기에 여전히 불안한 노사평화라고 볼 수 있다. 이런 점에서 앞으로 한중 분업구조의 변화로 우리나라 기업들에게 경쟁압박이 심해지는 상황으로 가면 노사관계가 어떤 방향으로 발전해갈 것인지 예측하기가 쉽지 않다.

동시에 우리나라 대기업은 노사관계의 안정화를 위해서 노동시장 이중구조라는 심각한 사회적 대가를 치렀다. 대기업 경쟁력의 상당 부분이 그것을 받쳐주는 중소 하청기업들의 경쟁력에서 나오기 때문에 노동시장 이중구조가 장기화되면 중소기업뿐 아니라 대기업들도 심각한 경쟁력 위기에 빠질 위험이 있다. 지금 핵심층을 형성하고 있는 40~50대가 은퇴하게 되면, 중소기업의 만성적인 인력부족 때문에 그 뒤를 이을 사람들이 부족할 전망이어서 저임금에 기반을 둔 중소기업 모형의 지속가능성에 의구심이 갈 수밖에 없다. 그와 동시에 단순 직무들을 전전하고 있는 비정규직들이 청년층 근로자들의 다수를 차지하면서 다음 세대가 저숙련 함정에 빠질 우려도 높은 상황이다. 이런 상태에서 저임금국가들의 부상은 우리나라 기업들의 경쟁력을 한 번 더 심각하게 위협할 가능성이 높다.

지금까지 논의에서 2000년대 이후 노사관계의 또 다른 추세는 노동조합의 영향력이 조금씩 줄어든다는 점도 알 수 있었다. 기업별 체계의 특성상 기업 간 임금 격차를 확대하면서 노동조합이 대기업이나 공기업 중심으로만 남고 중소기업과 비정규직 등 주변 근로자들의 노조 활동이 어려워서 노조 조직률이 10% 전후에서 답보 상태를 보이고 있다. 이처럼 노동조합 조직률이 떨어지게 되면서 대기업 노동조합이 작업과정에 미칠 수 있는 영향력이 떨어지게 된 점, 그만큼 파업 파괴력도 떨어지게 된 점, 대기업 근로자들의 이해만 추구하는 노조 활동 방식으로는 일반 국민들의 정서와 괴리되면서 힘없고 배경 없는 근로자들의 대변자라는 명성이 줄어드는 점 등도 작용하고 있다.

노동조합이 파업이라는 무기를 대체할 다른 교섭력 기반을 갖지 못하게 되면 전투성의 약화는 곧 노동조합의 영향력과 힘의 약화로 이어진다. 특히 기업별 노조가 다른 힘의 원천을 찾지 못한 채 전투성이 줄어들면 노동조합의 힘이 급격하게 약화되는 경향이 있다. 이런 상황에서 한중 분업구조의 변화가 생기면 우리나라 노동조합들의 힘이 더욱 떨어질 가능성이 높다. 그때 노동조합이 파업을 대체할 새로운 힘의 원천을 찾을 것인가, 아니면 과거의 전투성으로 복귀할 것인가의 갈림길에 서게 될 전망이다.

우리나라 노사관계의 한계 극복 시도들

기업별 체계의 이런 약점에 대한 우려 속에 노동계도 민주노총을 중심으로 산별노조 운동을 추진해왔지만 기업별 노사관계가 지배적인 토양 속에서 산별노조 운동을 한다는 것은 매우 어려운 과제다. 산별노조 운동의 핵심인 산별 임금체계를 갖추기 위해서는 고임금 근로자들의 양보가 전제되어야 하기 때문이다. 그런데 고임금 근로자들이 기업별 구조 속에서 얻은 기득권을 양보하기는 쉽지 않다. 이런 사정 때문에 우리나라 산별노조 운동은 저임금 근로자들의 임금을 끌어올리는 데 집중하게 되는데, 그것은 우리나라 경제가 감당할 수 없는 수준이어서 현실성이 없다.

서구에서 산별노조 운동이 가능했던 것은 당시 저임금 직종이었던 미숙련 반숙련 근로자들이 중심이 되어 추진하고 그 힘을 바탕으로 숙련공 노동조합을 견인한 점에 있다. 반면에 우리나라의 산별노조 운동은 대기업 노동조합 중심으로 추진되기 때문에 서구의 산별노조 운동과는 정반대의 성장 과정을 거치고 있는 것이다. 더구나 기업 내 복수노조가 허용된 뒤로는 산별교섭이 더욱 어려워지고 있어서 산별노조 운동을 힘있게 추진하기도 어려워지고 있다. 마지막으로 산별노조가 잘 발전하더라도 글로벌 노동시장을 포괄할 수는 없기 때문에 글로벌 시장 경제의 발전은 산별 노동조합도 해결하기 어려운 과제여서 산별노조 운동이 한중 분업구조의 변화에 대한 해답을 제공해주지도 못할 것으로 보인다.

위와 동일한 논거로 비정규직 근로자나 중소기업 근로자들의 근로조건만을 상향 조정하는 방식으로 노동시장 이중구조 문제가 해결되기도 어렵다. 일국적 차원에서만 보면 그런 얘기가 나올 수도 있겠지만 대기업도 글로벌 시장에서 경쟁하고 있어서 중소기업 근로자나 비정규직 근로자들의 근로조건을 떠안기가 쉽지 않기 때문이다. 이런 점에서 공공부문에서 이루어지고 있는 비정규직 근로자들의 정규직화가 민간부문으로 확산되기는 어려운 것이 현실이다. 결국 노동시장의 이중구조 문제의 해소를 위해서는 중소기업 근로자나 비정규직 근로자의 근로조건 개선과 함께 대기업 근로자들의 양보가 요구되고 있는데 해결하기가 쉽지 않다. 우리나라 노동시장 이중구조의 문제해결이 쉽지 않은 이유는 바로 여기에 있다.

한편 경영계는 노동시장 유연성을 높이는 노동시장 구조개편을 지속적으로 요구하고 있다. 지난 IMF 사태 이후 노동시장 유연화는 노사정 간 최대 화두로서 고용노동정책의 중심을 차지해왔지만, 그것의 진척 정도는 매우 더디다. 노동시장 유연성은 고용 유연성, 임금 유연성, 근로시간 유연성, 배치 유연성 등 다양한 유형으로 구성되어 있는데 조직의 유연성이 불가피한 상황에서는 노동조합에게 배치 유연성이나 근로시간 유연성 등이 비교적 쉽게 수용되는 경향이 있다. 개별 기업 차원에서는 고용조정까지 포함해서 다양한 유연화 조치가 취해지고 있지만 중앙 차원의 사회적 대화에서는 노동계가 사실상 모든 노동시장 유연화에 대해서 노동조합 억압 정책으로 여기면서 반대하는 입장을 가져왔다. 이런 사정 때문에 중앙 차원의 노사정 관계에서는 노동시장 유연화가 주된 갈등 요인이 되어왔으며, 앞으로도 당분간 그런 풍토에 큰 변화가 있을 것으로 보이지 않는다.

그런데 우리나라의 노동계와 경영계는 모두 중앙 기구들이 회원 조직들에 대해서 리더십을 발휘하기 어려운 파편적 구조를 가지고 있다. 그러다 보니 중앙 차원의 노사정 간 합의에 도달하는 것이 매우 어려운 구조를 가지고 있다. 우리가 개별 기업 차원에서 힘의 논리에 근거해서 노사갈등을 일으키는 행위를 기업 운영에 유해한 것으로 비판할 수 있는 것과 같이 국가 차원에서도 힘의 논리로 노동시장 유연화를 밀어붙이는 것에 대해 동일한 논리로 비판할 수 있다. 이런 특성 때문에 우리나라 경제가 아직 경쟁력 위기에 빠지지 않은 상황에서 노동시장 구조개편을 밀어붙이는 정책은 효과는 미미하고 노사갈등만 일으킨 것을 그동안의 경험에서 여러 번 보아왔다. 앞으로 한중 분업구조의 변화로 우리나라 기업들이 급격하게 경쟁력 위기를 경험하게 되면 노동시장 유연화나 임금 양보 등 급진적 방안도 가능할 것이지만 그런 위기가 미래의 일로 예측되고 있는 상황 속에서 그런 강공법이 효과성을 내기는 쉽지 않다.

우리나라 노사관계 제3의 길: 한국형 노사파트너십 구축

우리나라 노사관계의 한계를 극복하기 위한 또 하나의 대안적인 방법으로 노사파트너십을 생각할 수 있다. 노사 간 힘의 균형이 존재하고 있고 동시에 우리나라 기업들이 결국 경쟁력 위기에 빠지는 것이 예상되는 상황에서 노사가 취할 수 있는 현실적인 접근법으로 노사파트너십을 생각해볼 수 있다. 중앙 차원의 노사관계 풍토를 고려할 때 중앙 차원에서 노사파트너십을 추진하기는 쉽지 않아 보이지만 개별 기업 차원에서 노사파트너십을 추진하고 그것을 전국적으로 확산시키는 방법은 여전히 가능한 옵션으로 남아 있다.

우리나라 노사관계 구조가 파편적이고 노사관계의 특성을 결정하는 힘이 개별 기업 차원에 위치하기 때문에 개별 기업 차원에서는 노사파트너십을 구축해갈 수 있다. 가령 이미 경쟁력 위기를 경험하고 있거나 노사관계가 매우 우호적이어서 노사 공히 노사파트너십을 구축할 동인이 있는 기업들에서 먼저 노사파트너십을 구축하는 것은 충분히 가능하다. 이렇게 개별 기업 차원에서 구축된 노사파트너십 모형이 전통적인 노사관계 모형과 경합을 벌이면서 노사파트너십 모형이 근로자들에게 더 이득이 된다는 것을 보여주면 노사파트너십이 지배적인 모형으로 올라설 수 있다.

현재도 이미 무노조기업들의 임금 인상률이 유노조기업에 비해서 높다는 점은 경쟁력에 문제가 있는 유노조기업들이 꽤 많음을 시사하고 있다. 이처럼 경쟁력에 적신호가 켜진 유노조기업들에 대해서는 노사파트너십 모형이 새로운 바람을 불어넣어줄 수 있다. 현대자동차나 부산지하철 등이 2019년 임금교섭에서 보인 파격적인 태도 변화를 보면, 노사관계가 갈등적인 기업에서도 노사파트너십의 싹을 키울 수 있음을 알 수 있다. 이처럼 노사파트너십 모형은 일상적 상황뿐 아니라 기업들의 경쟁력 위기 상황에서도 조직 성과가 더 높을 것으로 예상되기 때문에 노사파트너십 모형은 기업의 재무성과뿐 아니라 근로자들의 근로조건에도 긍정적인 영향을 미치면서 지배적인 모형으로 발전할 가능성이 충분하다.

3

중국의 경제성장과
한중 분업구조의 변화

기존의 한중 무역구조: 상호보완적 관계

1992년 한중수교를 계기로 본격화된 후 중국이 우리나라의 최대 교역 상대국으로 부상하는 데는 시간이 얼마 걸리지 않았다. 중국이 1970년대 말부터 시작한 개혁개방의 성과로 고속성장의 길을 걸어 세계의 공장으로 떠오르는 과정에서 우리나라 기업들에게 엄청나게 큰 시장으로 떠올랐다. 무역의존도가 높았던 우리나라에 중국의 경제개발은 엄청난 기회를 제공해주었다. 실제로 2000년대 이후 중국 시장은 우리나라 경제성장의 견인차 역할을 해왔다.

우리나라 경제에서 중국시장이 얼마나 중요한가는 한중 무역규모의 추이로도 간단하게 파악할 수 있다. 다음 그림 〈우리나라의 국가별 수출입 추이〉에 정리된 통계를 보면 우리나라 수출규모 중 중국이 차지하는 비중이 2000년대 초반에 이미 미국을 추월했고 그 이후에도 지속적으로 1위를 달리고 있다. 가장 최근인 2018년 통계를 보면 우리나라의 대중국 수출이 1,621억 달러로서 전체 수출액의 26.9%를 차지한다. 이는 대미 수출액 727억 달러(전체 수출액의

우리나라의 국가별 수출입 추이

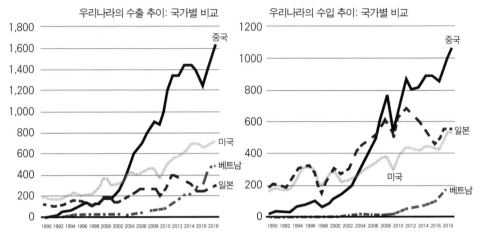

우리나라의 수출 추이: 국가별 비교

우리나라의 수입 추이: 국가별 비교

(자료: 한국무역협회, 수출입통계 DB, kosis.kr)

12.0%)보다 2배 이상 높은 비중이다.

　여기에 보고되어 있지는 않지만 중국의 수입 비중에서도 우리나라가 2013년 이후 줄곧 일본을 앞질러서 최대 수입국으로 올라서 있다. 반대로 우리나라의 수입 비중에서도 2010년대가 되면 중국이 일본이나 미국을 앞질러서 우리나라의 최대 수입국으로 자리잡고 있다. 2018년의 수입 통계를 보면 중국으로부터의 수입액이 1,065억 달러(전체 수입액의 19.9%)로서 미국의 589억 달러나 일본의 546억 달러보다 현저하게 높은 금액을 보이고 있다.

　교역의 양적 측면뿐 아니라 질적 측면에서도 중국시장은 우리나라 경제에 중요한 의미가 있었다. 우리나라에서 중국에 수출되는 제품들은 중간재, 자본재, 그리고 기술집약적인 소비재 등이 주류를 이루고 있었다. 가령 2012년 우리나라의 대중국 수출 품목들을 보면 반도체, 디스플레이·센서, 합성수지, 석유화학 중간원료, 자동차부품, 기구부품 등 중간재가 다수를 차지하였다(양평섭, 2014). 중국이 풍부한 양질의 저임금 인력을 바탕으로 완제품을 만들어서 미국이나 유럽 등에 공급하는 세계의 공장으로 성장해갈 때 우리나라가 그 완제품 제조에 필요한 부품이나 소재 등 중간재를 공급하는 형태의 무역이었다. 이처럼 중국에서 요구되는 제품들이 우리나라 주력 제조업들의 성장단계에 맞는 것들이었기 때문에 중국시장은 2000년 이후 우리나라 경제성장을 견인해온 동력이 될 수 있었다. 이처럼 중국 제조업의 발전은 곧 우리나라 기업들에 풍부한 제품시장을 제공해주었고 반대로 중국 측으로서도 지역적으로 인접한 우리나라에서 상대적으로 가성비가 높은 중간재를 수입할 수 있었기 때문에 제품 경쟁력을 유지할 수 있기도 했다.

중국정부의 전폭적 지원을 받는 중국경제의 질적 성장

그런데 이처럼 우리나라 경제의 견인차 역할을 했던 한중 무역구조는 중국경제의 질적 발전과 함께 점차 변화의 압박을 받고 있다. 우선 중국정부의 자본·기술집약적 산업 육성정책에 따라서 전통적인 노동집약적 산업이나 단순 조립 기반의 가공무역형 산업들의 비중이 줄고 정보통신산업이나 중화학공업 등 기술집약적·규모집약적 산업의 비중이 갈수록 증가하는 방향으로 산업구조가 빠르게 변화하고 있다. 또한 기존 산업 내에서 고부가가치 제품의 비중이 늘어나는 산업 내 질적 고도화도 이루어지고 있다(조철, 2017).

산업구조의 고도화가 중국정부의 대폭적인 지원 속에 추진되고 있기 때문에 그 속도가 매우 빠른 모습을 보여주고 있다. 이처럼 중국의 산업구조가 고도화되면서 중국시장에서 우리나라 기업들의 기술 집약적인 최종 소비재, 자본재, 중간재 등의 비교우위가 떨어지게 되어서 미래가 불안해지고 있다. 특히 시진핑 주석이 등장한 2010년대에는 중국이 제조업 굴기를 천명하면서 우리나라가 상대적으로 높은 비교우위를 가지고 있었던 반도체나 디스플레이 등 핵심 부품에 대해서도 자체 생산을 추진하면서 우리나라 기업들의 설 땅이 갈수록 좁아지고 있다.

중국의 산업구조 고도화를 객관적으로 평가하기 위해서는 그것의 부정적 측면도 주목할 필요가 있다. 안현호(2013)에 따르면 중국의 산업구조 고도화는 정부 주도의 요소투입형 전략에 기반을 두고 있기 때문에 상당한 비효율성과 과잉투자를 낳고 있다. 특히 중국경제에서 여전히 큰 비중을 차지하고 중국정부의 집중적 지원을 받는 국유부문의 과잉투자와 비효율성이 심각한 수준이어서 골칫거리가 되고 있다. 동시에 민간기업 중에서도 내수를 담당하는 기업들은 아이러니하게도 넓은 시장의 존재로 시장 경쟁이 느슨해서 질적 수준이 높지 않은 것으로 평가되고 있다.

이런 점에서 중국의 산업구조 고도화가 단선적으로 이루어지기보다는 많은 우여곡절을 겪을 것으로 전망되고 있다. 그럼에도 세계시장을 겨냥하면서 부상하고 있는 화웨이, 하이얼, 지리자동차, 거리전자, 알리바바, 텐센트 등 민간기업들의 눈부신 혁신적 성장은 우리나라 기업들에 위협적으로 다가오고 있다.

중국정부가 주도하는 요소투입형 경제성장 전략의 한계는 경제성장률의 둔화에서도 나타나고 있다. 2000년대에 줄곧 두 자릿수였던 중국의 경제성장률이 2000년대 말의 글로벌 금융위기를 겪으면서 급격히 둔화되고 있다. 그 성장률이 2011년에 처음 한 자릿수인 9.5%로 떨어진 후 하락세가 멈추지 않으면서 2018년에는 6%대까지 추락한 것이다. 정부 주도의 비합리적인 자원배분과 과잉투자, 국유기업이나 느슨한 시장 경쟁에 따른 민간 내수부문의 비효율성, 그리고 그동안 고성장 시기에 풍부했던 저임금 노동력 공급의 소진 등이 경제성장률 둔화를 촉진하고 있다. 경제성장률의 하락 추이를 보면 중국경제가 중진국 함정에 빠진 것이 아닌가 하는 의심을 받고 있지만, 그런 경제성장의 둔화가 경제 발전 과정에서 발생하는 자연스러운 과정으로서 중국경제가 질적으로 도약하는 발판이 될 수도 있다. 경제는 양적 팽창기와 질적 성숙기를 거치게 된다. 해당 경제의 구조적 한계에 봉착할 때 질적 도약을 이루는 경향이 있기 때문이다.

중국정부도 이런 문제의식을 느끼고 중국경제의 구조적 한계를 극복하고 질적 고도화를 위한 정책들을 구사하는 것으로 보인다. 대표적으로 2015년에 발표된 '중국제조 2025'를 들 수 있다. 여기에 제시된 내수 주도의 성장 전략, 자국 브랜드의 강화, 기술집약적 산업의 육성, 4차 산업혁명 관련 정보지능기술 기반의 신산업 육성, 산업구조의 개편과 산업의 혁신을 통한 효율성과 품질 제고 등은 중국경제 체질의 질적 전환과 함께 한중 분업구조에 획기적 변화를 예고하고 있다. 정부의 의도대로 경제가 발전하는 것은 아니지만 중국정부의 중국경제에 대한 통제력이 워낙 강력하기 때문에 경제정책이 산업에 미치는 영향이 클 수밖에 없다. 중국제조 2025 전략은 어떤 형태로든 중국시장에 대한 우리나라 기업들의 접근성을 제한함으로써 우리나라 경제에 부정적 영향을 미칠 것으로 전망되고 있다.

중국경제의 이런 구조적 한계에도 불구하고 중국기업들이 우리나라 기업들에게 강력한 경쟁상대가 될 것이라고 판단을 할 수밖에 없다. 중국경제가 가지고 있는 여러 가지 강점들 때문이다. 우선 13억 명이라는 거대한 국내시장과 풍부한 저임금 노동력을 들 수 있다. 거대한 기업이 탄생하기 위해서는 거대한 시장이 필요한데, 중국은 그런 조건을 자국 내에 가지고 있다. 중국의 거대시장과 저임금 노동력을 활용하기 위해서 외국인 직접투자가 대규모로 유입되었고 대만, 홍콩, 화교 등으로부터의 기술이전을 받으면서 글로벌 생산기지로서 발돋움해왔다. 국가의 규모가 커서 단일 시장이 될 수 있는 장점 속에서 대부분 산업들에서 제조생태계와 인프라가 발전되어 있는 점도 중국의 강점들이다.

중국경제에서 또 한 가지 주목되는 강점은 과학기술의 발전과 엄청난 규모의 연구개발 투자다. 중국의 연구개발 투자 규모는 미국에 이어서 2위이다. 특허건수에서는 세계 1위를 달리고 있다. 중국정부의 전폭적인 지원 속에서 연구개발 인력을 해외에서 유치하거나 국내에서 대규모로 육성하고 있다.

중국경제의 가장 중요한 강점 중 하나는 중국정부의 전폭적 지원이다. 중국정부는 경제에 대한 강력한 통제력을 가지고 노련하게 전략적으로 자원과 힘을 집중하면서 발전을 지원한다. 이런 지원을 배경으로 중국의 전략산업들이 시장 경쟁에서 낮은 가격과 압도적인 물량공세를 펴게 되면 우리나라 기업들은 감당하기 어려운 상황에 빠질 가능성이 높다.

경합관계로 발전하고 있는 한중 분업구조

중국기업들이 세계시장에서 경쟁을 벌일 정도로 기술력을 높이게 되면 우리나라 기업들의 경쟁력에 진정으로 심각한 위기가 올 수 있다. 실제로 중국의 산업구조 고도화와 함께 중국의 수출품 구조가 단순 조립 기반의 소비재에서 기술집약적 자본재 및 중간재 비중이 높아지는 추세를 보이면서 우리나라 기업들과 경합관계가 늘어나고 있다. 신현수(2019)에 따르면, 중국은 2000년과 2017년 사이에 소비재 수출 비중이 44.2%에서 26.3%로 줄어들고 자본재 비중이 16.9%에서 28.8%로 증가했다. 컴퓨터와 통신기기 등에서는 40%대, 가전·조선·전자부품 등에서는 30%대 등으로 높게 나타나고 있다. 다만 자동차(4.0%)나 석유제품(4.6%) 등에서는 여전히 낮은 비율을 보이고 있다.

중국시장이 세계시장에서 차지하는 비중이 워낙 크기 때문에 중국을 제외한 세계시장에서 한중 간 경합관계가 어느 정도인지를 파악하기 위해서 양국 간 수출경합도를 살펴보고자 한다. 여기서 수출경합도는 양국 간 수출품의 경쟁 정도를 측정하는 지표로서 두 나라 사이에 특정 상품의 수출액이 전체 수출액 중에서 차지하는 비중이 얼마나 높은 상관관계를 보이는가를 의미한다. 그것은 상관관계 계수로 산출되기 때문에 0~1 사이의 값을 가진다. 1이면 양국 간 수출품이 완전히 겹치고 0이면 전혀 겹치지 않음을 의미한다.

한중 간 수출경합 정도를 분석한 신현수(2019)에 따르면, 한중 간 수출경합도는 2007년과 2016년 사이에 0.367에서 0.391로 상승했다. 이 수치들이 아주 높지 않은 것처럼 보이는 이유는 우리나라에서 이미 사양산업으로 전락한 섬유, 신발, 컴퓨터 등 전통산업들에서 한중 수출경합도가 낮기 때문이다. 반면에 우리나라의 주력산업들인 석유제품(0.938), 조선업(0.697), 전자부품(0.622), 기계류(0.512), 철강제품(0.475), 가전(0.451) 등에서는 수출경합도가 매우 높게 나오고 있다. 세계시장 점유율에서 우리나라가 하락하고 중국이 상승하는 제품들이 우리나라 수출액에서 차지하는 비중이 31.1%이다. 양국 모두 상승하긴 하지만 중국이 한국보다 더 빠르게 상승하는 제품의 비중도 11.4%를 차지하고 있는 점도 흥미롭다. 이상의 통계결과들은 세계시장에서도 중국이 우리나라 경제에 상당한 위협요인으로 다가오고 있음을 시사한다고 하겠다.

4개 산업의 한중 경쟁력 비교

우리나라의 주력산업들에서 중국과의 경쟁력 격차가 얼마나 좁혀질 것인가에 관해서는 산업별로 살펴보고자 한다. 안현호(2015)는 산업별 기술력 축적의 궤적을 연구한 파빗Pavitt(1984)의 산업분류에 근거해서 전통산업군, 규모집약 산업군 1(일관공정 기반), 규모집약 산업군 2, 전문가공급자형 산업군, 과학기반형 산업군 등으로 구분해서 중국기업들의 성장 과정을 분석 전망했다.

여기서 전통산업군은 혁신의 원천이 외부에 있는 전통산업들(섬유, 농업 등)을 지칭하고 전문공급자형 산업군은 암묵지의 축적에 근거하여 혁신을 이루고 그 성과에 대한 해당 기업의 전유가 높은 정밀기계산업 등을 지칭한다. 규모집약형은 혁신의 원천이 내외부에 있으면서 혁신성과에 대한 전유가 중간 수준인 산업들을 의미한다. 규모집약형 산업군 1은 규모의 경제를 확보하는 것이 중요한 철강과 석유화학 등의 산업들을 의미하고 규모집약형 산업군 2는 규모의 경제 확보가 중요하지만 대기업과 부품·소재기업들과의 상호협력이 중요한 자동차나 IT 산업들을 의미한다. 마지막으로 과학기반형 산업군은 기업 내부나 외부의 연구개발 역량에 의존하여 혁신을 이뤄내고 혁신성과에 대한 전유가 높은 정밀화학, 의약, 항공 등 하이테크 산업들을 지칭한다.

이런 산업분류에서 볼 때 개발도상국의 기술혁신은 전통산업군에서 가장 발생하기 쉽고 이어서 규모집약형 산업군 1, 2, 전문가공급자형 산업군, 과학기반형 산업군 등의 순으로 어려워진다. 안현호(2015)에 따르면, 중국은 전통산업군에서는 이미 비교우위를 확보했고 2000년대에 들어선 이후에는 규모집약형 일관공정 산업과 규모집약적 조립 산업 중 하나인 IT 산업 등에서 경쟁력을 확보하는 등 규모집약형 산업군의 비교우위도 빠르게 확보하고 있다. 그런데 공교롭게 우리나라의 현 주력산업들이 규모집약형 산업들이어서 중국의 다음 성장산업들과 겹치기 때문에 중국의 경제개발이 우리나라 기업들에는 심각한 위협요인으로 다가올 가능성이 높다.

이제 한중 간 산업별 경쟁력에 어떤 변화들이 나타나는지를 알아보자. 그러기 위해서 우리나라의 주력 산업들인 디스플레이, 자동차, 철강, 조선 등 4개 업종에서 중국기업들의 기술력과 경쟁력이 어떻게 발전해가는지를 정리해보고자 한다. 이들 산업들 중 철강업만 규모집약형 산업 1에 속하고 나머지는 규모집약형 산업 2에 속한다.

세계 시장에서도 약진하고 있는 중국의 '디스플레이산업'

이 산업은 텔레비전, 컴퓨터, 휴대폰 등 정보통신 장비들의 모니터용 패널을 생산하는 업종으로서 설비와 소재부품의 비중이 높은 장치산업이고 규모의 경제가 크게 작용하는 산업이다. 따라서 대규모 초기 투자비용이 요구되고 있어서 순수 민간자본만으로는 이 산업에 진입하기가 쉽지 않은 특성이 있다. 현재는 LCD 중심으로 시장이 형성되어 있다. 해상도와 대형화가 용이한 올레드OLED도 개발되어 TV나 스마트폰 등에 사용되고 있다. 현재 LCD 패널에서는 한중 간 기술력 차이가 거의 없고 올레드 패널에서만 우리나라 기업들이 우위라는 평가를 받고 있다.

중국의 디스플레이산업은 2000년대 초반에 일본이나 한국의 기술을 도입하면서 시작됐다. 가령 중국의 대표적인 디스플레이 기업인 BOE가 초기 기술력을 확보한 것은 2003년 현대전자 LCD 부문의 인수에 있었다. 이처럼 2000년대에 초기의 기술력을 구축한 후 중국의 디스플레이 기업들은 공격적인 투자를 통해서 생산 용량을 계속 늘려왔다. 중국기업들이 이처럼 초기의 엄청난 손실을 감수하면서 공격적인 투자를 할 수 있었던 것은 중국정부가 전폭적인 지원을 했기 때문이다.

중국정부는 12차 5개년 계획에서 디스플레이산업을 7대 신규 전략산업에 포함해 집중적으로 육성해왔는데, 중국정부의 지원은 다양한 방식을 취하고 있다. 금융기관의 특별 융자를 통한 저리의 자금지원, 신규 디스플레이 공장 설립 시 지방정부의 공동투자, 세금감면, 토지·전력 등의 무상 제공, 신제품 보조금, 기술개발 보조금 등이 그것들이다. 그러다 보니 기업은 투자비용의 20% 정도만 부담하면 되기 때문에 디스플레이 기업들이 우후죽순 격으로 생겨나면서 2016년 말 기준 15개 정도까지 늘어났다.

중국 디스플레이 기업들이 초기 진입 이후 기술력을 꾸준하게 키워온 결과 LCD 패널 생산 기술력에서는 이미 한국기업들을 따라잡은 것으로 평가되고 있다. 3~4년 전까지만 해도 LCD 대형 패널에서는 삼성디스플레이나 LG디스플레이가 비교우위를 가지고 있었지만 2016년 전후해서 중국기업들이 대형패널도 생산할 수 있는 생산라인들을 연이어 깔면서 대형패널에서도 한중 간 기술 격차가 사라졌다. 올레드 분야에서는 한국기업들이 비교우위를 가지고 있다. 그러나 중국기업들도 올레드 양산을 위해서 집중투자하고 있기 때문에 얼마나 오랫동안 비교우위가 유지될지 의구심들이 제기되고 있다. 중국기업들이 이처럼 빠르게 기술력을 높여온 배경에는 대만이나 일본기업들과의 협력과 그곳의 우수 인력 영입 등 덕분이다.

이처럼 한중 간 기술력 격차가 소멸하고 중국 디스플레이산업이 과잉 투자된 결과 LCD 패널의 과잉공급과 그에 따른 가격하락이 초래되었다. 이로써 중국기업들은 정부 지원을 배경으로 낮은 가격으로 LCD 시장을 장악해가면서 2017년부터 세계시장 점유율 1위로 올라섰다. 중국기업들은 낮은 가격에도 불구하고 정부의 재정 지원을 받으면서 흑자 상태를 유지하고 있지만 우리나라 기업들은 시장점유율과 가격하락의 이중고 때문에 심각한 수준에서 수익성 악화를 겪고 있다.

이런 사정 때문에 우리나라 기업들은 LCD 시장의 비중을 줄이고 올레드 시장을 강화하는 방향으로 전략을 수정하고 있는데 그런 움직임은 곧바로 근로자들의 고용불안을 낳고 있다. LG디스플레이가 2018년과 2019년에 명예퇴직을 통한 고용조정에 나섰으며 삼성디스플레이도 탕정공장의 일부 LCD 생산라인 가동을 중단할 예정이라는 뉴스들이 나오고 있다. 그나마 다행스러운 점은 올레드에 대해서는 현재 우리나라 기업들만 독점적으로 생산·공급하고 있다는 사실이다. 그러나 그마저도 기술 격차가 얼마나 유지될 수 있을지 불안한 상태다. 중국정부가 중국 제조 2025에서 올레드 생산을 목표로 제시하고 있으며 BOE, 티안마Tianma 등 중국기업들도 이미 올레드를 개발했고 양산체제를 준비해가고 있기 때문이다. 어쨌든 디스플레이산업이 미래의 한중 분업구조 변화의 실마리를 보여주는 대표적인 사례라고 할 수 있다.

자국의 국내시장에서 약진하고 있는 중국의 자동차산업

자동차산업은 전후방 파급효과가 큰 산업으로서 완성차업체의 생산라인 구축, 부품공급선 확보, 연구개발 등 막대한 초기 자본투자를 요구하는 자본집약적 산업이다. 그와 동시에 자동차산업은 완성차

조립을 위해 다수의 근로자들을 고용하는 노동집약적 산업의 특성
도 가지고 있어서 산업 경쟁력을 결정하는 데 인건비 수준도 중요하
게 작용하고 있다.

자동차산업에서 또 한 가지 특징적인 점은 자동차를 생산하는 데
필요한 2만 개가 넘는 부품의 공급처로서 다수의 하청업체들을 두고
긴밀한 공조관계와 네트워크를 구성할 필요가 있다는 점이다. 그 결
과 완성차의 품질 확보는 부품들의 품질과 내구성을 전제하고 있다.
또한 완성차 종류마다 부품들이 다르기 때문에 표준화 정도도 낮다.
따라서 자동차산업의 경쟁력은 완성차업체의 기술력뿐 아니라 부품
업체들의 기술력에도 의존한다. 이런 특성 때문에 자동차산업의 기
술력과 경쟁력 구축은 매우 힘든 과제다.

중국의 자동차산업도 정부의 주도 아래 육성되고 있다. 중국정부
는 자동차 수입에 높은 관세를 부과하여 외국인 직접투자를 유도하
면서 동시에 지분이 50%를 넘지 못하도록 규제함으로써 외국자본
과 자국 자동차기업의 합작법인을 유도해왔다. 한편 외국자본과 합
작투자를 하는 중국 내국인자본은 외국기업의 기술력을 배워서 활
용할 자신의 독립적인 토종기업을 가지고 있어야 한다. 자동차산업
에서 중국의 토종자본은 대부분 국가나 지방정부가 소유한 국영기
업이기 때문에 비효율성과 낮은 혁신능력 등이 문제가 되고 있지만
최근에는 볼보사의 인수합병을 통해서 기술력을 축적한 지리자동차
와 같은 민간자동차들이 경쟁력을 높이면서 중국 자동차시장의 점
유율을 높여가고 있다.

현재 중국은 최대 자동차 생산국이자 최대 자동차 시장으로 부상

하면서 각국의 완성차업체들에게 각축장이 되어가고 있다. 반면 중국 로컬기업들의 완성차 품질, 기술력, 신뢰도 등은 높지 않기 때문에 가격을 중시하는 저개발국들에 일부 물량을 수출하고 있지만 본격적으로 수출에 나서는 정도는 아니다. 이처럼 중국의 로컬 자동차 업체들이 세계시장에 진출한 정도는 높지 않기 때문에 현재 한중 자동차산업의 분업구조에서 주된 관심은 중국시장이다.

그런데 최근 중국시장에서 중국 로컬기업들의 점유율이 많이 올라가고 우리나라 브랜드의 시장점유율이 뚝 떨어지고 있다. 우리나라 브랜드의 시장점유율 하락은 사드 사태의 영향도 있었지만 더 중요하게는 중국 로컬기업들의 성장에 따른 영향이 더 크다. 중국 로컬기업 완성차들의 품질이 다소 떨어지더라도 가격이 저렴한데다 애국심까지 작용하면서 우리나라 브랜드들이 주된 공략 대상이 되고 있다.

또 한 가지 우려스러운 점은 중국정부와 자동차업체들이 전기자동차와 자율주행차 등 완전히 새로운 유형의 자동차 기술에 신속하게 대응하고 있다는 점이다. 이처럼 자동차 생산의 아키텍처가 완전히 바뀌게 되면 중국의 자동차업체들이 우리나라 자동차업체들의 기술력을 뛰어넘을지 모른다는 우려가 제기되고 있다. 중국이 신기술의 발전과 활용에 필수적인 제품시장과 과학기술역량을 가지고 있기 때문에 그런 주장이 근거 없다고만 할 수는 없다.

한중 간 기술력 차이가 좁혀지고 있는 철강산업

철강산업은 대규모 설비투자가 요구되는 장치산업으로서 규모의 경제가 작용하는 대표적인 규모집약형 일관공정 산업군에 속한다. 그러다 보니 철강산업에서는 인건비 비중이 낮고 그만큼 임금 수준이 기업 경쟁력에 미치는 영향이 적은 편이다.

중국의 철강산업은 이전 사회주의 시절부터 육성되었기 때문에 공장들이 지역적으로 분산되어 있고 시설 장비들도 낙후되어서 효율성이 아주 높지는 않다. 그렇긴 하지만 자국 내에 철강 수요 기반으로서 자동차, 조선, 기계, 건설 등 대규모 후방산업을 가지고 있고 전략적인 기초 부품·소재산업으로서 정부의 막강한 지원을 받고 있으며 다수의 우수한 연구개발 인력을 가지고 있다는 강점을 지닌다.

중국은 이런 강점들을 배경으로 해서 세계 10대 상위 철강사 중 5개를 차지하고 있으며 세계 전체 철강생산량의 50% 정도를 차지하면서 철강시장을 주도하고 있다. 중국은 지속적으로 철강 생산능력을 높여 왔는데 2000년 후반의 금융위기 시에도 공격적으로 생산능력을 늘렸다. 그 결과 철강시장에서 공급과잉과 가격하락이 심각한 수준에 이르게 되자 환경오염을 낳고 효율성이 떨어지는 낙후된 설비를 폐쇄하고 철강기업 간 인수합병을 추진해서 대형화를 유도하는 구조조정 등을 통해서 철강 생산량을 감축하고 있다. 그 결과 최근 중국철강회사들의 수익성이 많이 개선되는 것으로 알려졌다.

한중 간 철강산업 경쟁력은 중국이 가격에서 비교우위를 가지고 있고 한국은 기술과 품질에서 다소 우위로 평가되고 있다. 저가품인 일반강재에서는 양국 간 제품 품질 차이가 거의 없고 판재류 및 고급 기능성 강재, 특수강, 합금강 등에서만 우리나라가 중국에 대해 비교우위를 가지고 있다. 그 결과 저가 제품들인 건축용 철강제품과 일반용 강재에서는 가격이 낮은 중국 제품들이 더 높은 경쟁력을 지니고 고부가가치 강재에서는 우리나라 제품들이 더 높은 경쟁력을 지니고 있다. 참고로 저가인 일반용 강재는 우리나라도 중국기업들의 제품을 많이 수입하고 있다.

또 한 가지 주목할 점은 공정기술에서 우리나라 기업들이 중국기업들보다 훨씬 뛰어나다는 점이다. 이처럼 공정효율성과 제품의 고품질 덕분에 우리나라 기업들의 수익성이 중국기업들보다 현저히 높게 나타나고 있다. 가령, 포스코는 세계철강협회World Steel Dynamics로부터 세계에서 수익성이 가장 높은 기업으로 평가받고 있다. 그렇긴 하지만 중국 철강산업이 구조조정을 통해서 조직효율성이 높아지고 기술력이 계속 발전하기 때문에 한중 간 기술력 차이가 얼마나 유지될지 예측하기는 쉽지 않다. 김동수(2017)는 한중 간 기술력 차이를 5% 정도로 보면서 5년 정도가 지나면 중국이 봉형강류와 중소형 강판 등에서 우리나라를 따라잡고 판재류, 강관, 형강 등에서도 경쟁이 치열해질 것으로 전망하고 있다.

구조조정으로 경쟁력을 강화하고 있는 중국의 조선산업

조선산업은 배나 해양구조물을 건조하는 조립산업으로 선대, 도크, 크레인 등 대형 설비와 장비들을 요구하는 자본집약적 산업군 2에 속한다. 이 산업의 주된 제품인 선박이나 해양구조물의 건조가 주문형 생산에 기초하고 자금 회수기간도 길어서 초기 투자자금이 많이 요구되는 산업이기도 하다. 그와 동시에 조선산업은 제품의 품질요건이 까다롭고 건조과정이 매우 복잡하면서 작업공정을 완벽하게 자동화하기 어려워서 고숙련 기능인력을 다수 요구하는 노동집약적 산업으로서 고용유발효과가 매우 큰 산업이다. 더구나 조선산업은 후방산업으로서 기계, 철강, 전기, 전자, 화학, 소재산업 등이 있고 전방산업으로서 해운업과 수산업, 관광업, 석유화학산업 등이 있어서 전후방 효과가 높은 산업이다. 그런데 전방산업들인 해운업, 관광업, 석유화학산업 등이 경기 부침이 큰 업종들이어서 조선산업도 경기에 민감하게 반응하고 있다.

중국의 조선업은 다수가 국영기업으로서 정부 주도 아래 육성되어 왔기 때문에 자생력이 약한 것으로 평가되고 있다. 해외기업과의 합작이나 해외 화교로부터 받을 수 있는 기술지원도 제한적이어서 아직은 선진국 기술력을 모방하는 수준을 벗어나지 못하고 있다. 자체적인 설계능력과 생산효율성도 떨어지는 편이며 지방에 위치하는 약점 때문에 근로자들의 기피 업종이 되고 있으며 근로자들 이직도 잦아서 숙련도도 높지 않은 편이다. 인건비 수준은 우리나라 조선업 근로자들의 3분의 1 정도인 것으로 알려졌지만 근로자들의 조선업 기피 현상과 최저임금의 급등으로 임금 수준이 많이 올라가고 있고 숙련도도 낮아서 낮은 인건비 매력이 많이 사라지고 있다. 이런 점들을 고려해서 석종훈 외(2018)는 한중 간 기술 격차가 전체 선종 평균으로 5.2년 정도 되는 것으로 평가하고 있다.

이런 사정 때문에 중국 조선업은 벌크선이나 중소형 탱커 등 부가가치가 낮은 선종에서 비교우위를 보이고 있으며 주된 경쟁력은 가격에서 나오고 있다. 가격 경쟁력을 무기로 중국은 2000년대 중반부터 세계 시장점유율을 늘려나갔고 2000년대 말 금융위기 이후 한동안은 우리나라를 제치고 세계 최고의 수주량을 보인 적도 있었다.

그러나 중국 조선기업들이 건조한 선박의 내구성이 떨어지고 잦은 고장을 일으키는 등 품질 하자들이 발견되고 있으며 고부가가치 선박을 수주한 후 선주에게 약속된 시간에 인도하지 못하는 문제도 생기고 있다. 이런 한계들로 인해서 2018년 이후에는 중국 조선기업의 수주량이 뚝 떨어지고 있는데 중국의 전체 조선기업 중 75%가 한 척의 선박도 수주하지 못했다고 한다. 이런 점에서 중국이 우리나라 조선업을 추격하는 데는 시간이 걸릴 것으로 예상된다. 그러나 중국정부가 조선업에 대한 구조조정을 통해서 경쟁력을 강화하고 있기 때문에 우리나라 조선업이 안심할 수만은 없는 상황이다.

4

우리의 선도적 미래가 되어야 할
노사파트너십

다시 시험대에 오르게 된 우리나라 노사관계

지금까지 우리나라 노사관계와 한중 분업구조의 변화가 어떻게 상충할 수 있는지를 살펴보았다. 먼저 우리나라 노사관계의 전개과정과 특성을 조망해보고 한중 분업구조의 변화에 따른 우리나라 기업들의 경쟁력 위기와 어떻게 충돌할 것인지 등을 분석해보았다.

우리나라 노사관계의 전개과정을 조망하면서는 그동안 상징처럼 달라붙어 있던 노사갈등이 많이 줄어들면서 노사관계가 안정화 국면에 진입하고 있다고 진단했다. 그렇긴 하지만 노사관계 안정화는 조합원들의 근로조건 개선에 바탕을 두고 있어서 그 조건이 충족되지 않을 때는 언제라도 노사갈등이 재연될 성격의 것이어서 불안정한 노사평화라고 규정했다. 또한 대기업의 노사관계 안정화는 중소기업 근로자와 비정규직 근로자 등의 열악한 근로조건 유지와 맞물려 진행되는 노동시장 이중구조를 심화시킨다는 사회적 부담도 안게 되었다.

노동조합에게도 노동시장 이중구조화는 불리하게 작용할 수 있다.

그 이유는 그로 인해서 노동조합의 조직률과 파업 파괴력 등이 하락하면서 노동조합의 영향력을 떨어뜨리는 요인이 되고 있기 때문이다. 그럼에도 사용자들이 노동조합을 공격할 때는 언제라도 전투적 노조로 돌변할 수 있는 여력을 여전히 가진 것으로 평가되고 있다. 이런 특성 때문에 앞으로 한중 분업구조의 변화에 따라서 우리나라 기업들이 경쟁력 위기에 빠져서 구조조정 등이 발생하면 노사갈등으로 치달아서 노사가 공멸할 가능성이 매우 높을 것으로 전망된다. 그러다 보니 아직 시간이 있을 때 그런 상황까지 가지 않도록 준비할 필요가 있다.

그다음으로는 중국경제 전문가들의 연구결과에 근거해서 상호보완적 관계에서 상호경합적 관계로 전환하는 한중 분업구조의 변화 과정을 조망해보았다. 그동안에는 한국이 중국에 중간재를 수출하고 중국은 한국의 중간재를 이용하여 완제품을 만들어서 제3국에 수출하는 분업구조를 가지고 있었다면 중국의 기술력이 향상되면서 중간재와 완제품에서 모두 한중 간 경합관계가 늘어나는 방향으로 분업구조가 변화하고 있다.

중국정부는 2010년대 초반부터 경제성장 정책을 수출에서 내수 중심으로 전환하고 제조업 굴기 천명을 통해서 중간재를 자체 생산하려는 움직임을 보였고 정보통신기술과 지능기술 등 신기술 산업을 적극 육성하면서 우리나라 기업들과 다차원에서 서로 경합관계에 들어서고 있다. 최근 디스플레이 업종에서 볼 수 있는 것처럼 중국정부의 적극적 지원과 저임금 등에 기반을 두고 중국기업들이 낮은 가격으로 물량을 쏟아내면 우리나라 기업들은 감당할 수 없는 상황에 몰리게 된다. 그에 대응해서 우리나라 기업들이 임금 인상 억제, 구조조정, 공장의 해외이전 등을 추진하면 우리나라 노사관계의 안정화를 떠받치고 있었던 요인이 사라지게 되면서 우리나라 노사관계가 어떤 방향으로 튈 것인지 또 한 번 더 시험대에 오르게 될 전망이다.

노사파트너십 구축이 현재의 가장 좋은 옵션

지금까지의 문제의식에서 이 글에서는 노사파트너십의 구축을 적극 제안하고 싶다. 노사파트너십은 기업이 경영 위기에 빠졌을 때나 노사관계가 우호적일 때 도입되는 경향이 있다. 노사가 힘의 균형을 이루고 있으면서 한중 분업구조의 변화로 경쟁력 위기가 예상되는 상황에서 추진하기 좋은 현실적인 옵션이다. 특히 우리나라의 기업별 체계에서는 노사관계가 파편적 구조를 가지기 때문에 다양한 유형의 노사관계모형이 존재해서 노사파트너십을 기업 차원에서 추진하기 쉬운 상태에 있다.

일부 기업들에서 먼저 노사파트너십을 구축하고 전통적인 노사관계모형과 경합을 벌이면서 그것을 뛰어넘는 근로자 성과를 보이게 되면 노사파트너십을 수용하는 근로자들과 노동조합의 비율이 높아질 것이다. 이 접근법은 우리나라처럼 기업별 체계를 가지고 있는 일본에서 1960년대부터 생산성 운동을 추진하여 1970년대 초반에는 결국 지배적인 모형으로 발전시킨 경험을 가지고 있다. 그리고 최근에 현대자동차처럼 노사갈등이 심각한 곳에서도 자동차산업의 위기에 직면해서 노사상생적인 답을 얻으려는 움직임들을 보이고 있다.

그처럼 노사파트너십 모형이 창조적으로 적용된다면 한중 분업구조의 변화에 따른 위기 극복을 위한 현실적인 접근법이 될 수 있을 것으로 기대된다. 이와 같은 노사파트너십이 마련된다면 노동친화적인 신기술의 도입, 조직혁신, 일터혁신 등을 통해 노동생산성과 품질을 획기적으로 올리고 근로자들에게는 더 좋은 일자리를 제공하는 방안을 찾을 수 있기 때문에 한중 분업구조의 변화에 대한 충분한 대응방안이 될 수 있을 것이다.

이 장의 연구결과가 주는 또 한 가지 정책적 시사점은 우리나라 기업들에게 인건비 부담을 줄이는 방안을 찾아줄 필요가 있다는 점이다. 그 방안의 구체적인 측면에서는 문제가 있다는 평가를 내릴 수 있지만 광주형 일자리나 군산형 일자리 등이 기업과 사회의 주목을 받는 이유는 이런 맥락에서 해석할 수 있다. 이처럼 일자리 창출에서 임금 수준이 중요한 고려사항이기 때문에 기업의 인건비 부담을 줄여주지 못한다면 고용 문제가 획기적으로 해결되기 어렵다. 현재도 그러한데 앞으로 한중 분업구조의 변화로 우리나라 기업들의 인건비 부담이 더 커지게 되면 고용 문제는 더욱 심각한 상황으로 갈 가능성이 높다. 이런 점에서 노동조합도 기업의 인건비 부담을 줄여주는 방안에 대해서 더 전향적인 태도를 보일 필요가 있다.

대기업도 글로벌 시장에서는 여러 경쟁 기업 중 하나

이번 연구결과의 또 다른 시사점은 우리나라 대기업들이 국내에서는 독과점적 지위를 가지고 있을지라도 글로벌 시장에서는 여러 경쟁기업 중 하나에 불과하다는 점이다. 글로벌 시장은 사실상 완전 경쟁 시장에 가깝다. 따라서 우리나라 대기업들도 항상 불안정한 상태 속에 있으며 언제라도 경쟁위기에 빠질 수 있다. 이런 사정을 고려해서 우리나라 대기업들이 글로벌 시장에서 충분한 경쟁력을 가질 수 있도록 사회적 편의를 제공하지 않는다면 경제 전체가 위험에 빠질 수 있다. 이런 점들은 사실상 조금만 생각해보면 알 수 있는 것들이다. 하지만 그동안의 우리나라 노사관계 운영에서 무시되는 점들이었기 때문에 그 점을 상기시키고 싶다.

대기업과 중소기업이 상생할 수 있는 생태계를 마련해야 한다

또한 대기업의 중요성 못지않게 중소기업의 중요성도 지적될 필요가 있다. 우리나라 대기업의 경쟁력은 그것을 떠받치는 수많은 하청기업들의 경쟁력에도 근거하기 때문에 해당 산업 전체 생태계의 경쟁력을 구축할 필요가 있다. 그런데 노동시장 양극화로 중소기업들은 인력부족에 시달리면서 낮은 인건비에 기반을 둔 기업운영 방식이 근본적인 위기에 빠져가고 있다. 중소기업 근로자들의 근로조건을 올려주는 방법밖에는 해결책이 없다. 대기업 노사의 전향적인 태도 변화들이 요구되고 있다.

대기업 경쟁력의 상당 부분이 하청계열화된 중소기업에 의존한다는 점을 고려해서 가치사슬로 엮인 대기업과 중소기업 생태계의 경쟁력 강화를 위해서는 중소기업 근로자들의 근로조건을 개선하기 위해 대기업 근로자들의 임금억제가 요구되고 있다. 그와 동시에 노동시장 양극화는 근로자들의 통합성을 떨어뜨려서 궁극적으로 노동조합운동을 훼손한다는 점을 고려해서 대기업 근로자들도 중소기업 근로자들의 근로조건 개선을 위해서 자신들의 임금 수준을 억제하는 모습을 보여줄 필요가 있다.

혁신성장의 중요성을 인식해야 한다

그리고 한중 분업구조의 변화에 따라서 혁신성장의 중요성이 더욱 부각된다는 점을 말하고 싶다. 중국의 저임금뿐 아니라 정부의 대폭적 지원이 문제가 되고 있어서 중국기업들과 가격 정책으로는 경쟁할 수 없는 상황이기 때문에 기술력의 초격차를 유지할 필요가 있다. 이를 위한 혁신성장이 중요하게 부각되고 있다는 것이다. 이런 점에서는 앞으로 제조능력뿐 아니라 신제품 개발과 제품혁신을 위한 유능한 연구개발 인재의 확보와 관리가 우리나라 고용관계에서 중요한 과제로 떠오르고 있다.

노동친화적인 유연성 확보 방안을 찾아야 한다

마지막으로는 한중 분업구조의 변화에 따라서 여러 가지 형태의 노동시장 유연성이 요구될 수밖에 없다는 전망을 언급하겠다. 노동시장 유연화 중에는 노동조합 활동에 극히 부정적인 고용조정과 같은 방식도 있고 노동조합 활동에 미치는 부정적 영향이 적은 배치전환 유연성과 같은 방식도 있기 때문에 노동조합 활동에 부정적 영향이 적은 방안부터 선제적으로 풀어서 한중 분업구조의 변화에 대응할 필요가 있다.

5장

생존을 향한 세계화와
연구개발 인력의 고용관계

세계화 속에 있는 대기업들의 연구개발 인력 고용관계는 어떠한가.
원래 고학력 연구인력은 노동조합과 거리가 있었지만 상황에 따라
노사관계 문제가 심각해질 가능성도 있다. 최근 직원들의 소통 채널
로서 SNS가 활성화되고 직원행동주의가 등장한 것도 집단적 노사
관계의 중요성을 보여준다. 세심한 인사관리를 통해 연구개발 인력
만이 아니라 전체 직원들이 함께 학습과 혁신의 공동체를 만들어나
갈 수 있도록 하는 열린 경영이 필요한 시기다.

김동배

인천대학교 경영대학 교수

서울대학교 경영대학을 졸업했고 동 대학원에서 석사학위와 박사학위를 받았다. 한국
노동연구원 연구위원을 거쳐 인천대학교 경영대학에 재직하고 있다. 현재 한국고용노
사관계학회와 한국인사관리학회 부회장을 맡고 있다. 『산업관계연구』의 편집위원장과
『인사조직연구』와 『인사관리연구』의 편집위원을 지냈다. 근로자 참여, 임금체계와 성
과배분, 기술혁신, 고용형태 다양화 등이 주요 연구 분야이며 관련 논문과 저서가 다수
있다.

1

연구개발 인력의 특성과
고용관계 과제

혁신추종자에서 혁신주도자로 나아가는 길

세계화는 연구개발 인력의 고용관계에 어떤 과제를 제기하는가? 세계화는 글로벌 시장에서의 경쟁 격화를 의미한다. 한국기업이 이러한 경쟁에서 생존하기 위해서는 혁신주도자fast innovator가 되어야 한다. 중국의 재빠른 추격과 추월로 그동안 한국경제의 특징이었던 혁신추종자fast follower 전략은 글로벌 시장에서 그 유효성이 점점 약해지고 있다. 연구개발 인력의 효과적 관리를 통한 연구개발 역량 강화는 글로벌 시장에서 혁신주도자가 되기 위한 전제 조건이다. 이제 연구개발 인력의 세심한 채용과 육성을 통한 연구개발 역량 축적, 연구개발 인력의 특성을 고려한 적절한 연구 동기부여 제고, 연구개발 인력의 자율성과 창의성을 높이면서 오픈 이노베이션 시대에서 요구되는 글로벌 차원의 학습·혁신 네트워크 구축이라는 조직설계와 운영의 혁신이 필요한 시점이라 하겠다.

세계화는 노동력 구성에서 연구개발 인력의 상대적 비중을 증가시킬 수 있다. 우리나라와 같이 생산기지의 해외이전이 활발하게 추

상근 연구원 추이 (단위: 명)

	1995	2000	2005	2010	2015	2017
기업체	66,687 (14.9)	71,894 (15.3)	137,706 (28.6)	202,079 (40.8)	284,136 (55.7)	311,566 (60.6)
전 체	100,456 (22.3)	108,370 (23.1)	179,812 (37.3)	264,118 (53.3)	356,447 (69.9)	383,100 (74.5)

주: 상근 연구원 수는 상근 상당(full time equivalent) 인원임. 괄호 안은 인구 1만 명당 상근 상당 연구원 수. 연구원은 순수연구인력이며 연구지원인력은 제외됨. 전체는 기업체와 대학 및 공공연구기관을 포함한 수치임. 기업체의 1만 명당 연구원 수는 연구자가 직접 계산했음. (자료: 과학기술정보통신부, 연구개발 활동조사보고서, 각 연도)

진되는 경우 생산인력 대비 연구개발 인력의 상대적 비중이 증가하게 된다. 위의 표 〈상근 연구원 추이〉는 우리나라의 연구개발 업무에 직접 종사하는 연구원 수 및 인구 1만 명당 연구원 수의 추이를 분석한 것이다. 지난 20여 년간 인구 1만 명당 전체 연구원의 수는 3배 이상 그리고 기업체는 4배 이상 증가했다.

이러한 추세는 다음의 표 〈인구 1만 명당 전체 상근 연구원 추이 국제비교〉와 같이 다른 선진국이나 중국과 비교해도 가장 빠른 증가 속도다. 기업의 직군별 인력 구성에서 연구개발 인력의 비중이 증가하면 한편으로는 연구개발 인력 관리의 차별화 필요성이 증가하고 또 다른 한편으로는 연구개발 인력의 노사관계가 새로운 문제로 부각될 가능성이 높다. 이미 특정 업종의 경우 일부 대기업은 생산기지의 해외이전으로 생산직 근로자의 비중보다 연구개발 인력의 비중이 다수를 점하는 경우들도 발견된다. 이런 경우 노사관계의 무게 중심이 생산직에서 연구개발직으로 넘어갈 수도 있다. 특히 우리나라의 기업체 연구원 학력별 구성을 보면 약 60% 정도가 노동조합운동에 상대적으로 관심이 높은 학사 출신들이라는 점에서 연구개발 인

인구 1만 명당 전체 상근 연구원 추이 국제비교 (단위: 명)

	한국	미국	일본	독일	프랑스	영국	중국
1995	22.3	29.8	44.0	28.4	25.4	25.1	4.3
2000	23.1	34.8	51.1	31.7	28.3	29.0	5.5
2005	37.3	37.2	53.3	33.5	32.1	41.1	8.6
2010	53.3	38.7	51.2	40.9	37.5	40.9	9.0
2015	69.9	43.0	52.1	47.5	41.7	43.7	11.8

(자료: 과학기술정보통신부, 2019, 2017년도 연구개발 활동조사보고서)

력의 노사관계 관리가 중요해질 수 있다.

최근 SNS를 활용한 다양한 발언 기제의 활성화나 직원행동주의 employee activism도 세계화 시대에 연구개발 인력 고용관계 과제로 부각될 수 있다. 이 글은 세계화의 진전에 따른 연구개발 인력의 고용관계 관리 방안을 다룬다. 우선 연구개발 인력의 특성과 인사관리 과제에 대한 논점들을 먼저 살펴본다. 그다음 오픈 이노베이션과 연구개발 인력의 고용관계, 연구개발 활동의 세계화, 연구개발 인력의 고용관리 문제를 다룬다. 마지막으로 세계화가 연구개발 인력 노사관계에 미치는 영향을 살펴보기로 한다.

이 글에서 사용하는 우리나라 연구개발 인력 고용관계와 관련된 자료에는 과학기술정보통신부의 연구개발 활동조사보고서, 조가원·엄미정·김민정·임대철(2012)의 기업부문 박사인력 활용 실태조사, 조성재·김동배(2013)의 기술연구소 인적자원관리 및 연구원 의식 조사 및 박기범·홍성민·조가원·양현채·오진숙(2017)의 민간부문 박사 연구개발 인력에 대한 실태조사가 있다. 그 외 연구진이 2019년에

우리나라 대기업 기술연구소 3개를 대상으로 한 인터뷰 조사 자료도
활용했다.

독특한 조직 정체성을 갖는 연구개발 인력

연구개발 인력 고용관계의 특성으로 가장 많이 거론되는 것이 독
특한 조직 정체성organizational identity 인식이다. 이는 연구개발 인력의
전문가적 특성에 기인하는 것이다. 특히 고학력의 연구개발 인력은
장기간의 전문적 교육을 통해 형성된 독특한 속성으로 기존 조직구
성원들과 다른 태도, 기대, 가치, 행동 특성들을 가지게 된다(장재윤,
2012).

일찍이 셰퍼드Shepard(1956)는 이를 '과학자는 로컬인가, 코스모폴
리탄인가?'라는 문제로 정의하기도 했다.* 굴드너Gouldner(1957)는 조
직에 대한 충성, 전문직 스킬과 가치에 대한 몰입, 준거집단 지향성
이라는 세 가지 기준으로 대학교수의 역할 정체성을 코스모와 로컬
로 구분했다. 코스모의 경우 조직에 대한 충성은 낮고 전문직 스킬과
가치에 대한 몰입은 높으며 외부 준거집단을 사용할 가능성이 높은
경우다. 로컬은 코스모와 정반대로 조직에 대한 충성은 높은 반면 전
문적 스킬과 가치에 대한 몰입은 낮고 내부 준거집단을 사용할 가능
성이 높다.

코스모와 로컬 연구는 1960년대 전문가주의professionalism 연구로

---

* 코스모폴리탄과 로컬을 차종석·김영배(1997)는 각각 범조직인과 조직인으로 번역했고, 장재윤
(2012)은 탈조직지향성과 조직지향성으로 번역했다. 이 글은 원어를 살려 코스모와 로컬로 지칭
하겠다.

이어진다. 전문가주의의 5가지 차원은 연구개발 인력 고용관계와 관련해서 갖는 실천적인 함의가 큰데 전문가주의의 5가지 차원은 다음과 같다(장재윤, 2012). 첫째, 전문가들의 준거집단은 전문가 조직이다. 둘째, 자신의 전문 분야가 일반 대중에 봉사한다는 신념을 갖고 있다. 셋째, 전문 분야의 전문적인 지식 때문에 자신과 동료 전문가만이 자신의 업무와 성과를 판단할 수 있다고 믿는다. 넷째, 전문가에게 일은 그 자체가 목적이며 일에 몰입하는 것은 금전적 보상과 같은 외재적 보상이 아니라 성취감과 같은 내적 보상을 얻기 위함이다. 전문가는 자신의 전문능력을 지속적으로 개발하고 적용하는 것에 평생 헌신하려 한다. 다섯째, 자율성에 대한 요구가 강하며 일에 대한 의사결정은 외부의 압력이 아니라 전문 분야의 기준이나 가치에 따라야 한다는 신념이 강하다.

코스모-로컬 연구 이후 전문가주의의 특징에 대한 이러한 논의는 연구개발 인력의 경력관리, 동기부여, 조직운영 방식 등 전반적인 고용관계 관리에 갖는 함의가 크다. 즉 황금알을 낳는 연구개발 인력이지만 다른 직군과 다른 특성을 고려한 효과적인 관리가 필요하다는 것이다.

연구개발 인력의 경력개발

연구직 경력$_{dual\text{-}ladder}$*은 연구인력의 연구역량을 보존하고 경력욕

---

* 연구직 경력. 그대로 옮기면 이중경력인데 이는 내용을 제대로 담지 못하는 용어다. 일본의 경우 복선형 경력 또는 전문직 제도 등으로 지칭되기도 한다. 여기에서는 내용에 주목해서 연구직 경력으로 번역하기로 한다.

전형적인 연구직 경력제도

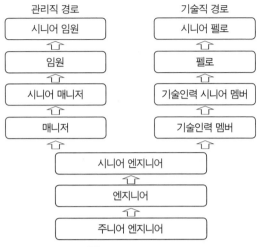

(자료: Carbanes et al., 2016, 3쪽)

구를 충족시킴으로써 연구원과 조직을 모두 행복하게 만드는 제도
인가? 일본에서는 전문직제로도 불리는 연구직 경력은 연구개발 인
력 관리 관행 중 가장 오랫동안 논란이 많았던 것으로 지금도 논란
중이다. 특히 오픈 이노베이션 시대에 맞추어 이 제도의 변화가 필요
하다는 주장이 제기되고 있다. 연구직 경력이란 연구인력이 관리업
무를 맡게 되면 그동안 축적해왔던 연구역량이 사장되므로 이를 방
지하고 연구에 전념하도록 관리직 경력과 병렬적으로 연구직의 경
력 경로를 설계해서 운영하는 것을 말한다. 대체로 관리직과 연구직
경로의 처우 조건은 동일하게 설계한다. 전형적인 연구직 경력 제도
는 위의 그림 〈전형적인 연구직 경력제도〉와 같다.

　연구직 경력제도에 대해서는 오래전부터 논란이 있었다. 일찍이
셰퍼드(1956)는 연구직 경력제도가 대부분 그 목적을 달성하지 못하

고 있다고 주장했다. 그는 연구직 경력제도를 연구개발 인력의 (관리직) 승진에 대한 양면적 태도를 해결하는 방편으로 보았고 이중위계 dual hierarchy로 지칭했다. 연구개발 인력은 승진에 대해서 사회 통념과 같이 자신들의 가치를 인정받는 증거로 받아들이는 동시에 전문가로서 지위와 역량의 상실에 대한 두려움도 함께 느낀다는 것이다. 연구개발 인력의 (관리직) 승진에 대한 이러한 딜레마를 해결하기 위해 다수의 연구소는 이중 위계, 즉 감독과 관리 계층상의 승진과 관리상의 책임을 수반하지 않고 특권, 자율, 보상, 타이틀을 부여하는 승진을 분리했다는 것이다. 전자는 관리직 경로이고 후자는 연구직 경로에 해당된다.

연구직 경력에 대한 고전적인 연구로는 앨런과 카츠Allen & Katz (1986)의 연구가 있다. 이들은 미국의 9개 조직 1,500명의 엔지니어와 과학자들에 대한 설문조사를 통해 연구직 경력에 대한 오래된 문제 제기에 실증적으로 답하려 했다. 연구직 경력에 대한 고전적인 문제 제기들은 전반적인 문화적 가치는 관리직 승진에 높은 위신을 부여한다는 점, 기술직 경로의 경우 아무리 승진해도 부하의 수로 대표되는 권력의 증가가 수반되지 않는다는 점, 애초 제도의 취지와는 달리 변질되는 경향 예컨대 기술직 승진이 기술적 공헌이 아니라 충성에 대한 대가나 관리직 승진에 실패한 사람들을 위로하는 제도로 활용되는 점 등을 지적했다.

분석 결과 젊은 층은 관리직 경로를 더 선호하고 그다음 기술직 경로를 선호한다. 그러한 선호는 나이가 들어갈수록 프로젝트 자체에 대한 선호에 의해서 대체된다는 점을 발견했다. 이 연구결과는 연구직 경력제도의 기본 가정이 문제가 있다는 점을 시사한다. 즉 연구직 경력제도는 연구개발 인력이 보수와 위신을 이유로 '강제로' 관리자 역할을 담당하면서 기술적 역량이 사장되는 것을 방지하기 위한 취지이다. 연구결과에 의하면 매우 높은 비중의 연구개발 인력들이 강제가 아니라 자발적으로 관리직 경로를 선호하는 것으로 나타난 것이다.

연구직 경력에 대한 연구는 이후 관리직과 연구직 경로를 포함한 다양한 경력경로에 대한 연구개발 인력의 경력 선호 내지 경력 지향성 연구로 이어진다. 연구개발 인력의 경력에 대한 선행연구들은 주로 경력 지향성의 효과나 선행요인에 대한 연구들이 대부분이지만 몇 편의 연구는 경력개발 기회 제공이 연구개발 인력의 태도에 미치는 효과를 분석했다. 경력 지향성과 관련해서 차종석·김영배(2001)와 차종석(2005)은 연구개발 인력의 경력 지향성을 전문가 지향성, 관리자 지향성, 프로젝트 지향성, 사업부서 지향성, 기술창업 지향성의 5가지로 구분했다. 그리고 각각의 경력에 대한 선호도의 순서는 차례대로 전문가 지향성(연구직·기술직 경로, 45%), 프로젝트 지향성(32%), 사업부 이동(25%)의 순서이며 관리자 지향성(관리직 경로)과 창업은 같은 순위(각각 4%)로 가장 선호도가 낮다는 연구결과를 제시했다.

고전적인 2개의 경력경로인 전문가 지향성과 관리자 지향성의 의미는 앞의 연구직 경력제도에서 자세하게 살펴보았다. 프로젝트 지향성이란 관리직이든 기술직이든 승진보다는 도전적이고 흥미 있는 과제를 지속적으로 수행하기를 원하는 경우다. 그리고 사업부 이동 지향성이란 사업부서의 관리자로 이동해서 자신이 연구개발한 결과물의 상업화를 완수하는 것을 선호하는 경우들이다. 마지막으로 창업가 지향성은 연구개발 경험과 지식을 바탕으로 창업하는 것을 선호하는 경우다.

조성재·김동배(2013)의 조사에 의하면 기술연구소 중 연구직 경력제도를 도입한 경우는 5%에 불과했고 그중 원래의 취지대로 제도가 효과적으로 운영된다는 응답은 연구소 관리자는 60%, 그리고 연구원들은 32.2%가 긍정적(그렇다, 매우 그렇다)으로 응답했다.* 설문조사 결과는 연구직 경력제도가 극히 일부에서 활용되고 있고 대체로 제도의 취지를 제대로 살리지 못한다는 것을 보여준다. 연구진이 2019년 3개의 기술연구소를 대상으로 한 인터뷰 조사에 의하면 3개 기술연구소의 전체 연구개발 인력 대비 임원급에 해당되는 연구직·기술직 경로의 인원은 각각 500대 8명, 1만 1,000대 25명, 5,500대 8명으로 나타났다.

3개 기술연구소 모두 연구직 경력제도의 효과에 대해서는 긍정적으로 평가했다. 연구원의 경력 욕구를 충족시킬 수 있고 연구성과도 만족할 만한 수준이라는 것이다. 다만 3개 기술연구소 모두 연구직 경력제도는 연구소 내부에 한정된 것으로서 관리직 코스란 연구소 관리직으로서 연구소 이외의 관리부서 관리직은 아니다. 이러한 결과는 민간부문 박사급 연구인력의 90.79%가 퇴직할 때까지 연구직으로만 근무한다는 박기범 외(2017)의 연구결과와 맥락을 같이한다.

---

* 이들은 2012년에 기업 단위는 200개의 기술연구소 관리자를 대상으로 하고 개인 단위는 69개 기술연구소 소속 412명을 대상으로 설문조사를 했다.

예컨대 페트로니아 등Petronia et al.(2012)이 주장하는 오픈 이노베이션 시대의 개방형 연구직 경력제도의 모습은 발견할 수 없었다.

성과급과 연구개발 인력의 창의성

열심히 노력할 인센티브를 부여함으로써 성과를 높이는 성과급은 연구개발 인력의 창의성과 연구성과도 높일 수 있을 것인가? 이와 관련해서 성과급과 내재적 동기 그리고 창의성의 관계에 대한 고전적인 논쟁이 있다. 앞서 설명한 전문가주의의 네 번째 차원을 보면 전문가는 금전적 보상과 같은 외재적 보상이 아니라 일 자체가 목적이며 도전감이나 성취감과 같은 내재적 보상을 얻기 위해 일에 몰입한다. 그런데 전문가주의 연구의 주장만이 아니라 창의성에 대한 선행연구들에서도 금전적 보상과 같은 외재적 보상이 아니라 내재적 보상이 창의성을 높인다고 주장한다.

예컨대 창의성의 구성요소 모형에 따르면 창의성은 해당 분야의 전문지식, 내재적 동기부여, 창의적 사고 스킬로 구성되어 있다 (Amabile, 1988, 1998; Amabile et al., 1996). 과업에 대한 내재적 동기부여를 창의성 구성의 한 요소로 볼 정도로 창의성 연구에서 내재적 동기는 중요한 변수다. 창의성에 대한 다른 선행연구들에서도 개인적 속성, 즉 인성이나 인지스타일 이외의 환경요인들이 창의성에 영향을 미치는 주요한 메커니즘으로서 내재적 동기를 들고 있다(Shalley, Zhou, & Oldham,, 2004).

연구개발 인력의 과업 아웃풋 자체가 창의성이기 때문에 내재적 동기부여와 창의성 간에 밀접한 관련성이 존재한다면 외재적 보상으로서의 성과급은 당연히 논란이 된다. 외재적 보상과 창의성의 관계에 대해서는 인지학파와 행동주의학파 간 오랫동안 찬반 논쟁이 지속되어 왔다. 인지학파는 인지적평가이론이나 자기결정이론에 입각해서 외재적 보상은 창의성을 감소시킨다는 연구결과를 제시하는 반면에 행동주의학파는 창의성도 성과급을 통해 강화된다는 반대 논리와 연구결과를 제시했다(Deci et al., 1999; Eisenberg & Cameron, 1996).

인지학파의 주장에 의하면 외재적 보상으로서의 성과급은 내재적 동기를 약화시켜서 창의성을 떨어뜨린다. 특히 성과급을 외적인 통제로 인식하는 경우 문제에 대한 새롭고 창의적인 해결책 모색이 줄어든다. 그러나 행동주의학파 연구들은 외재적 보상이 내재적 보상을 약화시키지 않고 창의성과 혁신을 고취시킬 수 있다는 연구결과들을 제시했다. 양측의 주장들을 검증하기 위한 수십 년간의 실증연구 검토 결과도 모순적인 결과와 결론을 낳았던 것으로 평가된다.

외재적 보상으로서의 성과급이 내재적 동기와 창의성을 감소시키지 않는 조건은 무엇인가에 주목하면서 몇 가지 흥미 있는 주장들이 제시되었다(Amabile, 1993; Amabile et al, 1996; Deci et al, 1999; Eisenberg & Cameron, 1996). 권위주의 스타일과 압박을 사용하지 않고, 좋은 성과를 인정하되 행위통제를 위해 성과급을 사용하지 않으며, 과업수행 방법에 대한 선택을 부여하고 과업의 흥미나 도전감 측면을 강조하면 성과급이 창의성에 미치는 부정적 영향을 방지할 수 있다는 것이다. 성과급에서 받을 수 있는 최고 금액의 보상은 소수만 받을 수 있다. 그러다 보니 최고 금액의 보상을 받지 못하는 다수는 그것이 자신의 역량감에 대한 부정적 피드백이 되어 내적 동기를 약화시킬 수 있다는 점에도 주의를 환기시킨다.

또한 내재적 동기가 매우 높은 사람은 성과급의 부정적 영향이 없고 아이디어 창출단계가 아닌 실행단계에서는 성과급이 오히려 긍정적인 동기부여 기능을 한다는 지적들도 있다. 즉 성과급을 활용할 경우 연구원의 내재적 동기 수준을 고려할 필요가 있고 그 상황이 아이디어 창출단계인지 실행단계인지라는 혁신의 단계에 따라 성과급을 차별적으로 적용해야 부정적 효과를 방지할 수 있다는 것이다. 이러한 논의는 연구개발 인력의 동기부여를 위한 성과급은 예상되는 부작용을 방지하고 창의성을 높이기 위해 신중하게 설계할 필요가 있다는 점을 시사한다.

그렇다면 우리나라 연구개발 인력은 성과급을 어느 정도 적용받고 있으며 성과급이 내재적 보상에 미치는 영향을 어떻게 보고 있을까? 200개의 기술연구소를 대상으로 한 설문조사 결과인 다음의 표 〈연구개발 인력 각종 성과급 지급 실태〉를 보면 대략 4~6할 정도의 연구소가 연구개발 인력에 현금 성과급을 지급한다. 가장 많이 활용하는 현금 성과급은 순서대로 개인 성과급, 팀 성과급, 전사단위 성과배분, 사업부 성과급의 순서다.

가장 많이 활용하는 개인 성과급은 60% 정도로 나타나고 있다. 이 수치는 연구개발 인력에 특유하게 적용되는 연구원 포상제도와 관련해서 해석할 필요도 있다. 조성재·김동배(2013)가 기술연구소 200개를 대상으로 조사한 연구개발 인력에 대한 포상제도 도입 실태를 보

연구개발 인력 각종 성과급 지급 실태 (단위: %)

	적용비중
개인 성과급	59.5
팀 성과급	44.0
사업부 성과급	35.0
전사 단위 성과배분 (이익배분 등)	43.5
우리사주제도 (종업원 지주 제도)	30.0
스톡옵션	21.5
사례 수	200

주: N=200
(자료: 조성재·김동배, 2013)

면 우수 연구 테마 제안 포상 34.0%, 연구과제 중간평가 결과에 따른 포상 20.5%, 연구결과의 사업성과 공헌도 평가에 따른 포상 45%, 연구업적을 종합적으로 평가한 우수사원 포상 55%로 나타났다.

응답자들은 개인 성과급에 포상제도를 포함해서 응답했을 수도 있고 별개로 응답했을 수도 있다. 개인부터 전사단위 성과급의 응답 패턴을 보면 개인 성과급에 포상제도를 포함해서 응답했을 가능성이 높은 것으로 추측된다. 장기성과급 또는 자본임금capital wage인 우리사주와 스톡옵션의 적용 비중은 상대적으로 가장 낮다. 이에 대해서는 혁신 및 위험보상에서 다시 살펴보기로 한다.

이제 연구개발 인력에 대한 성과급이 내재적 동기나 창의성에 어떤 영향을 미치는지를 보자. 다음의 표 〈연구성과에 따른 차등 성과급이 연구인력에 미치는 영향〉은 조성재·김동배(2013)의 연구결과를 요약한 것이다. 이를 보면 연구성과에 따른 성과급은 연구 자체에

연구성과에 따른 차등 성과급이 연구인력에 미치는 영향

	빈도	퍼센트
노력	382	92.7
자기계발과 학습	347	84.2
연구 자체에 대한 흥미	326	79.1
창의성	286	69.4
팀원과의 협력	256	62.1
위험감수	203	49.3
사례 수	412	100

주: 5점 척도 질문에서 증진시킨다(4점)와 매우 증진시킨다(5점)에 응답한 경우들임.
(자료: 조성재·김동배, 2013)

대한 흥미나 창의성을 증진시킨다는 응답이 70~80% 정도로 나타났다. 앞서 검토한 바와 같이 성과급을 외부적인 통제로 인식하지 않고 역량감에 대한 피드백으로 받아들일 경우에는 성과급이 내재적 동기의 하나인 연구 자체에 대한 흥미나 창의성을 증진시킬 수 있다는 주장과 맥락을 같이하는 결과다. 다만 내재적 동기나 창의성에 미치는 효과는 개인의 노력이나 자기계발에 미치는 효과보다 낮게 나타나는 점도 주목할 만하다.

혁신을 촉진하는 보상

연구개발 인력에 성과급을 지급하느냐, 아니냐가 중요한 것이 아니라 업무의 특성별로 어떤 성과급을 지급해야 하는가를 강조하는 연구들이 있다. 대표적인 연구자로는 만소Manso(2017)가 있으며, 관련해서 헬만과 틸Hellmann & Thiele(2011)의 연구도 흥미 있는 시사점을 제공한다. 만소(2017)는 전형적인 성과급과 혁신보상pay for innovation으로서 혁신을 촉진하는 성과급을 구분한다.

전형적인 성과급은 대리인이 태만하지 않고 주인의 이익을 위해 노력하도록 인센티브를 설계하는 것이라면 혁신보상 성과급은 기존의 지식이나 루틴을 활용exploitation하는 것에 안주하지 않고 새로운 지식이나 루틴을 탐험exploration하도록 인센티브를 설계하는 것이 관건이다. 즉 전형적인 성과급은 태만할 것인가, 노력할 것인가를 고민하는 근로자들이 노력하도록 인센티브를 설계하는 것이라면 혁신보상 성과급은 활용할 것인가, 탐험할 것인가를 고민하는 근로자들이 탐험을 선택하도록 인센티브를 설계하는 것이다.

그런데 탐험은 기대되는 높은 잠재적 수익에도 위험과 불확실성이 높기 때문에 초기의 실패를 인내하고 장기적인 성과에 대해서 강도 높은 인센티브를 부여하는 성과급이 필요하다. 만일 이러한 인센티브가 없으면 근로자는 위험이 낮은 기존 지식의 활용을 선택하고 탐험을 포기할 것이다. 주식에 기반을 둔 장기성과급, 고용안정의 제공, 실패를 학습의 기회로서 장려하는 기업문화의 형성 등은 탐험을 장려하는 인센티브나 고용관행들이다. 예컨대 해고는 활용을 촉진하고 태만을 방지하지만 혁신을 촉진하지 않는다. 그래서 대학교는 정년보장제로 고용안정을 보장함으로써 실패를 두려워하지 않는 연구를 권장한다.

그런데 문제는 경영진의 경우 스톡옵션 등 명시적인 장기계약을 통해 혁신보상이 가능하지만 일반 직원의 경우 혁신보상의 인센티브 계약 여지가 적다는 것이다. 회사출연의 우리사주나 전직원 대상 스톡옵션은 혁신보상의 유력한 수단들이다. 혁신보상과 관련된 장기 성과급은 활용 업무가 아니라 상대적으로 기초 연구적 성격이 강한 탐험적 업무가 중심인 연구개발 인력들에게는 유용한 보상 전략이 될 수 있다. 이와 관련해서 현금성과급과 주식의 결합 등 다양한 하이브리드 인센티브를 개발할 필요가 있다. 세계에서 가장 혁신적인 기업으로 손꼽히는 회사는 구글이다. 구글 직원들의 혁신에 대한 높은 열정과 몰입은 구글 발행주식의 최대 20% 정도를 직원들이 소유하는 것과 밀접한 관련성이 있다.

연구개발 인력 인사관리의 차별화

앞서 전문가주의에서 언급한 바와 같이 연구개발 인력이 다른 직군과 다른 독특한 특성을 지니고 있다면 이러한 특성을 고려해서 인사관리도 다른 직군과 차별화하는 것이 바람직할 것이다. 그런데 실제로 연구개발 인력의 인사관리는 다른 직군과는 차별화되고 있는가? 차별화된다면 어느 영역에서 어느 정도로 차별화되고 있는가? 연구개발 인력의 특성에 따라 인사관리를 차별화해야 한다는 당위적인 주장은 많다. 하지만 연구개발 인력의 인사관리는 다른 직종의 인사관리와 대부분 차별화되지 않는다는 실증 연구결과는 일종의 역설로 다가온다.

앤젤과 산체스Angel & Sanchez(2009)는 4개 기업을 대상으로 한 사례조사를 통해 연구개발 인력 인사관리의 차별화를 살펴본 결과, 채

연구소 연구개발 인력 인사관리 전담조직

	빈도	퍼센트
전담조직이 있다	40	20.0
전담조직은 없지만 전담자는 있다	31	15.5
둘 다 없고 (본사) 인사팀에서 총괄한다	129	64.5
사례 수	200	100.0

(자료: 조성재·김동배, 2013)

용과 작업 조직(네트워크와 팀)은 상당한 수준 차별화되지만 나머지 영역에서는 당위적 주장들과는 반대로 차별화를 거의 발견할 수 없었다. 두 사람은 그 이유를 절차적 공정성과 사회적 비교 이론으로 설명했다. 기업에 지배집단과 지배이데올로기가 있듯이 지배적인 고용관계도 존재하고 기업의 인사제도 동질성은 절차적 공정성과 분배공정성을 결정하는 핵심 요인이다. 연구개발 인력 인사관리를 다른 직군과 차별화하면 다른 직군의 근로자들이 이를 불공정하게 인식할 수 있다.

두 사람은 또 다른 이유로서 인사관리 주체와 권한도 언급하고 있다. 즉 다른 직군과 동질적인 인사관리 영역은 본사 인사팀의 권한인 반면 차별화 정도가 높았던 채용과 작업조직의 경우 본사 인사팀이 아닌 연구소 자체의 권한이라는 것이다. 이들의 연구에 의하면 연구개발 인력 인사관리의 차별화는 다른 직군의 공정성 인식만이 아니라 본사 인사팀과 연구소 권한 범위의 영향도 받는다.

우리나라 기술연구소의 경우 인사관리를 전담하는 조직이 있는 경우는 20%에 불과했고 전담자도 없이 본사 인사팀에서 총괄하는

사무관리 인력과 연구개발 인력의 인사관리 비교

	빈도	퍼센트
거의 차이가 없다	60	30.0
일부 영역(채용, 보상 등)에서 약간 차이가 난다	91	45.5
동일한 것과 차이가 있는 것이 반반 정도다	36	18.0
다수의 영역에서 상당히 차이가 있다	12	6.0
거의 완전히 다른 편이다	1	0.5
사례 수	200	100.0

경우가 65% 정도 수준인 것으로 나타났다. 본사 인사팀과 연구소 간의 권한 범위가 인사관리 차별화의 중요한 변수라는 앤젤과 산체스(2009)의 연구결과에 의하면 한국기업의 경우 연구개발 인력 인사관리의 차별화가 낮을 것으로 예상할 수 있다.

위의 표 〈사무관리 인력과 연구개발 인력의 인사관리 비교〉는 보다 직접적으로 연구인력의 인사관리 차별화에 대한 질문을 분석한 결과다. 질문은 "귀사의 사무관리 인력과 연구개발 인력의 인사관리를 전반적으로 비교하면 다음 중 어디에 해당합니까?"이다. 이에 따르면 일부 영역에 약간 차이가 나거나 거의 차이가 없는 경우가 전체의 75.5%로 다수를 차지하는 것으로 나타났고 상당히 차이가 나거나 완전히 다른 경우는 6.5%에 불과한 것으로 나타났다. 전체적으로 연구개발 인력의 인사관리 차별화 정도가 낮은 것으로 평가할 수 있다.

연구진이 2019년에 실시한 기술연구소 사례조사에 의하면 일반 직군과 연구직군의 직급체계는 기본적으로 동일한 것으로 나타났다. 직급체계는 비유하자면 인사관리의 척추 역할을 하는 것으로서 승진과 보상 등이 이를 기준으로 운영된다는 점을 고려하면 연구직과 일반직의 인사관리가 차별화될 가능성이 낮다는 것을 알 수 있다.

한 기술연구소의 경우 인사관리의 차별화에 대한 질문에 대해서 "우리 회사 연구개발 인력은 전체 인력의 5% 정도입니다. 5%를 위해 별도의 인사관리를 운영한다는 것은 무리입니다. 게다가 연구소가 기업 내부in-house에 있으면 다수에 적용되는 인사제도를 벗어나기 어렵습니다."라고 응답했다. 다른 기술연구소는 본사 인사팀과 연구소 인사담당 조직 간의 관계, 구체적으로 연구소 인사담당 조직의 자율성에 대한 질문에 대해서 "자율성이 높다고 말하기는 어렵다."라고 완곡하게 표현했다.

연구개발 인력은 다른 직군에 비해서 독특한 특성을 지니고 있다. 연구개발 인력의 독특성은 기업마다 연구개발 인력의 학력 등 인적 특성과 수행하는 과업이 기초, 응용, 개발 등 연구개발의 어느 단계인가 등에 따라서 다를 것이다. 사례조사에서 발견한 바와 같이 전체 인력 중 연구개발 인력의 비중도 중요한 상황변수가 될 수 있다. 예컨대 연구개발 인력의 상대적 비중이 증가할수록 특유의 인사관리 제도를 가질 가능성도 높아질 것이다. 이처럼 연구인력 인사관리 차별화 정도는 기업별 다양한 상황을 고려해서 최적의 수준을 결정할 필요가 있을 것이다.

2

오픈 이노베이션과
연구개발 인력 고용관계

오픈 이노베이션의 등장

세계화 시대는 오픈 이노베이션 시대이기도 하다. 오픈 이노베이션이 등장하게 된 배경 중의 하나는 세계화로 인한 경쟁 격화이며 세계화는 글로벌 공간에 산재한 지식에 대한 접근성을 높여 오픈 이노베이션의 자양분을 제공한다. 글로벌 차원의 경쟁이 격화되면서 연구개발 비용을 획기적으로 줄이면서 동시에 혁신의 속도를 높이는 방안으로 등장했다. 오픈 이노베이션은 연구개발 인력의 역할 변화와 이에 따른 인사관리 변화 그리고 연구소 조직변화를 요구한다.

오픈 이노베이션은 조직의 비즈니스 모델에 따라 금전적 또는 비금전적 메커니즘을 통해 조직의 경계를 넘나드는 지식 흐름의 의도적인 관리를 통해 이루어지는 분산화된 혁신프로세스다(Chesbrough, 2017). 오픈 이노베이션은 기존의 폐쇄적 혁신과 대비되는 개념으로 이해할 수 있다. 다음의 그림 〈폐쇄적 혁신과 개방적 혁신〉은 폐쇄적 혁신과 오픈 이노베이션의 차이를 도식한 것이다. 폐쇄적 혁신의 특징은 혁신의 전 과정에서 지식의 흐름이 조직 내부에서만

폐쇄적 혁신과 개방적 혁신

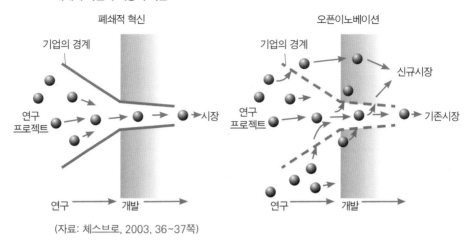

(자료: 체스브로, 2003, 36~37쪽)

이루어진다는 것이다. 반면 오픈 이노베이션의 경우 혁신의 전체 과정을 통해 조직의 경계를 넘나들어 내부에서 외부로 또한 외부에서 내부로 지식의 흐름이 이동하며 혁신의 결과도 기존 시장에만 영향을 주는 것이 아니라 전혀 다른 신규시장을 창출하기도 한다.

체스브로Chesbrough(2017)에 의하면 자신이 2003년에 최초로 오픈 이노베이션이라는 용어를 사용한 이후 수억 개의 논문이 쏟아져 나왔다. 개방적 혁신을 크라우드소싱 또는 오픈소스 소프트웨어와 동일시하는 등 많은 오해가 있었다. 그는 오픈 이노베이션에 대한 이해를 돕기 위해 다음의 그림 〈개방적 혁신의 구체적인 방식〉과 같이 한 차원은 지식 흐름의 방향(인바운드, 아웃바운드)으로 다른 한 차원은 지식 흐름의 동기(금전적, 비금전적)로 유형화했다.

그림 〈개방적 혁신의 구체적인 방식〉에서와 같이 오픈 이노베이션의 지식 흐름의 방향과 지식 흐름의 동기는 두 축으로 크게 4개의

개방적 혁신의 구체적인 방식

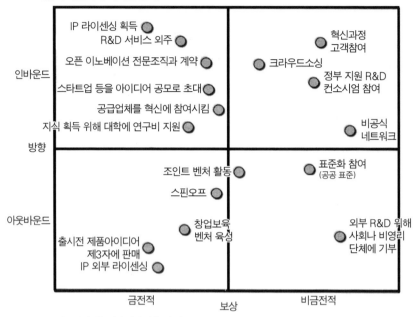

주: IP는 특허 등 지적재산권을 의미
(자료: 체스브루와 부룬스위커, 2014, 19쪽)

유형으로 구분된다.* 1사분면은 비금전적 기제를 통해 외부지식에 접근하는 것으로 접근accessing으로 지칭한다. 여기에는 크라우드소싱, 비공식 네트워킹, 혁신과정 고객참여 등이 있다. 2사분면은 금전적 기제를 통해 외부의 지식을 사들이는 것으로 소싱sourcing으로 부른다. 여기에는 지적재산권 매입, 연구개발R&D 외주 등이 포함된다. 3사분면은 금전적 기제를 통해 조직 내부의 지식을 외부로 이전하

---

* 폐쇄적 연구개발 활동의 R&D에서 기술적 가능성을 탐색하는 과정인 연구(R)를 대체하는 오픈 이노베이션의 다양한 방식들이 있다. 흡수합병을 통한 기술의 획득(A&D), 외부 기술의 구매를 통한 원천기술 확보(B&D), 외부기술의 적극적인 도입(C&D), 혁신과정에의 고객참여(E&D), 유망한 벤처에의 지분 투자(S&D) 등이 그것들이다.

는 것으로 판매selling로 부른다, 여기에는 지적재산권 판매, 제품아이디어 외부 판매, 창업보육이나 벤처 육성 등이 포함된다. 마지막으로 4사분면은 비금전적 기제를 통해 조직의 보유지식을 외부로 내보내는 것으로 공개revealing로 지칭한다. 여기에는 사회나 비영리단체의 연구개발을 위한 기부와 공공표준화 프로세스 참여 등이 포함된다.

체스브루와 브룬스위커(2014)의 조사에 의하면 가장 많이 활용되는 인바운드 관행으로는 혁신 과정에 대한 고객 참여customer co-creation, 비공식적 네트워킹, 대학 연구비 지원이 있었다. 또한 가장 널리 활용되는 아웃바운드 관행으로는 조인트벤처, 출시 전 제품아이디어 제3자 판매와 표준화로 나타났다.

오픈 이노베이션의 등장 배경은 외부에 편재하는 유용한 지식의 활용 필요성, 기존 폐쇄적 혁신의 선순환 해체, 스크리닝 능력 등에서 찾는다(Chesbrough, 2017). 폐쇄적 혁신의 선순환이란 최고의 연구인력을 채용해서 내부에서 연구개발에 투자하고 연구성과로 이어진다. 기업은 이익을 회수하고, 회수된 이익으로 다시 혁신에 재투자하는 연쇄 고리를 말한다. 그런데 연구 인력의 높은 이동성과 벤처캐피털의 활성화로 이러한 폐쇄적 혁신의 선순환이 붕괴된다. 즉 좋은 연구성과를 내더라도 기업이 적시에 활용하지 못하면 연구자들이 이를 외부 벤처기업에서 활용하고 해당 스타트업은 상장하거나 아니면 매각하기 때문에 해당 기술에 재투자하지 않고 상용화를 위한 기술을 다시 외부에서 찾는다.

또 다른 배경으로서 스크리닝 능력 문제란 다음과 같다. 기존의 폐쇄적 연구개발은 '거짓 양성false negative'(애초 가치가 없는 것으로 보이던 것이 이후에 성공하는 경우)한 기술을 걸러내지 못한다. 폐쇄적 혁신체제에서는 현재 비즈니스에 함몰되어 새로운 기술의 잠재력을 평가하지 못하거나 다른 외부기술과의 결합을 통한 다양한 기회 포착에 한계가 있기 때문이다.

돗슨 등Dodgson et al.(2006)은 오픈 이노베이션을 촉진시킨 요인으로서 신기술의 역할을 강조한다. 피앤지P&G가 개방적 혁신을 채택한 직접적인 배경은 1990년대 후반 매출 성장이 기대에 미치지 못한 이유를 혁신력의 부족에서 찾았기 때문이다. 1999년 C&D를 내용으로 하는 '조직 2005'라는 혁신을 통한 성장의 새로운 전략을 추진하면서 '사람과 기술을 보다 효과적인 방식으로 연결하는 문화 창출'이라는 의미로 C&D를 슬로건으로 내걸었다. C&D의 출발은 '회사의 문제에 대한 해답의 다수는 회사 바깥에 있다'는 점을 인식하는 것이었다. 예컨대 회사의 연구개발 인력은 7,500명임에 비해서 관련 분야 전세계의 연구인력은 150만 명이라는 것이다.

돗슨 등은 피앤지의 C&D 사례연구를 통해 혁신기술(데이터마이닝, 시뮬레이션, 프로토타이핑과 가상현실 등)이 오픈 이노베이션을 돕는다는 점을 밝혔다. 데이터마이닝 기술은 외부의 정보와 지식을 탐색하고 분류해서 활용도를 높였고 시뮬레이션과 모델링 기술은 공급망과 같은 최적의 시스템 설계에 활용되었다. 가상현실 기술은 '디지털로 탐색하고 물리적으로 확인하라explore digitally, confirm physically'는 모토처럼 가상현실을 통해 신속하고 저렴한 프로토타이핑을 가능하게 해주었다. 가상공간에서 이루어지는 프로토타이핑은 실물 프로토타이핑에 비해 비용과 속도 측면에서 효율적이며 실물에서 고려할 수 없는 다양한 조건들도 탐색할 수 있다.

오픈 이노베이션과 연구개발 인력 역할 변화

오픈 이노베이션은 연구개발 인력의 역할을 변화시키기 때문에 새로운 경력개발이 필요하고 연구조직의 전반적인 개편이 필요하다는 주장이 제기되고 있다. 페트로니아 등(2012)은 이탈리아의 제약, 식품, 특수화학, 항공의 4개 산업 다국적기업에 대한 사례 조사를 통해서 오픈 이노베이션이 조직구조와 연구개발 인력의 역할 변화를 낳는다는 것을 밝혔다. 그리고 연구개발 인력의 새로운 경력모델을 제시했다.

이들의 연구에 의하면 오픈 이노베이션의 도입 동기는 연구개발 비용 감축과 혁신 속도 제고였다. 이로 인해서 본사 연구개발 조직의 집권적 조정기능이 강화되는 한편 사업부 수준의 연구개발 조직구조도 수평적 조정기능이 강화되는 방향으로 바뀌었다. 즉 기존의 조직구조가 기능 조직이었던 경우는 매트릭스 조직으로 바꾸었고 기존의 조직구조가 매트릭스 조직이었던 경우는 네트워크 조직으로 바뀌었다. 연결과 협력이 중요한 오픈 이노베이션의 원리에 따라 조직구조도 전체적인 통합 조정기능의 강화와 더불어 수평적인 조정기능의 강화 방향으로 바뀐 것으로 볼 수 있다.

오픈 이노베이션은 연구개발 인력의 역할도 변화시킨다. 연구개발R&D에서 'R'은 기술적 가능성을 탐색하는 과정인 반면 'D'는 상업적 타당성을 탐색하는 과정이다. 그런데 오픈 이노베이션에서 'R' 은 외부의 다양한 대안으로 대체되는 경우들이 많다. 페트로니아 등 (2012)은 오픈 이노베이션이 연구를 통해 지식을 창출하는 시니어 과학자의 역할을 감소시킨 반면 다른 분야 및 사람들을 연결하고 통합하는 역할이 중요해졌다고 주장했다. 즉 시니어 과학자 대신 비즈니스 프로세스에 대한 지식으로 무장하여 외부지식을 선별 통합할 수 있고 복잡한 조직구조를 관리할 수 있는 통합전문가integration experts의 역할이 중요해진다고 본다. 그런데 오픈 이노베이션이 요구하는 조직 외부, 다른 전문 분야, 조직 내부 다양한 부서와의 협업이나 조직 외부 지식에 대한 모니터링과 통합이라는 역할의 증가는 폐쇄적 혁신과 정합성을 지녔던 연구개발 인력의 기존 연구직 경력제도와 상충될 수 있다.

페트로니아 등(2012)은 오픈 이노베이션이 요구하는 새로운 역할에 부응하는 개방형 연구직 경력제도open dual-ladder를 제안한다. 개방형 연구직 경력제도란 연구개발 인력의 경력경로가 연구소 내부에 한정되는 것이 아니라 다른 부서나 부문에 대해서 열려 있는 연구직 경력제도다. 즉 전통적인 연구직 경력제도에서 관리직 경로는 연구소 내부의 관리직으로 '연구 관리직'임에 비해 개방형 연구직 경력제도는 관리직 경로가 연구소 관리직만이 아니라 다른 부서나 부문의 관리직으로까지 확대되는 경우다.

이들은 개방형 연구직 경력제도의 전형으로서 독일식 모형을 들고 있다. 독일식 연구인력 운영 모형은 기술계 대졸사원은 연구부문에 배치되어 근무하다가 이후에 관리책임을 지는 다른 부서로 이동

연구개발 활동의 조직화 모형: 관리적 통합과 기술적 통합

	관리적 통합모형 (영어권)	기술적 통합모형 (유럽 특히 독일)
가치	전문가 공동체에 소속	기업에 소속
기업과의 관계	전문가 직업 기회	학교 및 학습기회로서의 연구개발
경력과 전문가 개발	연구개발 내부	연구개발 외부
통합기제	목표에 대한 몰입	기술적 지식이 통합의 요인
조직모형	전문가기구로서 연구개발	미래경영자 훈련을 위한 장으로서 연구개발 부서

(자료: 페트로니아 등, 2012, 151쪽)

하는 것이다. 연구소는 관리자가 되기 위한 의무적인 코스가 되는 모형이다. 이들은 폐쇄적 연구직 경력모형과 개방형 연구직 경력 모형을 연구개발 활동의 조직화 모형에서 각각 관리적 통합모형과 기술적 통합모형으로 대비시키면서 오픈 이노베이션 시대에는 후자가 적합한 모형이라고 주장한다. 위의 표 〈연구개발 활동의 조직화 모형: 관리적 통합과 기술적 통합〉은 관리적 통합모형과 기술적 통합모형을 비교한 것이다. 관리적 통합모형은 코스모와 전문가가 강조되는 반면에 기술적 통합모형은 로컬과 조직이 강조되는 모형으로 볼 수 있다.

연구진이 사례연구를 실시한 국내 기술연구소들도 오픈 이노베이션에 대응하는 모습을 보여주었다. 사례 대상인 한 기업의 경우 아시아, 미국, 유럽, 중동에 오픈 이노베이션 센터를 설립해서 유망 스타트업의 발굴 및 육성, 현지 대학, 전문 연구기관, 정부, 대기업 등과의 공동연구 등을 실시한다. 다른 기업도 글로벌 오픈 네트워크Open

Network 회사와의 협력 등을 통해 오픈 이노베이션을 추진하고 있었다. 그러나 사례 대상 연구소들은 오픈 이노베이션으로 인한 연구개발 인력의 역할이나 조직구조 변화는 없었다. 그리고 모든 사례 대상 기업들에서 연구직 경력제도는 연구소 내부에 한정된 폐쇄형 연구직 경력제도였다.

오픈 이노베이션은 연구개발 인력의 역할을 변화시키고 조직구조 개편과 인사관리 변화를 요구한다. 국내 기술연구소들도 연구개발 인력의 역할 변화에 대비하여 인사관리의 변화, 특히 연구직 경력제도를 포함한 개발관리의 변화를 숙고할 필요가 있다. 이와 관련해서 폐쇄적 연구직 경력제도와 개방형 연구직 경력제도가 주는 함의는 큰 것으로 보인다. 이 글에서 다루지 않았지만 카바네 등Cabanes et al.(2016)이 유럽의 반도체 기업 연구소 사례연구를 통해 제시한 연구소 조직화 모형으로의 '기술인력대학'도 오픈 이노베이션 시대에 연구소 조직을 어떻게 설계할 것인가와 관련해서 시사점을 준다. 이들은 오픈 이노베이션에 대한 대응이 개방형 연구직 경력제도에 한정되지 않고 연구소 조직 시스템의 전반적인 전환으로 나아가야 한다고 보는 것이다.

3

연구개발 활동의 세계화와 고용관계

글로벌 학습 네트워크 시대의 도래

세계화가 진전되면 효율성, 반응성, 그리고 학습이라는 세 가지 목표를 공동 최적화하려는 조직구조로서 초국적 조직transnational organization이 탄생한다(Bartlett & Ghosbal, 1987). 글로벌 통합 내지 표준화는 효율성 목표를 달성하는 방안으로서 글로벌 차원의 제조 합리화, 제품 표준화, 글로벌 소싱 등이 그 사례들이다. 현지화는 현지 시장에 대한 반응성 제고를 위한 현지화 전략을 말한다. 마지막으로 학습은 경영관리 기능들을 글로벌 차원에서 연계하여 전문화된 지식과 스킬을 축적함으로써 글로벌 차원의 조직학습이 이루어진다는 것이다.

이러한 초국적 조직은 다음과 같은 특성을 지니는 것으로 알려져 있다. 초국적 조직은 자산과 자원이 범세계적으로 분산되어 있고 유연하고 계속적으로 변화한다. 또한 해외 자회사가 전략과 혁신을 선도한다. 이것이 전체 조직으로 확산되며 기업문화, 공유비전, 관리 스타일이 전체 조직을 이끌어가는 동력이며 해외 자회사의 높은 자율성과 초국적으로 통합된 네트워크 조직으로서 글로벌 조정, 조직

학습, 지식공유라는 다차원적 목표를 동시 달성한다.[*]

초국적 조직도 이 글과 관련해서 중요한 개념이지만 연구개발 인력의 고용관계와 직접 관련된 것은 연구개발 활동의 세계화다. 즉 해외연구소나 연구센터 설립과 같은 연구개발 활동을 초국적 공간에서 실시하는 경우 주재원 파견이나 글로벌 차원의 연구활동 평가와 조정 등과 같은 연구개발 인력관리 문제가 직접 발생한다. 세계화가 진행되면 연구개발 활동 자체의 세계화도 함께 진행된다. 본국에서 개발된 글로벌 제품-서비스라 하더라도 현지 시장의 특성에 맞게끔 조정될 필요가 있다. 그런데 이러한 역할은 현지 연구소나 연구센터를 통해서 더 효과적으로 달성된다.

앞서 다루었던 오픈 이노베이션도 연구개발 활동의 세계화를 이해하는 데 도움이 된다. 오픈 이노베이션의 한 축은 외부지식의 활용인데 외부지식은 글로벌 공간에 산재해 있고 이러한 외부지식을 활용하기 위해 해외연구소나 연구센터 설립이 필요한 것이다.

다음의 표 〈해외 R&D 거점의 역할〉은 다국적기업이 왜 연구개발 활동을 세계화하는지를 잘 보여주고 있다. 이에 의하면 연구개발 활동의 세계화 동기는 매우 다양하다. 현지국 시장의 수요를 파악한다거나 현지국 지식의 활용만이 아니라 희소한 경우이지만 핵심연구개발 활동을 해외에서 하기도 한다. '글로벌 시장 제품에 대해 거점 단독으로 연구개발 프로세스의 거의 전부를 담당'이 그것이다. 연구

---

[*] 초국적 조직의 3대 목표 중 학습을 강조하는 경우 초국적 조직의 다른 명칭인 글로벌생산네트워크global production networks가 현지국의 지식축적을 낳는 점에 주목한다. 이 관점에서 보면 글로벌 생산 네트워크는 글로벌 학습 네트워크이다(Ernst & Kim, 2001). 이 관점은 글로벌 생산 네트워크에서 현지국 지식축적이 진행되는 기제와 프로세스를 설명하기 때문에 현지국의 경제적 고도화economjc upgrading에 대한 시사점을 제공한다.

해외 R&D 거점의 역할 (단위: 개소)

	해당	미해당
현지 시장의 수요를 파악	111	22
현지에서 공급업자, 공동연구와 제휴 파트너를 탐색	102	27
현지의 기술정보나 연구의 가능성을 탐색	94	36
일본·글로벌 시장 제품에 대해 연구개발 프로세스의 일부를 거점 단독으로 수행	85	40
현지 시장 제품에 대해 연구개발 프로세스의 일부를 거점 단독으로 수행	74	53
현지의 정부나 표준화위원회 등에 대응	61	67
첨단연구나 선행연구 실시	50	79
현지 제품에 대해서 거점 단독으로 연구개발 프로세스의 거의 전부를 담당	42	88
일본·글로벌 시장 제품에 대해 거점 단독으로 연구개발 프로세스의 거의 전부를 담당	26	104

주: 해외 연구개발 거점 137곳에 대한 설문조사 결과. 질문은 다국적기업 그룹에서 해외 R&D 거점이 담당하는 역할임. 수치는 각 질문에 해당된다 와 해당되지 않는다에 응답한 거점의 수
(자료: 村上由紀子 編著, 2019, 29쪽)

개발 활동의 세계화가 진행되면 초국적 공간에 위치한 연구소 간의 상호작용 관계는 글로벌 학습 네트워크로 볼 수 있다. 바틀렛과 고샬 Bartlett & Ghosbal(1987)은 일찍이 초국적 조직의 3가지 특성 중 하나 를 글로벌 차원의 학습으로 보았고 초국적 조직의 조직구조적 특성 을 분산된 네트워크로 보았다. 위의 표 〈해외 R&D 거점의 역할〉의 해외연구소의 역할에서도 본국의 연구소와 해외연구소의 관계는 학 습과 혁신의 네트워크라는 점을 알 수 있다.

연구개발 활동의 세계화는 학습 네트워크라는 점을 더 잘 보여주 는 최근의 연구를 나타낸 것이 다음의 그림 〈연구개발 활동의 세계

연구개발 활동의 세계화와 지식의 흐름

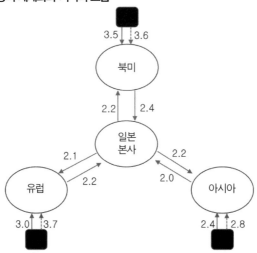

주: 일본 본사와 지역거점 간 지식의 흐름을 화살표로 표시. 지식의 흐름은 지식 이전의 빈도를 측정한 것으로서 3점 척도다(1=전혀 없다, 2=가끔 있다, 3=자주 있다/월 1회 이상). 지역거점의 검은색 박스에서의 화살표는 첫 수치인 실선은 현지 다른 기업으로부터의 지식 흡수를 의미하고 두 번째 점선은 현지 대학이나 개인으로부터의 지식흡수를 의미한다. 현지 지식흡수는 5점 척도이다. 각 지역의 수치는 지역 내 연구소·연구센터의 평균치이다.
(자료: 村上由紀子 編著, 90쪽, 수정)

화와 지식의 흐름〉이다. 이 그림은 일본 본사와 해외연구소 간 지식의 흐름을 잘 보여주고 있다. 유럽, 북미, 아시아 지역 모두 일본 본사와의 쌍방향적 지식 흐름의 정도는 3점 척도에서 2점 이상을 기록하고 있다. 연구개발 활동의 세계화란 초국적 공간에 배치된 연구 단위들 간 지식의 쌍방향적 흐름이 이루어지는 글로벌 학습 네트워크임을 가시적으로 보여준다.

또 하나의 특징은 북미나 유럽과는 달리 아시아는 일본에서 지역으로의 지식 흐름 빈도가 지역에서 일본으로의 지식 흐름 빈도보다 높다는 것이다. 해외연구소의 유형을 본국의 지식과 자원을 해외에서 활용하여 시장을 확대하기 위한 목적으로 진출한 홈베이스 활용거점home-base-exploiting laboratory base과 해외 과학공동체의 지식을 흡수하여 본국으로 이전하여 본국의 지식이나 다른 자원을 강화하기 위한 목적으로 진출한 홈베이스 보강거점home-base-augmenting laboratory base으로 구분하면 아시아권은 전자의 특성이 강하고 북미나 유럽형은 후자의 특성이 더 강하다는 것을 의미한다(村上由紀子 編著, 2019).

앞의 그림 〈연구개발 활동의 세계화와 지식의 흐름〉에서 검은색 박스로부터의 화살표는 현지국 연구소나 연구센터가 현지국으로부터 지식을 흡수하는 정도를 나타낸 것인데 아시아권은 북미나 유럽보다 낮다. 이것도 홈베이스 활용거점과 홈베이스 보강거점의 차이를 보여주고 있다.

연구개발 인력의 글로벌 인사관리

연구개발 활동의 세계화가 제기하는 인적자원관리 과제는 연구개발 인력 인사관리의 글로벌 표준화와 현지화 문제, 연구개발 인력의 해외파견 문제, 본사와 해외연구소 간 활동 조정의 문제 등이다.

먼저 연구개발 인력 인적자원관리의 글로벌 표준화와 현지화와 관련된 것인데 의외로 관련 주제 연구는 많지 않다. 베레 등Beret et al.(2003)은 유럽에 중앙연구소가 있는 제약, 화학, 컴퓨터의 3개 산업을 대상으로 연구개발 활동의 세계화가 인적자원관리의 세계화에 미치는 영향을 분석했다. 이들은 연구개발 활동의 세계화가 인적자원관리의 세계화에 미치는 영향은 상당히 제한적이었다는 사실을 발견했다. 즉 직무분류나 연구프로젝트 평가와 같은 개인평가의 글로벌 표준화를 제외하면 인적자원관리의 글로벌 표준화와 현지화 중 후자가 지배적이었다. 우선 충원과 이동은 주로 국가 단위로 이루어지는데 그 이유는 연구인력 충원은 현지국의 공공연구소나 대학과 연계되어 이루어지기 때문이다. 정보통신기술의 발달이나 프로젝트팀이나 가상팀과 같이 해외 주재원 파견을 대체하는 기능들이 등장함으로써 주재원을 통한 인력이동도 줄어들고 있다.

다른 직군의 경우와 마찬가지로 보상관리는 국가별 제도가 달라 차이가 뚜렷했다. 예를 들어 특허보상의 경우를 살펴보자. 독일은 발명은 개인의 몫으로 매년 일정 부분의 로열티를 받는다. 프랑스는 발명은 기업의 몫이지만 개인은 1~2개월 치 임금을 보너스로 받는다. 발명가 개인에게 보상할 필요가 없다. 미국은 보너스나 스톡옵션도 전체 직원을 대상으로 한다. 하지만 프랑스와 영국은 보너스는 팀 리더 그리고 스톡옵션은 부서장에게 지급한다. 연구진이 2019년에 조사한 한국의 한 기술연구소에서도 초기에는 해외연구소 인적자원관리의 글로벌 표준화를 추구했지만 문제가 많아서 현지화로 수정했다.

다음으로 주재원 관리도 연구개발 활동의 세계화가 제기하는 과제다. 다음의 표 〈연구개발 인력 해외 파견 이유〉는 본국과 현지국 간 연구개발 인력 파견 이유를 잘 보여주고 있다. 본국에서 현지국 그리고 현지국에서 본국으로의 가장 중요한 파견 이유는 본국의 지식 이전인 것으로 나타났다. 즉 사람을 통한 지식과 노하우의 이전이 해외 주재원 파견의 가장 큰 목적이다. 앞서 언급한 바와 같이 정보

연구개발 인력 해외 파견 이유

	전체	북미	유럽	아시아
일본 → 해외 파견				
일본으로부터의 기술 이전	3.80	3.42	3.07	4.44
해외 거점 관리	3.38	3.37	3.27	3.40
일본의 연구개발·관리방법을 거점에 이전	3.29	3.08	2.80	3.67
일본 연구개발 인력의 교육훈련	3.08	3.56	3.00	2.72
거점으로부터의 기술 이전	3.01	4.21	3.67	1.77
해외 → 일본 파견				
일본으로부터의 기술 이전	3.97	3.56	3.33	4.34
해외 거점 연구개발 인력의 교육훈련	3.78	3.65	2.67	4.05
해외 거점 연구개발 인력의 네트워크 형성	3.48	3.84	3.17	3.29
일본의 연구개발·관리방법을 거점에 이전	3.45	3.22	2.83	3.71
전략·관리의 조정과 상담	2.52	2.83	3.33	2.26

주: 각 5점 척도(1=해당되지 않음, 5= 해당됨)
(자료: 村上由紀子 編著, 100쪽)

통신기술의 발달이나 글로벌(가상) 프로젝트팀의 활용 등이 증가하면서 주재원 파견에의 의존이 줄어들고 있지만 여전히 주재원 파견은 지역 간 지식흐름의 중요한 원천이다.

잘 알려진 바와 같이 해외 주재원 파견은 신중하게 이루어질 필요가 있다. 주재원 선발 시 전략적인 마인드, 새로운 환경 적응 능력, 이문화 감수성 등 기본자질을 갖추고 있는지에 대한 세밀한 검증이 필요하다. 또한 주재원으로 선발된 이후에도 현지언어를 포함한 이문화 훈련에 만전을 기할 필요가 있다. 주재원 관리에서는 유배증후근exile syndrome이 발생하지 않도록 세심한 관리가 필요하다. 유배증후군이란 지리적으로 멀리 떨어진 현지에 근무하면서 본사와의 의

사소통이 부족해지고 승진이나 인사처우에서 불이익을 받을 수도 있다는 불안감과 소외감을 느끼는 것을 말한다.

주재원 생활을 마치고 본국으로 귀임repatriation 한 경우에도 세심한 관리가 필요하다. 본사에 돌아와서 심리적으로 소외감을 느끼며 재적응에 어려움을 겪는 경우 개인도 문제이지만 조직도 주재원 생활에서 얻은 소중한 경험과 지식을 제대로 활용하지 못하는 손실을 볼 수 있다.

마지막으로 초국적 프로젝트팀의 관리도 과제로 제기된다. 주재원에 대한 언급에서 다루었듯이 해외 주재원 파견을 대체하는 초국적 조정 장치는 초국적 프로젝트팀의 활용이다. 이는 연구개발의 생산성을 높이는 방안이기도 하다. 초국적 연구자들로 구성된 임시적인 팀이 교환이나 방문 등 상대적으로 저비용의 이동을 통해 글로벌 연구자원을 동원할 수 있게 한다. 다만 이 경우 개인 업적 평가의 표준화를 요구한다. 초국적 연구원들로 구성되기 때문에 동일한 업적 평가기준이 전제되어야 활동 조정이 이루어질 수 있기 때문이다.

앞서 베레 등Beret et al.(2003)의 연구에서도 다른 인적자원관리 영역과는 달리 개인 업적 평가의 경우 글로벌 표준화가 관찰된 것도 같은 맥락에서 이해할 수 있다. 초국적 프로젝트팀을 통한 글로벌 학습 네트워크의 조정은 세계화가 진척될수록 그리고 다국적기업 발전의 궁극적 발전 형태인 초국적 조직으로 다가갈수록 유용한 조정 방식이 될 것이다.

다음의 표 〈글로벌 연구개발 활동의 조정방식〉은 글로벌 연구개발 활동의 조정방식의 대안을 보여주는데 초국적 프로젝트팀은 통합적

글로벌 연구개발 활동의 조정방식

연구개발 허브 모델	통합적 연구개발 모델
집권적 조직	분권적 네트워크
업스트림은 본국에 집중, 해외는 응용 또는 다운스트림	업스트림=모국, 다운스트림 =해외라는 구분이 없음
경력과 전문가 개발	연구개발 외부
해외연구소는 생산지원 또는 고객접점 제공	해외연구소도 세계적 수준·지역 최고
연구예산 본국에 집중	연구예산 본국 집중도 낮음
연구개발 슈퍼바이즈는 본국에서, 통제 중시	해외지사 대표들로 구성된 팀이 연구개발 지시와 모니터링. 협력 중시

주: 연구개발 활동에서의 업스트림과 다운스트림은 기초연구에서 개발연구의 연속선상을 의미한다.
(자료: 멘데즈, 2003, 99~100쪽)

연구개발 모델과 정합성이 높다. 통합적 연구개발 모델은 해외 자회사의 높은 자율성과 초국적으로 통합된 네트워크 조직으로서 글로벌 조정, 조직학습, 지식공유라는 다차원적 목표가 동시에 달성되는 초국적 조직에서의 글로벌 연구개발 활동 조정 방식이기도 하다. 이 경우에는 본사에서 해외연구소로 지식과 혁신의 이동만이 아니라 해외연구소에서 본사 연구소로의 지식과 혁신의 파급이라는 트리클 업trickle up 혁신도 중요해진다. 종합하면 초국적 프로젝트팀 관리가 새로운 인적자원관리 과제로 부상한다는 것이다.

4

엘리트 연구개발 인력과
노사관계

연구개발 인력 증가가 의미하는 것

연구개발 인력도 노동조합을 조직하고 그리하여 노사관계가 문제
될 수 있을 것인가? 앞서 살펴본 전문가주의의 특징을 고려하면 그
럴 것 같지는 않지만 상황에 따라 심각한 노사관계 문제가 발생할
여지도 있다. 일찍이 셰퍼드(1956)에 의하면 전통적으로 전문가협회
profession association는 노동조합에 부정적이었고 노동조합 조직화는 전
문가의 이상과 책임을 방기하고 스스로의 지위를 노동자 계층으로
격하하는 것으로 보았다.

그러나 중세의 길드가 숙련공 노조craft union로 이어졌듯이 전문가
협회가 전문직노조로 대체되거나 아니면 최소한 그에 의해 보완될
가능성도 있다. 특히 전문가들이 자신의 직업적 위상에 대한 위협을
느끼는 것과 같은 강력한 사회 경제적 힘은 노동조합 조직화를 부추
길 수 있다고 경고했다. 이러한 사실은 우리나라 경우에도 연구개발
인력의 직업적 위상이나 전문가적 이해가 심각하게 침해당하는 경
우가 발생하면 노사관계가 문제가 될 수 있음을 시사한다.

2017년 주체별 학력별 전체 연구원 분포 (단위: 명, %)

	기업체	대학	공공연구기관	전체
박사	24,396 (23.6) (7.1)	60,492 (58.4) (58.8)	18,694 (18.0) (51.1)	103,582 (100.0) (21.5)
석사	88,413 (64.1) (25.7)	35,738 (25.9) (34.7)	13,845 (10.0) (37.9)	137,996 (100.0) (28.6)
학사	205,270 (95.6) (59.8)	5,761 (2.7) (5.6)	3,721 (1.7) (10.2)	214,752 (100.0) (44.5)
기타	25,288 (95.5) (7.4)	886 (3.3) (0.9)	292 (1.1) (0.8)	26,466 (100.0) (5.5)
전체	343,367 (71.1) (100.0)	102,877 (21.3) (100.0)	36,552 (7.6) (100.0)	482,796 (100.0) (100.0)

주: 셀 안의 수치는 순서대로 인원(명), 가로 행에서 차지하는 비중(%), 세로 열에서 차지하는 비중(%).
(자료: 과학기술정보통신부, 2019, 2017년도 연구개발 활동 조사보고서, 수정)

앞서 살펴본 바와 같이 우리나라는 세계화 추세와 나란히 연구개발 인력의 비중이 다른 나라에 비해서 급속하게 증가했다. 연구개발 인력의 상대적 비중이 증가한다는 것은 해당 인력의 이익대표 문제가 부각될 가능성이 높아진다는 것을 의미한다.

연구개발 인력의 노사관계와 관련해서 주목해야 할 또 다른 변수들은 연구개발 인력의 인적특성, 특히 학력별 구성일 것이다. 학력별 분포를 살펴보면 기업체의 경우 학사인력이 60% 정도를 차지하고 있다. 석박사 인력과 달리 학사인력의 경우 전문가주의적 특성보다는 일반 조직인의 특성이 강할 수 있으며 노동조합에 대한 태도도 석박사 인력과 다를 수 있다. 연구진이 조사한 사례연구들에서도 대부분 석박사 인력은 노동조합에 관심이 없다고 응답했다.

사례 대상의 한 연구소는 노동조합이 조직화되어 있는데 노동조합은 유니언숍이며 전통적 직급인 대리급까지를 포괄하는 연구원급은 모두 노동조합원이다. 이 연구소의 학력별 구성은 학사와 석박사의 비중이 7대 3으로 학사 출신이 다수를 점하고 있다. 이 연구소가 노사관계 문제로 괴로워하는 것은 "만일 우리 회사 경영에 심각한 문제가 발생한다면 그 주요한 원인은 노사관계일 겁니다."라는 진술로 압축적으로 표현할 수 있다.

직원행동주의의 잠재적 가능성

현재 연구개발 인력은 어느 정도 노동조합에 가입하고 있을까? 조성재·김동배(2013)의 기술연구소 조사에 의하면 노조가 조직된 경우는 51개(25.5%)로 나타났다. 노동조합이 조직된 연구소의 경우 연구개발 인력이 어느 정도 가입해 있는지를 질문한 결과 60% 정도가 가입되어 있지 않다고 응답했고 절반 이상이 가입해 있다는 응답이 30% 정도로 나타났다.

조성재·김동배(2013)는 노동조합이 없는 연구소의 연구원들에게 만일 노동조합 설립 찬반투표가 개최되면 어떻게 할 것인지를 물었는데 박사급을 제외하면 절반 이상이 찬성의사를 표시했다. 뜻밖에 연구개발 인력 노사관계가 문제 될 가능성이 크다는 점을 시사한다.

다른 직군의 경우에도 마찬가지이지만 연구개발 인력의 노사관계 문제나 이익대표와 관련된 최근의 현상은 SNS의 활용일 것이다. 노

연구개발 인력 노동조합 가입 현황

	빈도	퍼센트
거의 가입되어 있지 않다	31	60.8
절반 이하가 가입해 있다	4	7.8
절반 이상이 가입해 있다	7	13.7
대부분 가입해 있다.	9	17.6
전체	51	100.0

(자료: 조성재·김동배, 2013)

2017년 주체별 학력별 전체 연구원 분포 (단위: 명, %)

	찬성	반대	무응답	전체
초대졸	24 (63.2)	13 (34.2)	1 (2.6)	38 (100.0)
4년제 대학 졸업	106 (60.6)	57 (32.6)	12 (6.9)	175 (100.0)
석사	48 (55.8)	38 (44.2)	0 (0.0)	86 (100.0)
박사	1 (14.3)	6 (85.7)	0 (0.0)	7 (100.0)
전체	179 (58.5)	114 (37.3)	13 (4.2)	306 (100.0)

주: ( )는 가로 행에서 차지하는 비중(%)
(자료: 조성재·김동배, 2013)

동조합이나 노사협의회 대표와 무관하게 집단적인 온라인 소통의 장인 SNS에서 여론이 형성된다. 경우에 따라서는 이것이 집합적 행동으로 연결되기도 한다. 정보통신기술이 대의 참여 대신에 직접 참여를 가능하게 하는 경우다. 직접 참여를 지향하는 새로운 발언기제가 등장하고 있는 것은 연구개발 인력만의 특징은 아니며 다른 직군에서도 마찬가지다. 다만 연구개발 인력의 경우 발언과 이탈voice and exit 두 가지 모두가 근로자 측의 행동 대안이 될 수 있다. 그런 점에서 이익대표 내지 발언관리의 특수성이 존재하기도 한다.

통상적으로 근로자의 발언과 이탈은 상호 대체적인 행동 대안으로서 발언이 정치적 기제를 통한 문제해결이라면 이탈은 시장 기제를 통한 문제해결이다. 그런데 연구개발 인력의 경우 발언도 강력한 이익대표 기제이면서 또한 국경을 초월해서 수평적 이동이 활발한 전문가 노동시장의 관점에서 보면 이탈도 강력한 수단이 된다.

그리고 최근 화제가 된 직원행동주의employee activism에도 주목할 필요가 있다. 미국의 직원행동주의 사례들은 유명한 글로벌 기업에 종사하는 학력이나 전문성 측면에서 뛰어난 엘리트 직원들이 주축이었다. 따라서 연구개발 인력도 고학력 엘리트 특징을 갖고 있다는 점에서 직원행동주의의 잠재적 가능성에 주목할 필요가 있다. 고학력 엘리트 직원들인 연구개발 인력, SNS를 활용하는 새로운 발언기제의 활성화, 마지막으로 조직과 연구개발 인력의 가치충돌 격화라는 3가지 조건이 다 갖추어진다면 직원행동주의는 연구개발부문에서 돌출될 수 있을 것이다.

함께 만들어가는 학습과 혁신의 공동체

세계화는 글로벌 시장에서의 경쟁 격화를 의미한다. 중국의 빠른 추격과 추월에 당면하여 글로벌 시장에서 한국기업의 지속가능성은 혁신주도자가 되는 것이다. 기업의 혁신 역량 개발과 강화를 위해 전체 직원의 창의와 학습이 중요하다. 특히 연구개발 인력의 역할이 무엇보다 중요하다.

연구개발 인력은 전문가주의적 특성을 가지고 있어 일반적인 인사관리와는 다른 세심한 접근을 요구한다. 연구개발 인력에 대한 세심한 인사관리는 연구인력의 동기 부여와 이탈 방지만이 아니라 자칫 불필요하게 집단적 노사문제로 비화될 여지를 사전에 관리한다는 측면에서도 중요하다. 연구인력이 평생 연구에 몰두하도록 관리자 경력트랙과 나란히 연구자 경력트랙을 만들었던 연구직 경력dual ladder의 취지에 대해서는 누구나 공감하지만 제대로 운영되지 않는다는 지적은 끊임없이 제기되어 왔다. 특히 오픈 이노베이션이 활성화되면 전통적인 연구직 경력제도는 큰 변화가 필요하다는 지적들도 있다. 현재 연구직 경력제도를 운영하는 기업이나 도입을 검토하는 기업은 이 제도에 대한 좀 더 세심한 접근이 필요할 것이다.

연구개발 인력의 보상관리도 고전적인 과제다. 금전적 성과급이 상황에 따라 연구 창의성을 저해할 수도 있다는 지적은 금전적 성과급의 사용에서 세심한 주의를 필요로 한다. 연구의 성격에 따라 성과급의 성격도 달리해야 한다는 혁신보상pay for innovation에 대한 지적들도 연구개발 인력 성과급 관리에 대한 중요한 함의를 제공한다. 상대적으로 위험이 적은 활용 연구가 아니라 위험도가 큰 탐험 연구에 대해서는 초기 실패를 인내하는 장기 성과급이 효과적이다. 이러한 지적들을 종합하면 연구인력의 인사관리는 다른 직군과 차별화되어야 하지만 연구나 조사에 의하면 조직구조나 채용 등 일부 관리 영역을 제외하고는 차별화된 관리가 이루어지지 않고 있다. 연구인력 관리의 차별화 필요성과 차별화를 가로막는 요인들 사이에서 개별 기업은 상황에 맞는 최적 차별화 지점을 선택해야 할 것이다.

오픈 이노베이션과 연구개발 활동의 글로벌화도 연구개발 인력의 역할과 조직구조 및 운영방식의 개편을 요구하고 있으며 글로벌 학습 네트워크 구축과 연구개발 인력의 글로벌 인사관리 과제를 제기한다. 오픈 이노베이션은 연구개발 인력 특히 기초 분야 연구개발 인력의 역할을 줄이는 대신 조직 내외부 지식을 연계하고 통합하는 역할이 중요해지며 내부 자체 연구를 넘어 다양한 지식 원천과의 협업을 요구한다. 이에 따라 연구조직의 구조도 수평화되고 기업 내부에서 연구개발 인력과 다른 직군의 관계도 기존과는 다른 협업과 통합이 강조된다. 연구개발 활동의 글로벌화는 글로벌 차원의 학습 네트워크 구축이라는 과제를 제기하며 이와 관련된 글로벌 연구개발 인력 인사관리 과제, 예를 들어 주재원 관리나 초국적 프로젝트팀의 관리라는 과제를 제기한다. 글로벌 학습 네트워크 구축은 현지국이 기술 축적과 학습을 통해 경제적 및 사회적 고도화를 달성하는 과정이기도 하다.

쉐퍼드(1956)는 연구개발 인력의 노동조합 조직화 가능성에 대해서 일찍이 경고한 바 있다. 한국은 세계화의 진전과 함께 현재 연구개발 인력의 비중이 상당수 증가했고 민간기업 연구개발 인력의 학력별 구성을 보면 학사가 거의 60%를 차지한다. 이 두 가지 지표는 우리나라 연구개발 인력 관리를 둘러싼 이슈들이 집단적 노사 분쟁으로 표출될 가능성이 있다는 점을 시사한다. 특히 최근 직원들의 새로운 발언과 소통채널로서 SNS의 활성화와 직원행동주의의 등장은 연구개발 인력의 집단적 노사관계가 중요하다는 점을 의미한다. 세심한 인적자원관리를 통해 연구개발 인력의 몰입을 높이고 조직의 연구역량을 강화하면서 전체 직원들이 함께 학습과 혁신의 공동체를 만들어나가는 열린 경영이 필요한 시기다.

6장

글로벌 대기업의 노사관계
변화를 위한 실천과제

글로벌 경제 시대에 우리나라의 노사관계가 직면한 과제는 무엇인가. 우리는 여전히 대립적 노사관계 패러다임에 갇혀 있다. 이제 대립과 갈등을 넘어 상생의 파트너십 관계를 구축할 필요가 있다. 그러기 위해서는 노사 간 불신 극복을 기본으로 쌍방의 의식 전환이 선행되어야 한다. 이후에는 서로가 상생하는 파트너십 노사관계 구축이 필요하다. 그리고 이를 실천하는 구체적인 전략과 과제가 필요하다.

이영면

동국대학교 경영대학 교수

연세대학교 경영학과를 졸업했고 서울대학교에서 경영학 석사학위를 받았다. 미국 미네소타대학교에서 노사관계·인사관리Industrial Relations로 박사학위를 받았다. 미네소타대학교에서 방문조교수Visiting Assistant Professor를 역임하였고, 1994년부터 동국대학교에서 교수로 재직하고 있다. 고용노동부 정책심의회·정책자문위원회 위원이며 중앙노동위원회 공익위원이다. 일자리위원회, 노사정위원회, 노사관계개혁위원회 등에서 활동하였다. 한국경영학회 제65대 회장이며, 한국인사조직학회장과 한국윤리경영학회장, 산업관계연구·인사조직연구·윤리경영연구 편집위원장을 역임하였다.

1

새로운 노사관계 구축의
필요성

글로벌 노사관계의 환경 변화

　지금까지 우리나라 노사관계가 변화를 위한 변곡점에 있다는 점과 글로벌가치사슬과 재편에서부터 시작하여 중국과 한국의 분업관계와 4차 산업혁명으로 대표되는 기술 변화의 내용 등을 살펴보았다. 그렇다면 이제 대기업을 중심으로 노사관계는 어떤 방향으로 어떻게 변해야 할지를 살펴보기로 한다. 먼저 새로운 노사관계 구축을 위한 배경으로 환경 변화와 기존 노사관계의 한계점에 대해 간단히 정리해보기로 하자. 앞에서 우리나라의 글로벌 대기업을 둘러싼 환경 변화를 자세히 살펴보았으니 간략하게 정리해보겠다.

　첫 번째는 글로벌가치사슬의 변화다. 글로벌가치사슬은 1990년 전후로 전개되어 지속적인 확대를 보이다가 2010년 이후 각국에서 보호무역주의가 강화되면서 변화를 보이고 있다. 미국의 트럼프 대통령은 자국 중심의 강력한 보호무역주의를 실행하면서 자국 대기업들의 본국 공장 설치나 본국 회귀 현상이 확대되고 있다. 그러나 우리나라 대기업들도 최근 미국 내에 공장을 설립하거나 설립계획을 발표하는 등 기본적인 가치사슬은 계속 유지될 것으로 보인다.

두 번째는 4차 산업혁명이다. 사물인터넷, 빅데이터, 인공지능 등으로 대표되는 4차 산업혁명은 그 속도를 더해 가면서 우리에게 성큼성큼 다가오고 있다. 사물인터넷은 초연결 사회를 가져오고 있고 빅데이터는 불확실성을 줄여가면서 새로운 가치를 창출하고 있다. 또한 인공지능은 초지능을 가져와서 기업에서는 중간관리자를 급속하게 대체하고 있다.

이러한 기술 변화는 거시적으로는 생산시설의 지역선정에 근본적인 변화를 가져오고 있으며, 제품과 서비스의 혁신 그리고 일자리의 규모와 질에 대해 혁명적인 변화를 일으키고 있다. 또한 향후 기술 변화의 예측을 어렵게 만들고 있어서 그에 따른 일자리 예측도 어렵게 만들고 있다. 특히 이러한 변화에 대해 노동조합은 소극적이고 부정적 태도를 보이며, 적극적으로 대응하지 못하고 있는 형편이다.

세 번째는 글로벌 기업들의 '사회적 책임'에 대한 의식 변화다. 2019년 8월 미국 주요기업의 최고경영자CEO 181명은 기업의 목적을 기존의 주주이익 극대화에서 고객, 직원, 지역사회 등 모든 이해당사자stakeholder의 번영 극대화로 바꾸는 성명을 발표했다. 비즈니스 라운드테이블BRT은 '포용적 번영inclusive prosperity'을 강조하는 기업의 목적에 대한 성명을 발표했다. 모든 이해당사자에 대한 사회적 책임을 강화하겠다는 내용이다.

이러한 기업들의 '사회적 책임'에 대한 강조는 결국 지속가능한 경영을 위한 것이다. 이제는 우리 기업들도 글로벌 기업으로 성장 발전하는 상황에서 이러한 기업의 사회적 책임에 대한 관심이 높아져 가고 있다. 특히 근로자들의 인권과 노동권에 대한 보호에 더 많은 관심을 기울여야 할 시점이 되었다고 하겠다.

마지막으로는 글로벌 정치 환경의 변화다. 국내 글로벌 기업들도 세계 곳곳에 생산시설을 가지고 마케팅 활동을 하고 있기에 급변하는 정치적 상황을 고려해야 한다. 특히 최근 미중 간 무역분쟁이나 한일경제 갈등 등은 대표적인 예라고 할 것이다. 물론 기업들이 정치적 환경을 바꿀 수 있는 입장은 아니지만 정치적 환경 변화에도 관심을 가지고 대응책을 마련해야 한다.

패러다임 전환이 필요한 이유

글로벌가치사슬의 재편은 질적으로 좋은 일자리와 나쁜 일자리가 함께 발생할 가능성이 있다. 이는 선진국과 개발도상국에서 동시에 발생할 수 있다. 이로써 글로벌 차원에서 대규모 일자리에 대한 구조변동이 생겼다. 우리는 선진국과 개발도상국의 중간에 위치한다고 볼 수 있다. 선진국은 글로벌가치사슬의 양 끝단에서 전문숙련직의 일자리를 확대할 수 있지만 쇠퇴하는 산업의 일자리는 유지하기도 어렵기 때문에 전환 교육이 필수적인 상황이 된다.

예를 들어 스웨덴은 기업들의 구조조정에 대해서는 별다른 규제가 없지만 근로자들의 실업에 대해서는 적극적인 보호와 지원조치가 있다. 실업급여 지급기간이 4년까지 가능하며 실업급여 수준도 기존 급여의 80%까지 가능하다. 그래서 근로자들은 큰 저항 없이 기업들의 구조조정을 받아들이며 충분한 기간 배치전환 교육훈련을

글로벌 노사관계 환경 변화와 패러다임 전환

글로벌 노사관계 환경 변화	글로벌 환경 변화에 따른 노사관계 패러다임 전환의 필요성
∨ 글로벌가치사슬과 변화 　(보호무역주의) ∨ 4차 산업혁명 ∨ 글로벌 기업의 사회적 　책임 강화 ∨ 글로벌 정치환경 변화	∨ 글로벌 일터 표준화 확산과 모니터링 강화 ∨ 낮은 노동조합 조직률과 글로벌 운동의 한계 ∨ 산업구조 재편의 일자리 구성 변화 ∨ 플랫폼 노동을 포함한 새로운 일자리 확대 ∨ 일자리 감소와 기본소득 논의 확대 ∨ 노동자 및 노동운동 지도자의 세대교체 ∨ 비노조근로자 대표제도 확산

받아 다른 일자리를 찾을 수 있다.

반면에 개발도상국은 생산거점의 설치로 우선 좋은 일자리가 마련되고 부수적으로 새로운 직업의 일자리가 만들어질 수 있다. 하지만 생산방식이 저가로 접근하는 경우는 인건비를 줄이려는 노력의 결과로 불안정하고 질 나쁜 일자리가 양산될 수도 있다. 물론 이것이 일자리가 없는 것보다는 나을 수 있지만 그럼에도 좋은 일자리라고 할 수는 없다.

기존의 글로벌가치사슬이 재편되고 있고 4차 산업혁명의 영향으로 생산공장의 기본틀이 바뀌어가고 있다. 지금의 선택은 앞으로 우리나라 경제에 심대한 영향을 미칠 것이다. 그렇다면 대한민국의 기업과 노동조합은 어떠한 길을 선택해야 할 것인가?

글로벌 일터 표준화 확산

4차 산업혁명의 직접적인 영향은 아니더라도 정보통신기술의 발전으로 글로벌 경제하에서 정보의 공유, 확산, 기업의 자발적 및 비자발적인 노력 등으로 글로벌 기업들은 일정 기준 이상의 근로조건을 강제하는 방식이 활성화될 것으로 예상된다.

글로벌 대기업들의 잘못된 부분에 대해서는 NGO 활동과 SNS 활성화 등으로 사회적인 압력이 작용하게 되어 상시 모니터링하는 과정이 만들어지고 언론이나 네트워크를 통해 일반인들에게 쉽게 알려질 것이다. 당장은 아니지만 글로벌 차원에서 여러 수준의 노동기준이 제시될 것이며 점진적으로 더 많은 나라들이 이러한 기준을 도입하고 적용할 것으로 예상할 수 있다. 그리하여 한 국가에서 관행적으로 유지되어 온 내용이라고 하더라도 새로운 기준에 따라 재검토되고 변화를 요구받을 가능성이 커진다.

더 나아가서 유엔과 국제노동기구 등과 같은 국제기구들은 지속가능한 경영을 강조하면서 노동 분야에 계속해서 새로운 기준을 만들어갈 것이다. 유럽연합은 적극 보조를 맞출 것으로 보인다. 그와 더불어서 구체적으로 ISO26000과 같은 기업과 조직의 사회적 책임을 강조하는 각종 측정과 평가도구들이 확산되어 국내의 대기업들은 여기에 적극 대처할 수밖에 없게 될 것이다.

또한 글로벌 차원의 대형 펀드들은 사회책임투자Socially Responsible Investing 관점에서 회사가 사원들에게 노동권과 인권을 충분히 보장하는가를 확인하기 위해 지속가능경영보고서를 검토할 것이다. 이러한 변화는 국내 대기업들의 대노사관계 전략이나 정책의 변경을 요구할 가능성이 크기에 대응책 마련이 불가피해질 것으로 보인다. 특히 비노조 경영을 추구하는 경우에 이를 비판적으로 보는 외부 시각이 더 힘을 가질 가능성도 있다. 따라서 비노조 경영을 추구한다고 하더라도 노동권에 대한 보호는 별도로 충분히 이루어져야 한다.

낮은 노동조합 조직률

1989년 한국의 노동조합 조직률은 19%를 넘어서서 광복 이후 최고의 조직률을 기록했다. 이는 1987년 이후 3년 동안 진행된 소위 '노동자대투쟁'의 결과다. 하지만 그 이후 우리나라 노동조합 조직률은 하락과 정체의 상황을 벗어나지 못했다. 문재인 정부 출범 이후 노동조합 조합원 수가 급증하고 있다. 하지만 이는 주로 공공부문의 조합원 수 증가에 기인한다. 민간부문에서는 조합원 수가 증가하는 특별한 징후가 보이지 않는다. 따라서 전체 근로자의 90%를 차지하고 있는 민간부문에서 노동조합 조합원 수가 증가하지 않는 한 전체 조직률에 큰 변화는 없을 것으로 보인다.

이러한 현상은 단지 한국만의 상황은 아니다. 우리가 언급하는 대부분 선진국의 노동조합 조직률은 이미 1990년대부터 정체되어 하락하는 경향을 보이고 있다. 여기에는 미국, 캐나다, 일본, 영국, 호주, 독일, 프랑스 등 대부분 국가들이 포함된다. 이는 노동조합의 힘이 약화된다는 것을 의미하며 그 결과 영국과 독일에서도 최저임금 제도를 법제화하여 정부가 직접 근로자를 보호하게 되었다.

산업구조 재편과 변화하는 일자리 구성

선진국은 4차 산업혁명의 영향으로 단순 반복적인 일자리는 상대적으로 줄어들 것이며 새로운 형태의 일자리가 다양하게 생겨날 것으로 예상된다. 산업구조의 변화와 관련된 구조조정은 지속적으로 발생할 것이며 그에 대해 보호제도가 마련될 것이다. 하지만 순탄하게 진행되지 못하면 사회적 충격이 클 수도 있다. 우리나라도 제조업을 비롯한 다양한 업종에서 구조조정이 발생하고 있으며 세계 경제의 영향으로 조선업 등에서 대량 실업이 발생하고 있다.

정부에서는 지속적으로 실직자를 위한 전환배치 교육을 하고 있으며 재직자들에 대한 전환배치 교육에도 재정지원을 하고 있다. 대규모의 인력구조조정에 대해서는 고용위기 지역으로 지정하고 집중적인 재정지원을 함으로써 사회적 충격을 최소화하는 노력을 기울이고 있다.

자동차 업종도 전기차에 대한 정부정책 변화와 고객 선호도 증가 등으로 생산 과정에 근본적인 변화가 예상된다. 이에 대한 대응방식으로 방어적인 노동조합 전략은 효과적이지 않을 수 있다. 한국GM의 공장폐쇄는 중장기적으로 그러한 변화의 징후로도 볼 수 있다. 2019년 현대자동차의 단체교섭이 무파업으로 마무리되고 일자리 변화에 대한 논의를 적극 추진하기로 한 것은 노동조합의 적극적 대응방식이라고 하겠다.

지난 수년간 조선업종의 대량 구조조정으로 용접기술 보유자들이 일본이나 중국으로 떠나고 있으며 건설현장으로 옮겨간다는 설명도 있다. 다행히 선박 수주량이 회복되고 있어서 어느 정도 개선될 것으로 보이지만 지속적인 관심과 유연한 대응이 필요하다고 하겠다.

전반적으로 보면 많은 기업이 다수의 생산시설을 해외로 옮겨가는 전략을 취하고 있다. 현대자동차도 지난 20여 년 동안 국내에 자동차 생산공장을 짓지 않았다. 삼성전자도 휴대폰 생산시설을 중국에서 다시 베트남으로 이동하는 등 생산거점에 많은 변화가 있었지만 국내 종업원 수는 지난 10여 년간 별다른 변화가 없다. 현대중공업은 불황을 극복하고 정상화 과정을 밟아가고 있지만 고부가가치 선박제조에 집중할 것으로 보여 고숙련 일자리 중심으로 유지 확대될 것으로 예상할 수 있다.

플랫폼 노동을 포함한 새로운 형태의 일자리 확대

새롭게 등장하고 증가하는 특수형태 근로종사자와 플랫폼 노동자들에 대한 보호제도가 사회적으로 모색될 것이고 강화될 것으로 예상된다. 사회가 변화하고, 특히 4차 산업혁명 등으로 일자리에 대한 개념도 변화할 것이며 그에 따른 사회적 보호 조치가 구체화될 것이다. 2019년 11월 고용노동부는 전통적으로 특수형태 근로종사자로 간주되어 왔던 배달기사의 근로자성을 인정한 바 있다.

과거 전통적인 평생직장의 개념은 점점 사라질 것으로 보인다. 그리고 시장에서 새롭게 추가되는 고객의 요구를 충족시키기 위해 다양한 고용형태는 지속적으로 확산될 것이다. 예를 들어 24시간 편의점의 확대로 야간근로 알바생들이 증가했으며 인터넷 구매의 확대로 택배 산업이 확대되고 배달기사 수도 급격히 증가했다. 최근에는 새벽배송이 확대되고 그에 따라 심야근로자수가 증가하고 있다.

이러한 근로형태의 다양화는 고용형태의 다양화로 이어지는데 기존의 택배근로자나 레미콘 기사들도 개인사업자형태와 혼재되기도 한다. 심지어는 택시나 전세버스 등에서도 개인사업자의 운영이 확대되고 있다. 이러한 변화는 급속하게 진행되는데 이에 대한 보호제도는 한 걸음 늦게 만들어지고 있다는 점이 문제이다. 하지만 보호를 포함한 관리제도는 지속적으로 확대되어야 한다.

일자리 감소와 기본소득에 대한 논의 확대

일부 선진국을 중심으로 기본소득 제공이 사회적 이슈로 떠오르고 있다. 고용과 관련해 가장 중요한 변화 중 하나는 자동화와 로봇으로 대표되는 노동력 대체 생산시설의 확대다. 과거 수천 명이 일하던 아디다스의 신발공장은 최근 수십 명이 일하면서 같은 생산량을 유지하는 공장을 독일에 설립하여 리쇼어링의 대표적 예로 제시되고 있다. 중국의 대표적인 노동집약 공장이었던 폭스콘 공장도 자동화를 추진하고 있다. 그로 인해 수십만 명의 일자리가 자동화기계와 로봇으로 대체될 것으로 전망되고 있다. 국내에서는 스마트 공장을 정부가 정책적으로 추진하고 있다. 그런데 관련 고용 이슈를 함께 검토하지 않으면 고용감축형 스마트 공장이 확산될 가능성이 있고 고용 관련 갈등이 발생할 가능성이 크다.

물론 중국이나 개발도상국에서는 기본소득 이슈가 제기될 가능성이 크지 않지만 선진국의 경우는 기본소득 문제가 정치적인 요인과 더불어 사회적 이슈로 제기되고 실행될 가능성도 있다. 최근 국내에서도 진보 성향의 지방자치단체에서는 실직 청년들에게 일정한 급여를 지급하는 기본소득 개념의 금융지원이 시범적으로 시행되고 있다. 사실 장애인이나 고령자 등에 대한 소득지원도 폭넓은 기본소득 개념으로 이해할 수 있다.

노동자의 세대교체와 노동운동 지도자들의 세대교체

우리나라 노동운동의 가장 큰 사건은 1987년 이후 3년 동안 벌어진 노동자대투쟁이라고 할 것이다. 노동조합의 수나 조합원 수도 급증했지만 이 과정을 통해서 노동운동가들은 상대적으로 자유로운 환경에서 투쟁 중심의 노동운동방식을 확립했다. 그 결과 고용안정과 임금 인상을 확보하게 되었으며 기존의 노동운동 탄압 시기를 벗어나 좀 더 공개적이고 체계적인 노동운동 시대를 열었다.

하지만 그와 함께 이 시기는 협상보다는 투쟁방식이 고착된 시기라고도 볼 수 있다. 한동안 '선파업 후협상'이라는 방식이 중심적인 교섭방식이 되었다. 단체교섭의 조정보다는 파업을 선호하며 대립적인 교섭방식이 전통으로 자리잡았다. 이러한 전통이 30여 년 이상 이어져 오고 있다. 2017년 한국노동사회연구소가 주최한 '1987년 노동자 대투쟁 30주년 기념 토론회'에는 소강상태에 빠진 노동운동을 다시 일으키기 위해 노동운동 세대교체를 위한 대표권 재구성이 강조된 바 있다(매일노동뉴스, 2017. 9. 18). 한국경제신문도 586 네트워크가 개혁파에서 기득권으로 전환되어 정치, 노동, 시민단체를 장기집권하고 있다고 비판한 바 있다(한국경제, 2019. 10. 17).

그러나 이러한 1987년 노동체제의 리더들이 30년이 지나면서 은퇴시기를 맞고 있다. 노동자들도 서서히 세대교체가 이루어지고 있는 것이다. 20대 시절 독재투쟁을 경험하면서 투쟁 중심으로 노동운동을 이어왔던 노동운동가들이 점차 후선으로 물러나고 새로운 세대들이 지도자로 떠오르고 있다. 양대 노총의 충북지역본부 소속 사업장 가운데 가장 큰 규모를 자랑하는 LG화학(익산·청주·오창공장)

노조는 역사상 처음으로 40대 노조위원장을 선출했으며 SK하이닉스 노조도 18년 만에 위원장을 교체했고 정식품 노조도 21년 만에 위원장을 교체하면서 30대 위원장을 선출했다(중부매일, 2018. 2. 7).

이들 새로운 세대는 독재투쟁을 경험하지 않았으며 젊은 세대들의 가치관인 합리주의와 개인주의를 가지고 있다. 또한 투쟁보다는 협상을 선호하는 생각도 강하다. 이제 이들이 추구하는 노동운동 방식은 새로운 변화를 보일 가능성이 있다. 새로운 세대의 노동자들은 노동조합에 대한 선호도가 과거에 비해 낮으며 문제해결 방식으로 노조결성 외에 다양한 제도를 활용하고자 한다.

노동운동의 리더를 상대하는 사용자 측의 당사자들도 젊은 세대로 교체되고 있다. 과거의 은밀한 통제 중심의 노사관계에서 벗어나 투명하고 소통을 중시하는 노사관계를 추구하는 사용자 측의 리더들이 부상하고 있다. 그런 점에서 노사관계도 그 틀로부터의 변화를 시작했다고 볼 수 있다.

노동조합이 아닌 비노조 근로자 대표제도의 활성화

미국의 노사관계 학자들은 근로자들이 원하는 바가 더 이상 노동조합이 아니라는 주장을 하고 있다. 근로자들의 삶이 만족스러운 것은 아니지만 그 삶의 질을 높이는 방법으로 노동조합을 원하지는 않는다는 것이다. 그래서 미국도 1970년대 이후 노동조합 조직률이 하락하고 있으며 그 결과 노동조합의 사회적 영향력도 지속적으로 하락하고 있다. 노동조합 조직률 하락의 원인으로는 여러 가지가 지적되지만 노동조합이 근로자들의 요구를 제대로 수용하지 못한다는 근본적인 문제가 포함된다. 주요 국가들의 경우 노동자의 노동권이나 인권보호 등은 법으로 이루어지기 때문에 굳이 노동조합의 단체교섭을 통해야만 가능한 것은 아니다.

우리나라도 국민 대상 그리고 근로자 대상 설문조사 결과를 보면 노조 필요성에 대한 평가가 상당 수준 낮아지고 있다. 그러나 우리나라 근로자들도 삶의 질이 높지 않다는 점에서 노사협의회만이 아니라 개인 차원과 집단 차원의 다양한 근로자보호제도와 근로자 참여제도를 필요로 한다.

개인사업자 성격을 가진 프리랜서의 특징을 보이는 숙련직 근로자들은 인터넷이나 SNS를 이용하여 사이버 커뮤니티를 만들어 정보를 교류하고 필요하면 집단적인 압력을 행사하기도 한다. 구체적인 직종으로는 프로그래머와 인터넷 관련 종사자 등이 있으며 유사한 특성을 가진 직종은 지속적으로 증가하고 있다.

해외에서도 비노조 근로자 대표제도는 많은 관심을 가지고 있다. 독일은 노동조합 활동이 주로 산업 수준에서 이루어지고 기업별로는 근로자평의회를 설치할 수 있다. 그 외의 유럽대륙 국가들도 최근 노동조합 조직률 하락에 대응하여 근로자평의회를 설치하는 법적 근거를 마련하고 있다.

전통적인 대립적 노사관계의 한계

지금까지 유지되어 온 대립적인 노사관계를 가지고 최근의 환경 변화에 대응하면서 지속가능성을 가질 수 있느냐가 문제이다. 가깝게는

2018년 5월의 한국GM 군산공장의 폐쇄를 들 수 있다. 물론 노동계에서는 수익률이 나쁘지 않음에도 전략적으로 공장을 폐쇄했다고 주장한다. 그래서 부평공장이나 창원공장도 궁극적으로는 폐쇄할 것이라고 주장하면서 대립적인 노사관계를 유지하고 있다.

하지만 지난 수년간 공장의 가동률을 보면 공장폐쇄가 노동계가 주장하는 대로 전략적인 판단이었다고만 보기는 어렵다. 수요가 있는데 굳이 가동률을 낮추면서까지 공장을 운영할 경영자는 별로 없기 때문이다. 이러한 현상은 공장에서 일하는 근로자들도 충분히 파악할 수 있는 정보다.

GM은 2008년 글로벌 금융위기 때 파산을 경험한 회사다. 미국정부의 천문학적인 자금지원으로 파산을 극복했으며 그 이후 매우 엄격한 비즈니스 기준을 가지고 전세계 경영전략을 실천하고 있다. GM 본사는 이미 수년 전 전세계에 생산공장은 미국과 중국에만 두겠다는 전략적인 결정을 내린 바 있다. 이러한 점에서 한국의 생산공장은 우리나라의 협력업체 등 복합적인 요인을 고려하는 것이 아니라 GM 본사의 냉정한 판단에 따라 폐쇄 여부가 결정될 수 있다. 국내 노동조합들이 기존의 대립적인 전략으로 한국GM에 대응했지만 군산공장의 폐쇄라는 슬픈 역사를 만들었다는 점을 부인할 수 없다.

그 외에도 기업을 둘러싼 외부환경 변화에 대한 기업의 대응에 대해 노동조합은 견제자로서의 힘을 가지면서도 좀 더 협력적으로 노사관계를 구축할 필요가 있다. 2019년 현대중공업은 국가 차원의 조선업 구조조정 과정에서 대우조선해양을 인수하기로 했다. 그런데 현대중공업 노동조합은 매우 강경하게 반대했다. 이사회 장소를 점거하는 등 물리적인 힘을 이용하면서까지 반대했다. 중장기적으로 현대중공업의 미래와 한국 조선업의 미래를 생각한다면 신중한 행동이 필요했던 경우라고 하겠다.

물론 회사가 조합원들에게 고용조정은 없다고 약속했음에도 지난 수년간 경기불황으로 다양한 형태의 인력감축을 한 것은 사실이다. 그런 아픈 과거가 있어서 회사를 믿지 못하는 것은 이해가 된다. 그러나 현대중공업이 건전한 재정을 확보하고 미래로 나아가기 위해서는 경영상 필요한 결정이다. 또한 중장기적으로는 조합원들에게도 도움이 되는 쪽으로 전개될 가능성이 크다는 점에서 반대만이 최우선 대책은 아닐 수 있다.

글로벌가치사슬 관점에서 노사관계 불안은 배척되는 경향도 보인다. 글로벌가치사슬은 글로벌 차원에서 국가 단위로 유연하게 전개되지만 그에 대응하는 노동조합은 유연성이 낮아서 효율적으로 대처하기에는 근본적인 한계가 있다. 글로벌가치사슬로 인해서 고부가가치를 만들어내는 기능들이 확대되는 방향으로 간다면 긍정적인 효과가 많아진다. 하지만 해외이전과 같이 일자리 축소로 간다면 노조는 필사적으로 힘을 통해 일자리를 지키려고 할 것이다. 이러한 상황은 개발도상국들도 마찬가지일 것이다. 글로벌가치사슬에 따른 국제적 분업체계의 변경은 일자리의 유연성을 넘어서 불안정성이 높아지는 결과를 가져올 수 있다.

그러나 노사관계가 기업 차원의 이해대립 관계에서 벗어나 산업, 지역, 국가 차원이 된다면 대립적인 관계가 아니라 힘의 균형을 바탕으로 파트너십 노사관계를 구축할 수 있다. 기업 차원에서 노사 간에 전략적 차원에서 사용자만이 사용할 수 있는 전략이 폐쇄와 해외이전 전략이다. 비용 차원이나 의욕 차원에서 기업의 경영 의지를 약화시킨다면 노사 간 게임의 기본전제를 무너뜨리는 것이다. 이러한 접근은 어찌 보면 노동조합이나 근로자에게 매우 불리한 전략이다. 그러나 산업별, 지역별, 국가 차원에서 접근한다면 국가 차원의 고용이슈가 더욱 중요해지고 파트너십을 통한 협력관계 구축도 가능하다. 기업도 바뀌어야 하지만 노동조합이나 비노조 근로자 대표기구도 좀 더 적극적인 힘의 균형을 바탕으로 한 파트너십 노사관계 구축으로 글로벌 환경 변화에 대응할 필요가 있다.

　이러한 점에서 2019년 현대자동차와 노동조합의 단체교섭이 주는 시사점은 크다. 현대자동차 노동조합은 매년 관행적으로 파업을 해왔다. 하지만 2019년은 파업 없이 단체협약을 체결했다. 물론 대내외적으로 현대자동차의 경영실적이 시원치 않았다는 점도 있었지만 그보다는 최근 심각하게 논의되고 있는 전기자동차의 도래가 멀지 않았다는 인식이 작용했을 가능성도 크다. 전기자동차의 도래는 현대자동차만이 아니라 수없이 많은 협력업체의 근본적인 생산방식과 생산물의 전환이 요구되는 일이다. 그러한 변화에 대해 노동자들도 자유로울 수 없다는 판단에서 대립적인 갈등보다는 협력적인 파트너십으로 미래의 변화에 공동으로 대응하자는 인식이 있을 것으로 보인다. 노사의 공동대응은 생존을 위한 필수 전략이다.

2

새로운 파트너십 노사관계
구축 방향

환경 변화에 따른 노사관계 패러다임의 전환

지금까지 살펴보았듯이 기존의 대립적 노사관계로는 글로벌가치사슬 시대, 4차 산업혁명 시대, 정보통신기술 혁명의 시대에 적절히 대응하기는 어렵다. 그렇다면 어떻게 해야 할 것인가? 무엇보다 소탐대실의 우를 범해서는 안 될 것이다.

기존의 안정적인 경영 환경에서는 기업의 존재를 전제하고 노사 간에 당사자들만이 모여서 임금이나 근로조건을 교섭하면 되었다. 필요하다면 파업을 통해서 합의점을 찾았다. 그러나 이제는 글로벌 가치사슬의 지속적인 개편, 4차 산업혁명의 지속적인 확대, 정보통신기술의 발전 등으로 경영 환경에 근본적인 변화가 지속되고 있으며 그 결과 기업의 생존이 보장받지 못하는 상황이 전개되고 있다.

노사관계 대립으로 노사가 다투는 과정에서 해당 기업은 존립의 자리를 잃어버리고 사라져버릴 수도 있다. 중국에 진출했던 현대자동차는 10여 년 만에 300만 대를 생산했지만 다시 수년 후에 여러 공장의 폐쇄를 검토하는 단계가 되었다. 해당 공장에서 일하는 근로

노사관계 패러다임 전환과 새로운 노사관계 방향

```
┌─────────────────────────────────────┐
│         대내외 환경 변화 압력          │
└─────────────────────────────────────┘

┌──────────────────┐          ┌──────────────────┐
│    기존 노사관계    │          │    새로운 노사관계   │
├──────────────────┤          ├──────────────────┤
│  ∨ 불신과 대립     │          │  ∨ 신뢰와 협력     │
│  ∨ 갈등과 비방     │  패러다임  │  ∨ 책임과 이해 공유  │
│  ∨ 수직적 상하관계  │   전환   │  ∨ 수평적 파트너십   │
│  ∨ 과거 지향      │          │  ∨ 미래 지향      │
└──────────────────┘          └──────────────────┘

┌─────────────────────────────────────┐
│    법과 제도를 통한 긴장관계와 공정한 관계   │
└─────────────────────────────────────┘
```

자들은 실업을 고민해야 하는 상황이 전개되는 것이다. 조선업이나 전기전자업도 급속한 글로벌가치사슬의 개편으로 국내외에서 생산공장의 입지가 안정적일 수 없는 상황이 되었다. 물론 이러한 주장은 사용자의 공포주기로 해석할 수도 있으나 실제로 발생하는 사례를 고려할 때 그렇게만 볼 수는 없다.

국내에서 우리 기업은 고부가가치를 생산하는 양 끝단의 글로벌가치차슬에 위치하도록 노력해야 한다. 제품에서도 현대자동차는 프리미엄 브랜드인 제네시스, 삼성전자나 LG전자도 프리미엄 휴대폰과 프리미엄 가전, 조선업에서는 고부가가치 선박의 생산과 판매가 불가피하다. 기존에는 인건비와 같은 저비용 전략으로 해외이전이 있었다면 이제는 4차 산업혁명 기술과 정보통신기술 등의 영향으로 해외이전의 매력이 떨어진 경우도 많아졌다. 그렇다면 국내에서는 글로벌가치사슬 재편에 따라 새로운 기회를 맞을 수 있고 이에 대응하는 새로운 노사관계를 구축할 수 있다.

자동차는 글로벌가치차슬의 문제도 있지만 전기차나 수소차와 같은 혁명적인 수준의 환경 변화가 눈앞에 놓여 있다. 중국의 추격과 중국시장에서의 철수는 표면적인 위기일 수 있다. 경쟁자들은 합종연횡으로 몸집을 불려가고 있으며 보호무역주의 등으로 위협적인 환경이 예상되고 있다. 그러나 기존의 연구에서 보듯이 자동차공장이 해외로 진출한다고 해서 국내 일자리가 줄어드는 것이 아니라 오히려 부품공급 역할의 증가로 증가한 결과를 가져온 예를 생각해볼 수 있다.

이제 하나의 문제에 대해서 하나의 해법만이 있는 것은 아니다. 하지만 노사관계 측면에서 어떻게 대응해야 할 것인가는 큰 숙제다. 우리나라 자동차산업의 대표인 현대기아자동차는 여전히 대립적인 노사관계의 표본으로 언급된다. 하지만 GM과 르노에서는 상당히 다른 경험과 교훈을 가진다. 대우자동차의 명성은 사라졌고 어찌 보면 중장기적으로 부평이나 창원공장의 폐쇄도 예상해야 하는 상황이다. 르노에서는 노조집행부의 파업결정이 조합원의 반대로 결국 파업 철회로 이어졌다. 쌍용자동차 사태는 아직 회복 중이지만 금속노조를 탈퇴하고 재기를 위해서 수년째 노력하고 있다.

이제 변화하는 환경에 대응하기 위한 우리나라 글로벌 대기업의 노사관계 방향은 파트너십 노사관계로 가야만 할 것이다. 이에 대해서 설명해보기로 한다. 앞에서도 언급했지만 글로벌가치사슬의 지속적인 개편과 4차 산업혁명의 영향으로 전통적인 노사 당사자 중심의 대립적 노사관계로는 대응책 마련에 한계가 있다. 따라서 기존의 당사자 외에 이해관계자를 포함하는 새로운 노사관계의 틀을 구축할 필요가 있다. 기존의 대립적 노사관계는 이제 양 당사자가 힘을 전제로 하는 파트너십 노사관계 구축으로 가야 한다.

전투적 노사관계를 파트너십 노사관계로 전환

우리나라 대기업의 경우 다수의 기업들에 노동조합이 결성되어 있다. 하지만 협력적인 노사관계를 구축하고 있는 경우는 많지 않다. 그러나 이제 글로벌가치사슬과 4차 산업혁명이 근본적인 변화를 요구하고 있다. 새로운 노사관계를 만들어가야 한다. 대기업의 경우 우리나라 대표적인 노동조합들이 근로자들을 대표하고 있다. 하지만 새로운 환경에도 기존의 노사관계가 효과적인가는 재검토가 필요한 문제다. 2018년 GM의 군산 공장폐쇄를 노조의 노력에도 불구하고 막지 못했고 조선업의 불황도 노사 간의 대립 속에 어려움을 극복했다고 보기는 어렵다.

과거 우리나라 기업 단위의 노사관계, 특히 대기업의 노사관계는 대립적이고 전투적인 특징을 보여왔다. 경제성장 당시 사용자가 정부와 함께 근로자들의 인권과 노동권을 제한했기 때문에 그 반작용 결과라고 할 수 있다. 그러나 이제는 이러한 대립적이고 전투적인 노사관계로는 현재의 문제를 해결하기 어려운 상황이 되었다. 물론 글로벌가치사슬의 변화를 노동조합이 막아내지 못할 수도 있다. 하지만 좀 더 다양한 이해관계자들이 모여서 상생의 결과를 도출할 가능성을 배제한 것은 아쉬운 점이다.

기존의 노사관계가 기업과 노동조합을 전제로 한 대립적·전투적 노사관계였다면 이제는 다양한 이해관계자가 포함된 협력적·포용적 노사관계를 갖추어야 한다. 또한 교섭의 형태도 전통적인 단체교섭만이 아니라 다양한 형태의 협의도 포함할 수 있다. 근로자를 대표하는 제도도 꼭 노동조합이어야 할 필요도 없다. 최근 신세대를 중심으로 노동조합이나 노사협의회에 대한 태도가 소극적으로 변화하고 있으며 개인적인 교섭도 강조하고 있다. 물론 우리나라는 노사협의회라는 비노조 근로자 대표제도가 법제화되어 있다. 하지만 그 외에도 다양한 형태의 대안적 협의제도가 존재하므로 이러한 대안적 제도도 적극 활용할 수 있는 분위기 조성과 노력이 필요하다.

다양한 이해관계자를 포함하는 다원적 노사관계 구축

이제 글로벌가치사슬과 4차 산업혁명은 단순히 전통적인 노사관계의 당사자인 노동조합과 사용자가 교섭을 통해 당면한 문제들을 해결하기 어렵게 만들고 있다. 2018년 GM의 군산 공장폐쇄나 2019년 LG전자의 생산설비 베트남 이전도 마찬가지 이슈라고 할 수 있다.

아무리 대기업이라고 하더라도 거대한 환경 변화는 피해 갈 수 없으며 노사 당사자들만의 교섭으로 극복하기도 어렵다. 빠르게 그리고 급격하게 변해가는 경영 환경 변화에 전통적인 노사관계 당사자 외에 다양한 이해관계자가 함께 포함되는 협의체를 구성해서 대응할 필요가 있다. 따라서 이제는 전통적인 노사관계의 당사자인 노동조합과 기업 외에 지역주민과 지방자치단체 그리고 중앙정부의 역할이 중요한 시대가 되었다.

기업들은 물론 사회적 압력을 받고 사회적 책임에 대한 의무감도 강화되었지만 글로벌가치사슬 시대와 4차 산업혁명 시대에 적극 대응하지 않는다면 지속가능한 경영을 보장받기 어렵다. 따라서 전통적인 노사관계의 상대방인 노동조합 외에 지역사회와 지자체와 중앙정부와의 협상도 중요하게 된 것이다. 특히 글로벌가치사슬 시대에는 해당 국가의 역할이 감소하면서 글로벌 차원에서 공장이전이 진행되고 그렇게 되면 당장의 일자리가 대규모로 사라지게 된다.

글로벌가치사슬의 전방과 후방에 위치한 리딩기업들의 역할도 마찬가지다. 보호무역과 같은 새로운 요인이 발생하게 되면 소위 선진국 리딩기업들의 지리적 위치에도 변경이 생기고 그에 따라 대규모 일자리 변동도 뒤따르게 된다. 이런 상황에서는 전통적 노사관계의 당사자인 회사와 노동조합만이 아니라 지역 주민과 정부의 협의체 구성이 중요하고 협의를 통해 이해관계자들이 모두 상생하는 결과를 도출할 수 있어야 한다.

이제는 전통적 노사관계 당사자에서 벗어나 다양한 이해관계자들이 협의를 통해서 글로벌가치사슬과 4차 산업혁명 시대에 모두가 상생할 방안을 지속적으로 모색하는 것이 중요하다. 기업과 기업 단위 노동조합 외에 다양한 이해관계자들이 함께 문제를 해결하기 위해 노력해야 한다. 우선 이때의 이해관계자로는 지역사회와 정부를 들수 있을 것이다. 지역사회는 일자리만이 아니라 다양한 연관 산업이 영향을 받기 때문이고 정부는 중요한 역할이 일자리 유지와 창출이며 지역 전반적인 경제에 큰 영향을 미칠 수 있기 때문이다. 이렇게 다양한 이해관계자들이 모이는 이유는 서로 상생할 수 있도록 한다

새로운 글로벌 파트너십 노사관계 패러다임 방향

전투적 노사관계를 파트너십 노사관계로 전환	✓ 대립적이고 전투적인 노사관계로는 글로벌화와 글로벌 　가치사슬 환경에 대응하기에는 한계점 노출 ✓ 비노조 노사관계도 적극 활용
다양한 이해관계자를 포함하는 다원적 노사관계 구축	✓ 노사 당사자 외에 정부만이 아니라 지역주민과 지방자치 　단체 등의 역할이 중요 ✓ 기업의 사회적 책임요구에 다양한 이해관계 중요
클로컬라이즈드 사업장 노사관계 구축	✓ 국내와 해외 노사관계의 수평적 관계 구축 ✓ 글로벌 노사관계 원칙과 사업장 원칙의 분리 ✓ 해외 사업장의 수익과 국내 본사 수익의 분리

는 공동의 목표를 가지기 때문이다. 기업은 적절한 인건비를 지급해서 수익을 창출해야 한다. 노동조합은 근로자들의 근로조건을 지켜야 한다. 지역사회는 일자리를 만들어야 한다. 그리고 정부도 이러한 목표가 달성되도록 효율적이고 효과적인 지원을 할 필요가 있다.

마지막으로 강조할 점은 국내 대기업이 중소기업과의 협력을 통한 상생관계를 구축하는 것이다. 우리나라 중소기업의 절반은 대기업의 협력업체다. 따라서 글로벌화된 대기업이라고 하더라도 중소기업의 협력 없이는 지속가능한 경영이 불가능하다. 자동차업종이나 화학업종은 글로벌 대기업과 1차, 2차 벤더 기업들은 다수가 유노조 기업이지만 전기전자업종은 대기업이나 협력업체 모두 무노조인 경우가 많다. 따라서 대기업 자체만이 아니라 대기업의 노동조합도 협력업체와의 상생관계 구축에 함께 노력할 필요가 있다.

또한 글로벌 대기업의 경우 해외 사업장을 설치할 때 관련 협력업체들도 함께 해외에 진출하는 경우가 많다. 따라서 이러한 경우에도 유노조 사업장에서는 노사가 함께 해외 진출에 대해 논의할 필요가 있다. 무노조 사업장도 노사 간 의사소통은 대기업만이 아니라 협력업체에서도 중요하다.

글로컬라이즈드 사업장 노사관계 구축

우리나라의 삼성전자나 LG전자는 이미 해외사업장의 규모가 국내보다 더 큰 상황이지만 국내의 노사관계나 기업문화 이식은 노력 수준에 머물러 있어서 글로컬라이제이션Glocalization 해나가려는 노력이 절대적으로 요구된다.

과거 독일에서 삼성계열사들이 비노조 문화를 유지하려다가 해당 국가의 법을 위반하거나 윤리적 비난을 받은 바 있다. 과거 LG전자는 국내에서 신속대응팀을 글로벌 차원에서 운영하고 상황 발생 시 파견 후 바로 해결하는 방식을 취했지만 그 또한 국내 노사관계나 문화를 이식하려는 전제가 있었다.

이제는 국내와 해외를 주종관계로 정할 것이 아니라 별도의 수평적인 조직개념으로 접근해야 할 것이다. 특히 조직문화도 별도의 조직에 별도의 조직문화 개념으로 접근해야 한다. 비록 글로벌가치사슬의 지속적인 개편과 4차 산업혁명의 영향으로 해외 지역의 생산법인을 언제까지 유지해야 할 것인가는 더욱 어려운 과제가 되었다. 하지만 그럼에도 특히 대기업의 사회적 책임의 관점에서는 양질의 일자리가 창출되고 유지되며 조직문화도 그 국가와 지역의 역사와 문화에 반하지 않도록 구축해서 운영할 필요가 있다.

따라서 글로벌 원칙으로는 노동 3권 보호, 인권 확보, 안전한 일터, 적정한 임금, 노조(근로자 대표)와의 소통, 근로자·노조의 참여 등을 생각해볼 수 있다. (해외)사업장 원칙으로는 자율과 책임, 지역과 지역문화 반영, 사회적 및 정치적 환경 반영, 법제도 환경 반영, 지역발전에 기여, 그리고 해당 지역의 중장기 발전 계획 등을 생각해볼 수 있다. 이러한 노력은 당해 사업장에 그쳐서는 안 되고 해당 사업장의 2차, 3차 협력업체들의 글로벌 경영원칙과 사회적 책임 이행 등에 대해서도 관리하고 책임지는 자세로 임해야 한다.

우리 기업들은 그동안 해외 사업장에서 발생한 수익을 국내로 들여와 노사가 공유하는 방식을 취해왔다고 할 수 있다. 연결재무제표 등이 그러한 방식을 허용해왔다고 할 수 있다. 그러나 이제는 그런 방식이 해외 사업장의 노동자들에게는 불공평하다고 인식될 수 있다. 이러한 인식은 SNS 등을 통해 쉽게 확산되는 환경이 되었다. 해외 사업장에서 발생한 수익은 당 사업장 중심으로 활용되어야 한다. 따라서 국내 사업장에서는 자체적으로 수익을 창출해야 한다.

3

파트너십 노사관계 구축을
위한 단기 과제

새로운 노사관계를 위한 패러다임 전환

새로운 노사관계를 위한 패러다임 전환은 쉬운 과제가 아니지만 처음부터 쉬운 일은 없다. 여기서는 우선 단기적인 과제부터 핵심과제 순서로 구분해서 설명해보겠다. 단기 과제도 여럿으로 구분되는데 먼저 노사 간에 서로에 대한 의식 전환이 필요하다. 의식이 전환된 이후에야 상황에 대한 이해도 공유할 수 있다.

갈등적이고 대립적인 노사관계를 극복하기 위해서는 이해관계자 모두의 의식 전환이 선행되어야 한다. 노사관계는 역사적 배경을 가지고 있어서 나라마다 많은 차이를 보인다. 특히 우리나라는 과거 일제하에서의 노동운동이 독립운동과 연계되면서 대립적이고 전투적인 역사를 가지고 있다. 또한 1980년대까지 정치적인 독재와 노동운동이 연계되면서 투쟁적인 전통도 가지고 있다.

하지만 이제는 21세기에 들어선 지도 20년이 되어가고 1987년의 노동운동체제를 극복하자는 논의도 활발하게 이루어지고 있다. 그만큼 외적인 환경의 변화가 있다는 것이다. 사용자 입장도 마찬가지다. 물론 아직도 노조를 배제하려는 경영자들도 있다. 하지만 이제 노동조합을 이해공동의 파트너로 이해하고, 함께 기업을 경영하려는 경영자들이 많아지고 있다. 또한 이 경영자들은 과거 우리의 대립적인 노사관계가 득보다는 실이 많았다는 점을 실제 체험한 분들이다. 따라서 이제는 새롭게 전개되는 노사관계가 필요하다는 생각을 할 것이다.

먼저 기업의 입장에서는 기존의 노조에 대한 태도의 전환이 요구된다. 1987년 이후 노동조합의 활동, 특히 대기업에서 노동조합의 활동은 전반적으로 보장되고 있지만 경영진들의 노조에 대한 인식은 여전히 부정적인 경우가 많다. 이러한 부정적인 태도는 대립적이고 전투적 노사관계의 필연적 요소로 작용한다. 따라서 경영진들은 먼저 노동조합을 인정하고 근로자들을 헤아리는 마음을 가져야 한다. 이는 교육으로만 해결되지는 않을 것이며 조직문화로 구축되어야 한다.

이러한 인식의 변화는 물론 쉽지 않을 것이다. 하지만 우리는 지금까지 잘못된 인식과 태도로 문을 닫은 기업을 자주 보아왔다. 사용자의 잘못이든 아니면 노동조합의 잘못이든, 아니면 양쪽의 잘못이든 대립적인 노사관계로 정상적인 회사 경영이 이루어지지 못한 경우를 보아왔다. 이제는 대기업부터 노동조합에 대한 태도를 더욱 긍정적으로 갖고 노동조합을 동반자로 여겨야 할 것이다.

다음으로 필요한 것은 노동조합이나 근로자의 변화다. 우리나라의 대기업은 대부분 노동조합이 결성되어 있다. 물론 삼성그룹이나 기타 일부 그룹에 속한 대기업들은 노조가 결성되어 있지 않지만 대기업의 노동조합 조직률은 중소기업과 비교해 월등히 높다. 문제는 대기업 노조집행부가 협력적이고 이해공유 노사관계를 추구하기보다는 대립적이고 전투적 노사관계를 추구한다는 점이다. 기존에는 이러한 대립적이고 전투적인 노사관계가 유효했다. 하지만 글로벌가치사슬과 4차 산업혁명 시대를 맞은 지금 시점에서 이와 같은 태도가 근로자들의 이해관계를 효과적으로 대변할 수 있는가 하는 질문에는 쉽게 답하지 못하고 있다.

기업들은 글로벌 환경 변화에 대해 글로벌가치사슬 등을 구축하여 유연하고 신속하게 대응하고 있다. 하지만 노동조합은 물적 자원의 한계와 신속대응의 한계로 기업에 대해 효과적으로 대응하지 못하고 있다. 특히나 기업이 가지고 있는 공장폐쇄나 해외이전에 대해 교섭력을 확보하기 어렵기 때문에 수세적인 입장에서 대응할 수밖에 없다. 따라서 지금의 시대에는 사용자를 포함한 이해관계자들과 함께 상생의 노사관계, 이해공유 노사관계를 구축해나갈 필요가 있다. 우리는 이해대립적인 노사관계의 피해를 직접 목격한 적이 많다. 이러한 현상에 대해 사용자의 일방적인 정책, 정부의 기울어진 관점으로만 탓할 수는 없다. 따라서 시간은 걸리겠지만 상생의 노사관계, 이해공유 노사관계를 구축할 수 있도록 노력해야 한다.

일본의 노동조합은 회사 측의 자료를 가지고 활용한다. 신뢰가 확보되어 있기에 가능한 것이다. 우리도 이러한 수준의 신뢰를 확보하고 정보의 공유가 이루어져야 한다. 한때 우리나라 현대자동차의 노조위원장이 회사의 전략보고서를 가지고 조합원들을 설득했던 적도 있다.

노사 당사자 간 노사문제 해결 원칙의 확립

노사관계는 당사자주의가 원칙이다. 물론 우리나라는 사용자보다 노동자가 약자라는 전제하에 사회법, 구체적으로 노동법을 통해 노동자들의 권리를 보호한다. 개인적 차원의 근로기준법과 달리 집단적 노사관계에 대한 노조법은 원칙을 제시하고 노사가 대등한 상황에서 협상을 통해 근로조건이나 다른 여러 경우에 대한 기준을 정하도록 하고 있다.

그런데 지난 10여 년 동안 노사 간의 갈등이 법원으로 가서 해결되는 경우가 많아졌다. 상여금의 평균임금 포함 여부와 법정 근로시간 등의 문제만이 아니라 교섭대표노조의 결정 등 많은 내용들이 행정기관과 법원에서 해결되고 있다. 하지만 노사관계는 당사자 간에 해결하는 것이 원칙이다. 그래야 서로 협상을 통해 양보하면서 합의에 도달하는 것이다. 행정기관의 결정이나 법원의 판단은 합의를 도출해주는 것이 아니라 어느 일방의 손을 들어주는 것이다. 이는 서로 간에 합의 없는 결론을 내는 것이기 때문에 문제가 궁극적으로 해결되는 것은 아니다.

이렇듯 외부의 제3자가 결정을 내리게 되면 노사 당사자들의 협상력은 약화되고 중장기적으로 노사관계 역량 약화 원인을 제공하게 된다. 따라서 당사자 간의 합의가 가장 우수한 결과를 가져온다는 사실을 인지하고 행정기관이나 법원의 결정을 구하는 방식의 활용은 최소화해야 한다. 이러한 환경을 조성하기 위해서는 정부의 개입은 최소화되어야 하고 마지막 해결 수단이어야 한다. 법원의 판단도 되도록 노사당사자의 합의를 권장하는 방식으로 활용되어야 할 것이다.

노사관계는 핵심 주체가 노와 사이다. 정부와 국민은 제3자다. 최근 노사관계의 끝을 법원의 판단에 의지하고 있는데 이러한 방식은 바람직하지 않다. 노사관계의 해법에는 정답이 없는 것처럼 마지막 결론을 제3자인 법원에 의지하는 방식은 바람직하지 않다. 양 당사자가 풀어가야 한다.

최근 조선업의 불황이나 한국GM의 군산 공장폐쇄 등 기업이 어려운 경우 그 피해는 기업만이 아니라 근로자에게도 더 큰 피해로 향한다는 것을 직접 보고 경험하고 있다. 따라서 이제는 노사의 이해가 별개가 아니고 하나라는 점을 좀 더 인식하고 상생의 노사관계 구축에 노사가 힘을 합쳐야 할 것이다.

상황에 대한 이해 공유

노사 간에 의식 전환이 이루어졌다면 이를 바탕으로 상황에 대한 이해공유가 필요하다. 갈등의 상당 부분은 상대방에 대한 이해부족에서 생긴다. 사용자는 노동조합에 항상 회사의 상황에 대해 부정적으로 이야기하고 노동조합은 사용자의 제안을 제대로 들어보려고 하지도 않는다. 그리고 지역의 시민단체는 이해당사자들의 현실을 이해하기보다는 운동논리에 집착하고 정부는 지역주민을 위한 것이 아니라 정치적 계산에서 접근하는 등 다양한 논리가 작용한다.

공장폐쇄와 해외이전, 신기술 도입에 대한 노사 간 갈등, 신규 사업영역의 확대 등은 기업의 입장에서는 경쟁력을 확보하고 지속가능한 경영을 위한 필수적인 경영 사항이지만 근로자 입장에서는 가

파트너십 구축을 위한 단기 과제

갈등적이고 대립적인 노사 관계 극복을 위한 의식 전환과 당사자주의 강화	∨ 기업의 태도가 먼저 변화 ∨ 노조도 사용자의 태도 변화에 화답 ∨ 노사 당사자간에 노사문제 해결 원칙을 확립하고, 법원이나 정부는 새로운 노사관계 구축에 지원역할 ∨ 글로벌 상황에 대한 노사간 이해 공유
업·종지역별로 차별화되고 특화된 접근 방식 활용	∨ 전국단위의 노사협의와 병행하여 업종별·지역별 노사정협의체의 활성화 ∨ 정부도 차별화된 지원제도를 활성화 ∨ 해외 국가별로 차별화된 노사관계 구축 및 운영
고용친화적인 구조조정과 경쟁력 강화	∨ 구조조정과 해외이전에 대한 대응은 역발산으로 ∨ 4차 산업혁명으로 인한 고용감축에 노사공동 대응 ∨ 노동조합 없이도 의사소통 체계는 구축

장 중요한 고용안정성을 저해하는 요인이 될 수 있다.

상대방에 대한 이해도를 높이면 오해가 사라지고 상대적으로 쉽게 해결책에 도달할 수 있다. 이러한 경우에 기업이 먼저 근로자들에게 체계적으로 정보를 전달하고 설명한다면 불필요한 갈등을 예방할 수 있으며, 근로자들의 적극적인 협력을 도출하는 데도 유용한 방법이 될 것이다. 대표적으로는 노동조합이 될 수도 있지만 더 나아가서는 지역 내 소재한 시민단체나 각종 이해관계 집단들과도 투명한 의사소통 통로를 마련한다면, 불필요한 갈등을 사전에 예방하고 결과적으로 협력을 이끌어낼 수 있을 것이다.

업종·지역별로 차별화되고 특화된 접근방식 활용

우리나라의 대기업은 업종이 다양하다. 전기·전자, 자동차, 조선,

화학, 철강, 정보통신과 같은 제조업에서부터 금융, 인터넷, 소프트웨어 등과 같은 서비스업종까지 다양하게 포진해 있다. 업종의 특성상 자동차, 조선, 화학 업종은 노동조합이 견고하게 결성되어 있고 정보통신 업종은 협력적인 관계를 유지한다. 전자 업종은 대부분 무노조 사업장 중심으로 구성되어 있다. 서비스 업종과 금융 업종은 오랫동안 노조결성 사업장으로 노사관계가 유지되어 왔으나 인터넷이나 소프트웨어 업종은 최근에 노조가 결성되는 경우가 많아지고 있다.

이렇게 업종의 특성에 따라 노사관계도 다양하게 형성되어 있다. 글로벌 차원에서도 유사하다. 자동차는 전세계 모든 사업장에 노동조합이 결성되어 있지만, 전자 업종은 대부분 무노조사업장으로 형성되어 있다. 자동차 업종은 파업이 발생하더라도 기존의 재고 등을 이용해서 시장에 대응할 수 있지만, 반도체 업종은 생산이 중단되면 바로 시장에 공급이 중단되는 등 큰 피해를 피할 수 없게 된다. 이러한 업종의 특성이 사업장 노조 존재 여부에 상당한 영향을 미치는 것이다.

따라서 모든 업종에 일률적으로 적용할 수 있는 갈등 해소 방식을 찾기란 쉽지 않다. 특히 지난 20여 년간 추진해온 노사정위원회나 경제사회발전노사정위원회 같은 국가 차원의 협의체가 효과적이지 못한 것은 우리가 직접 보아왔다. 따라서 국가 차원도 필요하지만 업종이나 지역 차원에서 접근해보는 것도 효과적인 방법이 될 수 있다.

업종의 특성에 따라 노사관계가 다른 것처럼 국가 차원과 지역 차원 그리고 기업 차원의 노사관계도 서로 다르게 접근할 필요가 있다. 우리나라는 지난 20여 년간 추진해온 국가 차원의 노사정위원회나 경제사회발전노사정위원회, 그리고 최근의 경제사회노동위원회는 이름은 많이 바뀌었지만 그 효과에서는 긍정적인 평가와 함께 부정적 평가도 만만치 않다. 민주노총은 여전히 공식적으로 참여하지 않고 있으며, 국회와의 관계 등으로 실천적인 효과는 의문시되고 있다.

경제사회노사정위원회가 정치 경제적 위상으로 인해 충분한 효과를 보기 어렵다면 지역 단위나 산업 단위에서의 노사정공위원회의 구성과 활동도 대안으로 모색될 필요가 있다. 지역 단위나 산업 단위의 경우 정치색을 희석시킬 수 있다. 모든 힘을 지역이나 산업의 구체적 현안에 대한 논의로 집중할 수 있으므로 상대적으로 빠르고 구체적인 효과도 기대할 수 있다. 기존의 지역 단위 노사민정협의체나 인적자원개발위원회를 적극 개편하여 노사정 간의 현안에 대응할 수도 있을 것이다. 전정부에서 구성한 조직이라고 해서 굳이 관심대상에 두지 않을 필요가 없다.

지역별 인적자원개발위원회의 경우 주로 기업의 교육훈련을 중심으로 지원하고 있지만, 오히려 지역 단위 대학과의 연계를 통해서 지역 내 기업들이 원하는 인재를 육성하는 프로그램들을 만드는 데 기여할 수 있을 것이다. 또한 최근 대학의 학생모집 어려움에 대응해서 기업 내 재직자들에 대한 교육훈련도 연계할 수 있을 것이다.

정부가 추진한다면 몇 개 업종에 대해 시범적인 운영을 지원해주는 방식도 생각해볼 수 있다. 정치적으로는 대통령의 임기 5년 동안에 가시적인 성과를 내야 하기 때문에, 새롭게 정부가 들어설 때마다 공약 실천을 위해 대규모 예산을 긴급하게 투입하고 단기적으로 성과를 기대하는 경우가 많다. 하지만 교육은 백년지대계라고 한 것처럼 단기간에 효과를 보기 어려운 경우가 많다. 그래서 시범적인 운영을 통해 1차 검증을 한 후에 그 범위를 확대할 수 있을 것이다. 그래야 실질적인 예산의 낭비도 줄일 수 있다.

글로벌 수준에서는 정치적 환경, 경제적 환경, 그리고 글로벌 소비자 트렌드를 반영하는 비즈니스를 전개하고, 그에 대응되는 글로벌 차원의 지역 단위 노사관계를 특화해서 구축할 필요가 있다. 대표적으로 중국은 기업마다 설치된 공회는 근로자를 대표하는 조직이지만, 우리나라처럼 자발적으로 결성되는 노동조합이 아니라 공산당 하부조직이라고 할 수 있다. 그래서 최근 노동자들이 별도로 노동자 대표조직을 만들어내고 있다. 이러한 특성을 반영할 수 있는 노사관계가 구축되어야 한다.

우리나라에서는 복수노조가 허용되면서 유니온숍, 즉 특정 기업의 노동자가 개인적인 의사와는 상관없이 조합원이 되는 강제노조가입 규정이 무효화되었다. 하지만 미국은 주별로 유니온숍을 허용하기도 하고 금지하기도 한다. 그에 따른 노사관계 구축이 필요한 것이다.

고용친화적인 구조조정

다양한 이해관계자가 협의하는 경우에는 문제점에 대해서는 공유하면서도 해결방안에 대해서는 서로 다른 견해를 밝히는 경우가 많고, 그런 경우 시간이 지나도 해결책을 도출하기 어려운 경우가 많다. 새로운 이슈는 아니지만 구조조정이나 해외이전에 따른 국내 사업장의 폐쇄에 따른 고용충격을 흡수하는 이슈가 가장 중요한 이슈일 것이다.

물론 국내에서 경쟁력이 하락하기 때문에 사업장을 해외로 이전하는 것, 그 자체를 금지하기는 어려울 것이다. 하지만 그 과정에서 충격을 최소화하는 노력에 대해 매뉴얼을 만들거나 부작용에 대해 충분히 검토함으로써 충격을 줄일 수 있다. 가까운 예로는 여러 번 언급되었지만 2018년 5월 한국GM의 군산 공장폐쇄다. 대규모 사업장 폐쇄의 경우 국가적인 관심사다. GM 본사는 미국에 있으며 수익성에 근거한 경영의사결정을 내림으로써 3개월 정도의 예고기간만을 가지고 공장을 폐쇄했다. 이후 군산지역 경제가 침체를 겪게 됐다. 새로운 도약을 위해서는 상당한 시간이 필요할 것으로 예상되고 있다.

중국을 벗어나서 베트남이나 기타 동남아시아에 수많은 한국기업이 진출한다는 것은 국내 여러 사업장의 폐쇄와 직접 연결된다. 국내 근로자들이 해외로 옮겨가 기존 임금보다 5분의 1 수준을 받는다는 매우 이상적인 경우를 제외한다면, 사실상 국내에서 일자리가 없어지는 것이다. 이러한 상황을 어떻게 극복할 것인가가 큰 숙제라 하겠다.

대기업도 상황은 비슷하다. 전기·전자, 자동차, 화학, 철강 등 조선업종만을 제외하고는 모두 해외에 생산공장을 가지고 있다. 그리고 해외 비중이 점차 확대되는 상황이다. 다만 중소기업과 달리 점진적으로 해외 사업을 확대해 나가기 때문에 해외사업 확대에 따른 직접적인 노사 간 갈등이나 분규는 보기 어렵다. 하지만 LG전자의 경우 이제 국내생산 비중은 매우 작고 해외 생산 중심체제로 전환되었으며 국내에서는 주로 디자인이나 연구개발이 중심이 되어가고 있다. 그 결과 국내 인력은 정체 내지 감소 추이를 보인다. 따라서 국내 사업장의 폐쇄와 해외이전에 따른 고용감소나 고용정체 이슈를 다루는 것이 대표적인 예시가 될 수 있을 것이다.

4차 산업혁명으로 인한 고용감축에 노사공동 대응

고용과 관련한 또 다른 이슈는 4차 산업혁명의 결과 고용감축으로 이어지는 경우다. 금융 업종은 이미 상당 수준으로 지점이 폐쇄되어가고 있으며 그에 따라 점진적인 고용조정이 수년째 진행되고 있다. 그럼에도 이러한 고용조정 이슈를 긍정적인 방향으로 해결해보려는 노사 간의 노력은 잘 보이지 않는다.

매년 수조 원의 이익을 내고 있는 대형 은행들의 경우 고용을 유지하려는 노력보다는 명예퇴직 위로금을 높이려는 노동조합의 노력만이 보인다. 교육훈련을 통한 배치전환이나 해외사업의 확대 등 좀 더 적극적으로 인력을 유지하려는 노력은 노사 간에 매우 중요한 이슈가 될 것이다.

더 나아가서는 고용친화적인 기술도입방안에 대해 노사공동의 모색이 있어야 한다. 구체적인 예로 스마트 공장으로 전환하는 경우에도 반드시 소요인력 감축을 전제로 하는 것은 아니다. 기존인력의 숙련도 제고 등을 통해서 인력규모를 유지할 수 있으며, 더 나아가서는 인력수요를 더 확대할 수도 있다. 이러한 예는 특히 정부에서 좀 더 적극적으로 사례를 개발하고 홍보할 필요가 있다. 그 결과 노사 간에 머리를 맞대고 유사사례를 더욱 확대할 수 있다.

해외에 생산공장을 유지하는 경우에도 인건비는 지속적으로 상승할 수밖에 없다. 그러한 경우 바로 다른 지역으로 이동하는 것이 아니라 비용을 절감하려는 혁신 노력을 기울임으로써 해당 국가에 대한 사회적 책임을 다할 수 있다. 그렇다면 해당 국가에서도 공장을 유지하려는 노력을 긍정적으로 평가하고, 재정적인 지원을 하는 경우도 발생할 것이다. 구체적인 예가 바로 한국GM의 한국 내 사업 유지를 위해 수천억 원 이상의 재정지원을 약속한 것이다.

새로운 사업의 개척도 기업에는 사세 확장과 경쟁력 강화이며, 근로자에게는 고용안정성 확보의 방안이 될 수 있다. 기본적으로 기업은 사업영역 확대를 통한 환경 변화에의 대응이 필연적인 경영 내용의 하나이다. 초기에 시장은 성장하지만 성숙 단계를 지나면 쇠퇴 단계에 이르게 마련이다. 그 결과 기존 사업에 대한 고용 규모는 점진적으로 축소하게 된다. 하지만 새로운 사업을 성공적으로 정착하게 된다면, 근로자의 배치전환을 통해서 고용조정에 따른 충격을 최소화할 수 있다.

전자 업종도 더 성능이 좋은 반도체나 제품을 지속적으로 개발하고 양산함으로써 기업의 지속가능성을 확보하고 결과적으로 고용에서도 인력의 재배치를 통해서, 구조조정의 충격을 최소화하고 오히려 신규 고용을 창출할 수 있다. 자동차도 신모델의 개발이나 고품질 브랜드의 론칭을 통해서 새로운 차종의 생산과 판매를 증대시킴으로써, 기업과 근로자 모두에게 윈윈하는 결과를 가져올 수 있다. 지속적으로 혁신을 유지하게 되면 근로자들로서는 임금을 포함한 복지후생의 개선만이 아니라 고용안정성도 확보하게 되는 것이다. 조선 업종도 물론 외적인 세계경제의 영향을 많이 받지만 기존의 저부가가치 선박 제조에서 고부가가치 선박의 제조 능력을 갖춤으로써, 기업과 근로자 모두에게 상생의 결과를 가져올 수 있다.

또한 노사 간에 현안이 있는 경우 신속한 결정이 필요하기에, 우선적으로 접근하여 이해관계 당사자들이 해결책을 모색하도록 하는 방법을 취할 수 있다. 이로써 시간적인 제약조건을 이용해서 이해 당사자들의 양보를 쉽게 얻어낼 수 있으며 그 결과 해결책에 빠르게 도달할 수 있을 것이다.

그런데 노동조합이 있으면 노사 간 의사소통 채널이 안정적으로 확보되어 있기 때문에 신속한 논의와 의사결정을 내릴 수 있다. 하지만 노동조합이 없는 경우에는 노사 간 소통체계를 별도로 구축해야 노사 간 협의가 필요한 현안에 대해서 논의와 의사결정을 내릴 수 있다. 우리나라는 노조결성 유무와 상관없이 노사협의회를 설치해야 하는 법적인 강제제도가 존재한다. 따라서 이 노사협의회를 적극 활용한다면 긍정적인 효과를 기대할 수 있다. 또한 노사협의회가 활성화되면 근로자들이 굳이 다른 의사소통 통로를 찾지 않을 가능성도 있다.

노사협의회는 사업장별로 설치하도록 되어 있지만 다양한 차원에서 노사협의회를 활용할 수 있다. 특히 우리나라의 경우에는 원하청 관계가 활발하기 때문에 필요하다면 노사협의회를 하청회사(협력회사)를 포함해서 구성할 수 있다. 자동차 생산모델의 변경이나 그에 따른 새로운 숙련의 필요성 등등에 대해 원하청 노사협의회를 활용함으로써 새로운 결론에 쉽게 도달할 수 있다.

4

파트너십 노사관계의 경쟁력 강화를 위한 중장기 과제

고용친화 스마트화와 교육훈련 공동 추진

기본적인 여건이 조성된다면 그다음에는 글로벌 차원에서 기업의 지속가능한 경쟁력 강화를 위해 노사파트너십을 이용해야 한다. 4차 산업혁명에 대응하는 일에서 가장 큰 걸림돌은 일자리가 감소할 것이라는 노동자들의 불안인데, 고용친화형 스마트화가 진행된다면 노동자나 노동조합의 불안을 극복할 수 있다. 그리고 다음으로 필요한 것이 인건비에 대한 서로 간의 이해다. 현재 우리나라의 임금 수준은 낮은 것이 아니다. 물론 우리보다 높은 나라들도 있지만 생산성을 고려했을 때 우리나라 임금 수준은 높은 편이다. 이에 대한 논의가 필요하다.

먼저 4차 산업혁명에 대한 고용친화 스마트 공장의 공동 추진이다. 4차 산업혁명의 결과 혁신은 급속하게 진행되고 있으며, 공정혁신에서는 자동화와 인공지능과 로봇 등의 활약이 급격하게 사람을 대체하고 있다. 이를 두고 흔히 노동 배제적인 혁신이라고 하는데 이러한 노동 배제적 혁신이 지속적으로 이루어진다면 단순히 일자리

노사파트너십 바탕의 경쟁력 강화를 위한 중장기 과제

4차 산업혁명에 대해 고용친화 스마트화 공동 추진	∨ 노조와 노동자의 조직적인 사회갈등을 일으키는 노동배제적 혁신을 넘어서서 고용친화 일터 스마트화 추진 ∨ 노사 간 공동 추진과 성과 공유 원칙의 수립 및 적용 ∨ 국내외 성공사례에 대한 적극 발굴 및 홍보로 성공에 대한 확신 역량 제고
인건비와 임금에 대한 합의 및 교육훈련의 공동 추진	∨ 인건비 수준, 임금체계 개편에 대한 노사 공동 논의 및 합의 도출 ∨ 교육훈련을 통한 개인 경쟁력 제고 및 성과 향상 실현
비노조근로자 대표제도의 활용	∨ 노동조합이 아닌 대안적 형태의 근로자 대표제도의 활용 ∨ 국가별 특성에 따른 사업장 의사소통 제도 구축
다원적 파트너십 의식의 국내 및 글로벌 확산	∨ 노사 당사자만이 아니라 협력업체, 지역사회, 정부 및 소비자와의 협력적인 파트너십 구축 ∨ 국가별로 특화된 다원적 파트너십의 확산

의 감소만이 아니라 노동자들의 집단적이고 조직적인 저항으로 사회갈등이 발생할 가능성이 크다.

따라서 근로자들의 일자리를 불안하게 하지 않는 혁신, 즉 고용친화형 일터혁신이 이루어져야 할 것이다. 1950년대 일본에서는 혁신에 대한 노동자들의 불안을 줄이기 위해서 생산성 향상을 위한 3가지 원칙에 대해 노사 간에 합의한 바 있다. 첫째, 노사가 공동으로 혁신을 추진한다. 둘째, 혁신에 따른 성과는 노사가 공유한다. 셋째, 혁신의 결과가 일자리 감소로 이어져서는 안 되며, 노동자나 노동조합이 반대하는 혁신은 추진하지 않는다. 이러한 원칙하에서 일본은 지속적으로 혁신을 통한 생산성 향상을 이룩했고, 그 결과 지금의 일본이 가능해진 것이다.

우리도 이러한 방식을 적극 도입해서 지속가능한 혁신이 추진될 수 있어야 한다. 기술혁명 등에 대한 노사 간 인식이 공유되면 노동자와 노동조합이 회사와 협력해서 혁신을 추진하지 않을 이유가 없다. 두산인프라코어의 경우 중국 공장에서 지속적인 혁신이 이루어지고 있다. 현대자동차도 노사 간에 전기자동차에 대한 이해도를 높이고 전기자동차 생산에 대한 준비를 해나가고 있다. 물론 반도체 생산과 같이 자동화 수준이 매우 높게 진행된 경우에는, 일반 노동자들이 공정혁신에 기여할 수 있는 여지가 많지 않다. 하지만 노사 간에 파트너십을 바탕으로 지속가능한 혁신을 이루어낼 여지는 얼마든지 있다.

다음은 인건비와 임금에 대한 합의 및 교육훈련의 공동 추진이다. 현대자동차는 아쉽게도 지난 20여 년 동안 국내에 단 하나의 생산공장도 설립하지 않았다. 물론 해외시장 개척 등의 여러 이유가 있어서 중국을 비롯한 해외에 생산공장을 지었겠지만 그 이유 중에 대립적이고 갈등적인 노사관계, 그리고 그로 인한 높은 인건비가 포함된다는 사실은 일반인도 다 아는 일이다. 그렇다면 인건비에 대한 부담을 높은 생산성으로 극복할 수 있을까? 지속적인 혁신이 이루어진다면 인건비 부담이 아니라 높은 생산성이 경쟁력 요인이 될 수 있다. 하지만 생산성에 대한 논의 없이 임금 수준만 높인다면 이러한 방식은 지속가능하지 않으며, 조만간 일자리 감소로 이어질 수밖에 없다.

따라서 노사 간에 인식을 공유하고 신뢰를 기반으로 인건비와 임금 등에 대한 합의가 있어야 한다. 일본의 도요타자동차를 비롯해 다수의 대기업들은 호봉제 임금체계를 숙련, 역량, 성과를 반영하는 임금체계로 전환해가고 있다. 하지만 안타깝게도 우리 기업들은 그렇게 전환된다는 소식을 접하기 어렵다. 이러한 현상은 자동차생산공장에 국한된 것이 아니다. 전자, 철강, 화학 등 우리나라 주요 산업의 대기업들에 공통으로 해당되는 내용이다. 아무튼 노사 간에 신뢰를 바탕으로 인건비에 대한 논의를 적극 개시해야 한다. 이미 늦은 감이 있다.

그리고 임금이나 복리후생에 대한 논의가 소극적인 대응이라면 교육훈련을 통한 생산성 향상은 적극적인 대응이라고 할 수 있다. 임금이 갈등적인 이슈라고 한다면, 교육훈련은 노사이해가 같은 통합적 이슈라고 할 것이다. 지금도 교육훈련에 대해서는 노조 유무와 상관없이 노사협의회에서 공동으로 결정하도록 하고 있다. 특히 4차 산업혁명으로 지식의 진부화가 급속하게 진행되는 상황에서 교육훈련의 중요성은 더욱 커진다고 할 수 있다. 과거에 비해 교육훈련은 더욱 확대될 것이며, 방향이나 내용 그리고 진행방식 등에 대해서 노사 간 합의를 추구한다면 교육훈련의 성과는 더욱 향상될 것이다.

비노조 근로자 대표제도의 활용 및 다원적 파트너십의 확산

이제 비노조 근로자 대표제도의 활용을 보자. 우리나라의 대다수 글로벌 대기업에는 노동조합이 결성되어 있지만 다 그런 것은 아니다. 해외의 경우도 노동조합 조직률은 지속적으로 정체 또는 하락 추이를 보이고 있다. 많은 학술적 연구에서 근로자 대표제도로서 노동조합이 유일한 것은 아니라는 분석도 제시하고 있다. 또한 다수 근로자들의 의식도 전통적이고 집단적인 노동조합 외에 대안적 형태의 근로자 대표제도를 선호해 가는 추세다.

따라서 기본적으로는 노동조합을 전제로 한 노사관계를 활용하지만 비노조 형태의 근로자 대표제도에 대한 활용도 검토되어야 한다. 우리나라는 30인 이상 사업장에서는 노사협의회 설치가 강제되고 있다. 따라서 노동조합이 없는 경우 노사협의회를 활용하여 노사 간 파트너십을 구축하고 공동사업을 추진해나갈 수 있다.

마지막으로 언급할 것은 다원적 파트너십 의식의 국내 및 글로벌 확산이다. 파트너십은 국내에서만이 아니라 해외에서도 다양하게 활용할 수 있다. 먼저 국내에서는 앞에서 논의한 대로 단순히 노사관계만이 아니라 근로자, 협력업체, 지역사회, 소비자와의 관계에서도 협력적인 파트너십을 구축할 수 있다. 지금까지는 주로 근로자 및 노동조합과의 파트너십을 강조했지만 이제 협력업체, 지역사회, 소비자와의 파트너십이 중요하다. 그래야 지속가능한 경영이 가능하기 때문이다.

우리 대기업들의 글로벌화에 있어서도 파트너십은 필수불가결의 요소다. 국내 본사와 해외 사업장과의 관계에서도 종속관계가 아니라 파트너십 관계가 필요하다. 또한 해외 사업장에서도 회사는 단순히 해당 국가의 근로자나 노동조합과의 관계만이 아니라 소비자, 협력업체, 지역사회, 정부 등과의 협력적인 관계 구축이 필요하다. 국가별로 노사관계에서도 많은 차이가 있지만 노사 간 파트너십을 금지하는 나라는 없다. 오히려 모든 국가에서 노사파트너십을 권장한다. 따라서 국가에 따라 차이는 있겠지만 해당 국가에 적절한 노사파트너십을 구축해서 경쟁력 확보에 활용할 필요가 있다. 이때 단순히 노사관계에서만이 아닌 다양한 이해관계자와의 파트너십 협력관계가 필요하다.

7장

파트너십 노사관계 구축을 위한 법과 제도의 개편

글로벌 경쟁력을 갖는 노사관계 구축을 위해서는 무엇보다 법제도 개편이 시급하다. 착취와 쟁취의 노사관계에서 협력적 파트너십 노사관계로 전환하는 일을 시작으로 근로자 참여, 협력증진에 관한 법률의 개정, 비노조 근로자 대표제도의 보완 등이 필요하다. 부당 노동행위도 형사적 처벌보다는 경제적 제재방식으로 전환하고 기술 변화에 대한 고용기본법 제정, 구조조정에 대한 체계적 보완조치 등 새로운 노동시장에 맞는 법이 필요하다.

권혁

부산대학교 법학전문대학원 교수

고려대학교 법과대학을 졸업했고 동 대학원에서 석사학위를 받았다. 독일 마부르크대학교에서 박사학위를 받았다. 부산대학교 법과대학을 거쳐 동 대학교 법학전문대학원 교수로 재직하고 있다. 부산지방노동위원회 공익위원과 고용노동부 규제심사위원회 위원 등 민·관기구들에서 활동하고 있다. 현재 한국노동법학회와 한국노사관계학회 등에서 상임이사를 맡고 있다. 『단체교섭질서와 원하청관계』 외 다수의 저서와 논문이 있다. 고용형태다변화, 산업안전, 근로계약법 연구에 관심을 갖고 있다.

1

미래상생을 위한 협력 지향의 노사관계

공동운명체 파트너십 노사관계 구축 필요성

지금까지의 논의가 제대로 해결되기 위해서는 기존의 법과 제도에 대한 재정비와 보완이 필수다. 전통적으로 노사관계는 사용자의 경영권과 근로자 노동력의 교환을 위한 배타적이고 전속적인 계약관계로만 파악되어 왔다. 이러한 이유로 개별 근로계약관계법 체계나 노동조합을 중심으로 한 집단적 노사관계법 체계는 적대적이고 대립적 노사관계 틀을 상정해 놓고 설계되었다. 말 그대로 노사는 서로를 착취하고 쟁취하는 투쟁적 관계임을 전제로 하고 법제도 체계를 마련해 놓은 것이다. 그 결과 협력적 노사관계법제도는 소외되고 말았다.

사용자와 근로자가 하나의 동료로서 협력적 관계에 있고 그러한 협력적 관계를 지향해야 한다는 점은 오랫동안 법제도 체계의 변두리에 방치되어 있었다. 이제 법제도 측면에서나 기업 내부에서의 규율체계상 관심 대상에서 멀어져 있었던 협력적 노사관계에 다시금 주목할 필요가 있다.

과거의 틀 안에서 보면 근로자의 고용안정과 근로조건의 향상은 사용자를 통해서 구현될 수 있었다. 착취와 쟁취의 프레임이 유효할 수 있었던 것은 기업의 성장을 당연한 전제로 했기 때문이다. 하지만 글로벌화된 기업 경쟁 사회에서는 다르다. 기업의 존망이 순식간에 바뀐다. 이러한 현실에서, 근로자의 고용안정과 실질적인 근로조건 향상을 위해 오히려 필요한 것은 기업 스스로가 경쟁력을 가지는 일이다. 만약 기업이 경쟁력을 상실하면, 아무리 근로자의 근로조건 향상을 위해 노동조합이 노력해도 소용없다.

기업 경쟁력은 사용자에게만 귀속되는 이익이 아니라 노사 모두의 생존을 위한 것이다. 이미 노사 모두 사업을 중심으로 한 '운명공동체'를 형성하고 있다. 이것이 바로 노사파트너십을 위한 '협력적 노사관계법' 체계의 활성화가 필요해 보이는 이유다. 실제로 유럽 선진 제국에서의 노사관계는 협력적 노사관계 체계로 재편되고 있다. 이러한 세계적 추세가 우리나라의 현재 상황에만 비껴갈 수는 없다. 노사의 협력을 위한 법제도 체계가 노동관계 규율의 본질적 영역으로 자리매김하도록 해야 한다. 이를 위해서는 운명공동체의 지속적 발전에 노사 모두가 참여하고 협력할 수 있도록 하는 시스템의 마련이 필요하다.

노사협력을 위한 법제도 영역은 매우 다양할 수 있다. 기존의 노사관계법제도 개선의 필요성 또한 다양하고 광범위하다. 구체적으로 살펴보면 다음과 같다.

기존 법률과 제도의 한계 및 정비 보완의 필요성

노동조합은 근로자들의 집단적 연대조직체다. 이러한 근로자 연대 체제는 두 가지 근로관계 속성을 기반으로 한다. 근로조건의 균질성과 공간적 동일성이다. 개별 근로자마다 근로조건의 차이가 미세하게 존재하겠지만 기본적인 프레임은 동일하다는 것이 전제되어 있었다. 근로조건 유지 향상을 위한 노동조합의 단체교섭도 근로자 간 근로조건의 균질성에 토대를 두었기 때문에 실효성을 거둘 수 있었다.

하지만 미래 노동사회는 그렇지 않다. 개별 근로자들의 역량, 개성, 그리고 창의성에 바탕을 둔다. 근로자들 개인마다 자신의 고유한 성과를 도출하게 될 것이다. 균질적이고 단순한 노무 중심의 전통적인 대공장 근로자상을 전제로 한 근로조건의 균일성과 연대성 그리고 근로조건의 통일성과 상호 조화되기 어려울 수 있음에 유의할 필요가 있다. 개별 근로자마다 고유한 근로조건 결정 메커니즘을 구축하게 될 개연성이 높기 때문이다.

근로의 방식, 즉 일하는 방식의 다양성도 중대한 변곡점이다. 노동조합은 단결활동을 통해 대오를 유지하고 통일된 주장을 할 수 있었다. 그러나 일하는 방식의 변화는 단결활동의 방법론에 대한 변화도 불가피하게 초래할 것이다. 시간과 장소에 있어 근로자의 재량 확대는 점점 커질 것인 만큼 근로자 연대체로서 단결권 강화를 위한 내부 활동은 더 이상 실효성을 거두기가 어렵게 될 것이다. 나아가 개별 근로자들 간의 상호 연대를 위한 공간이 사라지거나 축소될 수 있다.

한편 미래의 노무제공형태는 독립성과 자율성을 지향하게 될 것이다. 오늘날 플랫폼 취업자 중에는 근로자 외에도 특수고용형태 종사자나 위탁사업주의 사업조직에 편입되지 않고 그의 지휘명령 없이 자유롭게 노무를 제공하는 형태가 늘어가고 있다. 이러한 형태의 노무제공 인력이 앞으로 전형적 근로자 개념이 될 가능성이 크다. 요컨대 이제 근로자의 파편화와 근로방식의 다양성은 불가피한 변화로 받아들일 수밖에 없다. 그렇다면 마땅히 근로자 대표제도의 새로운 방식을 고민하게 할 수밖에 없다.

그 대안으로서 협력적 노사관계 활성화를 위한 미래지향적 근로자참여제도를 모색할 필요가 있다. 우리나라를 비롯하여 대다수 산업국가에서 노동조합 조합원이 아닌 비조합원들의 의사와 고충을 반영할 수 있는 대화통로가 마땅치 않은 것은 오랜 고민거리이기도 했다. 조합원 여부를 떠나 하나의 사업 또는 사업장 내에 소속된 전체 근로자들의 의사를 제대로 반영할 수 있는 보이스 메커니즘voice mechanism을 정비할 필요가 있는 것이다. 다만 형식적으로 전체 근로자 대표와 사용자 간의 대화 및 협의 창구는 마련되어 있다. 노사협의회가 바로 그것이다. 요컨대 현행 근로자참여 및 협력증진에 관한 법상 주도적 역할을 하는 조직협의체는 노사협의회다.

그러한즉 노사협의회는 법상 협력적 노사관계 구현을 위한 구체적 수단체라고 할 수 있다. 문제는 노사협의회의 역할 범위가 제한적이고 노동조합보다 근로자 대표성이 오히려 낮다는 데 있다. 우선 역할 범위에 대해 검토하면 노사협의회에서 다룰 수 있는 의제의 문제점을 지적하지 않을 수 없다. 이러한 점은 노동조합과는 구별되는 근로자 전체 대표(조직)의 사업장 내 역할과 기능을 살펴보면 더 명확

독일에서의 종업원평의회 권한

	진정공동결정권 ("Eechte" Mitbestimmung)	§ 87 Ⅰ
	동의거절권: (Zustimmungsverweigerung)	§ 99 Ⅱ – Ⅳ
	이의권(Widerspruch)	§ 98 Ⅱ – Ⅴ § 102 Ⅲ – Ⅴ
	자문권(Beratung)	§ 74 Ⅰ, § 111 Satz 1
	협의권(Anhörung)	§ 80 Ⅰ, § 102 Ⅰ 1, 3
	설명보고권 (Unterrichtung)	§ 105, § 99 Ⅰ

히 드러난다.

현재 근로자참여 및 협력증진에 관한 법률을 보면 임금이나 노사 간 갈등적인 요소에 대한 논의는 제외되어 있다. 앞으로 노사협의회 체제의 실질적 기능 부여를 통해 논의사항을 확대 심화시키는 문제를 검토해볼 수 있다. 실제로 독일 종업원평의회의 기능과 역할은 근로자 참여권의 행사로 요약될 수 있다. 보다 구체적으로는 두 가지 카테고리로 대별해볼 수 있다. 하나는 '공동결정권'이고 다른 하나는 다소 약화된 의미의 경영 참여로서 소위 '공동협조권'이다.

경영조직법상 종업원평의회의 기업참여 방식은 단계적으로 보장된다. 사용자의 종업원평의회에 대한 단순정보제공 또는 보고의무를 규율로 두고 있고 청문권도 보장하고 있다. 노사 간 정보 공유를 목적으로 한 것이다. 낮은 단계의 참여방식 이외에도 노사 간 협의권과 이의제기권 그리고 동의거부권과 공동결정권도 부여하고 있다.

이러한 노사협의제도의 실질적 기능 확대를 통한 노사협력관계의 심화는 노사 간 신뢰를 필요적 전제요건으로 한다. 신뢰의 구축은 노사 간 긴밀한 소통을 통해서만 가능하다. 요컨대 노사 간 긴밀한 소통은 협력적 노사관계를 구축하는 토대인 셈이다. 긴밀한 소통은 노사 양측으로 하여금 이해관계를 같이하도록 하는 기능을 하기 때문이다. 협력적 노사관계는 이해관계를 달리하는 당사자 간 투쟁의 장을 배경으로 해서는 성립할 수 없다. 노사 모두가 스스로를 위한다는 인식과 문화가 필수적이다.

협력적 노사관계의 구축은 노사 간 불필요한 법적 분쟁을 예방하거나 최소화하는 장점이 있다. 우리 노동 현실에서 노동 분쟁의 상당수는 매우 소모적인 갈등과 분쟁으로 이어짐에도 주목할 필요가 있다. 다분히 과거 지향적인 논의가 아닐 수 없다. 과거와 현재에 머문 논의도 필요하지만 새로운 변화, 즉 4차 산업혁명의 도래에 의한 부정적 충격 요소들을 최소화하기 위한 대비적 요인에 대한 제도적 접근도 필요하다.

더 나아가서는 노사가 힘을 모아서 새로운 변화를 적극 수용하고 대응하려는 공동노력도 필요하다. 독일은 녹서를 통해 노동의 미래를 묻고 백서를 통해 그 대답을 내놓은 바가 있다. 그런데 우리는 각자 자기 입장만 늘어놓을 뿐이다. 이제 일방적인 주장이 아니라 노사정 모두를 아우르는 노동시장의 현재와 미래를 진단하는 보고서가 나와야 한다.

2

변화된 환경에 맞는 새로운 법과 제도의 구축

개별적 노사관계법의 정비

새로운 경제체제하에서는 새로운 법과 제도의 도입이 필요하다는 점을 부인하기는 어렵다. 기존의 노동 관련 법들이 새로운 경제체제하에서도 효과적인가에 대해서는 검토가 필요하다. 예를 들어 근로기준법이나 노조법 등에 대해서도 근본적인 검토가 필요하다.

근로기준법은 전통적인 근로계약 당사자로서 근로자와 사용자 사이의 근로계약을 규제 대상으로 삼는다. 근로계약의 주된 급부목적은 근로의 제공이다. 이때 근로란 종속적 노동을 말한다. 그 반대급부는 바로 임금의 지급이다. 임금이란 종속적 노동의 제공에 대한 대가인 셈이다. 그리고 종속적 노동 제공관계란 인격적 지배관계에 다름 아니다.

사용자는 인간으로서 근로자를 마치 자신의 물적 도구와 동일하게 다룰 수 있게 된다. 말 그대로 인간인 근로자를 도구처럼 '사용'할 수 있는 자가 바로 사용자다. 이러한 근로의 제공과 그 대가로서 임금을 지급하는 관계는 인간 존엄성 보호라는 점에서 매우 이례적인 것이 아닐 수 없다. 인간은 인격적 존재이기 때문이다. 근로계약관계에 대해 국가가 강행적 규범을 제시하고 적극적인 규제를 가하고자 하는 이유도 바로 여기에 있다.

국가의 적극적 규제는 계약의 내용규제에 집중된다. 이른바 근로계약의 핵심 내용이 되는 법정 최저기준은 근로의 장소와 시간 그리고 임금에 관한 것으로 매우 획일적이다. 적어도 근로자의 지위에 놓인 자가 최소한도의 인간 존엄성을 보장받을 수 있도록 법정 기준을 국가가 강행법령으로 제시하는 것이다. 따라서 이러한 강행법령을 우회하거나 회피하는 것은 허용되지 않는다.

사실 이러한 규제적 보호방식은 과거 대공장 시대에는 실효성을 발휘할 수 있었다. 근로자상이 균질적이었고 근로조건과 일하는 방식도 대동소이했기 때문이다. 하지만 지금은 다르다. 일하는 방식도 바뀌었고 근로시간과 근로장소 등에 대한 자율성도 높아지는 추세다. 이러한 추세적이고 실질적인 노동 환경의 변화는 근로자의 개념을 판단하기 어렵게 만들었다. 이러한 상황에서 근로계약 내용에 대한 획일적 규제가 실효성을 발휘하기는 어렵다. 산업별, 직무별로 사회적 보호 필요성이 매우 다양하게 존재할 수 있기 때문이다.

획일적인 노동법 규정과 다양한 현실 상황 사이에서 법과 현실의 괴리 문제는 불가피한 측면이 있다. 이러한 점에서 노동법의 진화를 모색하는 것은 필요함을 넘어서서 불가피하다고 볼 수 있다.

노동법은 좀 더 명확하고 현대적으로 진화해야 한다

노동법의 진화는 우선 명확성을 도모하는 방향으로 이루어져야 한다. 노동법은 강행규정이지만, 정작 그 규정 내용이 모호하게 되면 불필요하고 나아가 소모적인 법적 분쟁이 나타날 수밖에 없기 때문이다. 실제로 오늘날 상당히 많은 수의 분쟁이 일하는 사람의 '근로자성'을 다투는 것을 주된 쟁점으로 한다. 근로계약상 근로자에 해당하는지가 모호한 사례가 늘어나고 있는 것이다. 근로기준법을 필두로 한 노동법이 정작 근로자의 개념조차 모호한 상태에 빠져 있다면 큰 문제가 아닐 수 없다.

문제는 여기에 그치지 않는다. 임금과 관련해서도 최저임금, 통상임금, 평균임금 등의 계산 방법이 너무 어렵고 고용노동부의 지침도 틀려서 수많은 소송이 발생하고 있다. 최저임금을 지급하지 아니하면 형사처벌의 대상이 된다. 그럼에도 최저임금의 산입 범위는 모호하다. 가산임금의 산정기준은 통상임금이다. 통상임금을 명확히 해야 비로소 연장근로수당과 야간근로수당, 휴일근로수당을 지급할 수 있다. 통상임금에 산입되어야 할 금품의 범위가 분명해야 하는데, 문제는 통상임금에 해당하는지를 판단하기 위해서는 임금성, 정기성, 일률성, 고정성을 따져보아야 한다는 것이다.

가산임금을 직접 계산해서 지급해야 하는 사람은 바로 회계근로자다. 이들에게 고정성 기준 충족 여부를 판단하라는 요구가 과연 옳은 것인가. 법률전문가조차 헷갈리는 게 엄연한 현실이다. 이 문제를 두고 노와 사로 하여금 법적 분쟁을 벌이도록 하는 것은 자칫 노동법 규정이 노사에게 분쟁을 부추기는 꼴밖에 되지 않는다. 우리 사회 전체로 보면 매우 소모적인 상황이 아닐 수 없다. 이 과정에서 노사 간 신뢰 훼손은 불가피하다. 법적 분쟁이 사후적으로 해결되더라도 상처의 흔적은 남을 수밖에 없다. 노동법상 사후적 구제보다 사전적 예방이 중요하게 여겨져야 하는 이유도 바로 여기에 있다. 하물며 아예 법적 개념 설정 자체가 아직도 이루어지지 않은 경우도 있다. 플랫폼 노동자나 긱 이코노미 등 새로운 개념들이 등장하고 있다. 그런데 이러한 새로운 변화에 충분히 대응하기는 어려운 것이 현재의 근로계약을 둘러싼 개별적 노사관계법의 현주소이다.

한편 노동법의 현대화를 위한 변화도 필요하다. 과거에는 예컨대 근로자보호를 위해서 기숙사에 관한 규정 등이 중요할 수 있었지만 지금은 반드시 그러하지 않다. 전통적인 노동법 체계에서 가장 중요한 근로조건으로 언급되는 근로의 장소와 시간 그리고 임금도 마찬가지다. 과거 대공장 체제에서처럼 단순노무는 근로의 장소와 시간이 중요할 수밖에 없었다. 그리고 근로시간에 비례한 임금을 지급하는 것이 합리적이라고도 평가할 수 있었다. 하지만 미래 노동사회에서는 달라야 한다. 근로의 장소에 국한됨이 없이 근로의 성과에 의해임금이 좌우될 것이다. 근로시간 역시도 사실상 무의미해질 공산이 크다. 얼마나 오랫동안 일하는가보다는 얼마나 효율적으로 일하는가가 더 중요해질 것이기 때문이다.

이에 대한 강력한 규제와 세밀한 보호가 근로기준법 등 개별적 노사관계법의 핵심이다. 따지고 보면 이러한 개별적 노사관계법의 유효기간은 얼마 남지 않은 것으로 보인다. 일하는 방식의 변화와 노무 제공자 그리고 노무 수령자의 선호 때문이다. 최근 근로시간 단축에 따른 산업계의 혼란 역시 변화된 산업 환경과 일하는 방식의 다양성을 과소평가한 결과라 할 것이다. 이러한 다양성은 급속도로 심화될 것인데 과거의 전통적 노동법 체계를 고집할 수는 없다.

착취와 쟁취가 아닌 협력적 노사관계가 돼야 한다

헌법 제33조에는 노동3권을 기본권으로서 보장하고 있다. 근로자는 단결권과 단체교섭권 그리고 단체행동권을 향유한다. 이러한 노동3권은 노무 제공을 둘러싼 계약관계에서 공정성을 담보하기 위한 수단적 질서체계라고 할 수 있다. 단결을 통해 노무제공자들이 사용자와 대등한 지위를 확보하게 되고 이러한 대등성을 바탕으로 해서 도출된 노사 간의 합의여야 비로소 계약 내용의 적정성을 기할 수 있다.

노동조합 및 노동관계조정법 등 집단적 노사관계법 체계는 이러한 노동3권 질서를 구체화한 법제도 체계다. 다만 이러한 집단적 노사관계법 제도 체계가 간과하는 면이 있다. 바로 협력적 노사관계의 필요성이다. 과거 전통적 의미에서 집단적 노사관계법 제도의 규제 대상은 착취와 쟁취의 노사관계라고 할 수 있다. 법제도 역시 이러한 착취와 쟁취의 투쟁적 노사관계를 전제로 설계되어, 투쟁과 방어를 위한 세밀한 절차가 규정되어 있다.

만약 노사 공동의 생존 기반인 기업이 당연히 지속가능하다는 전제가 있다면 전통적 의미의 대립적 노사관계는 유의미할 수 있다. 그러나 오늘날 기업의 상황은 다르다. 글로벌 경쟁 시대에 이르러 기업의 존망이 순식간에 바뀌고 있다. 말 그대로 노사가 다 함께 기업의 생존과 발전을 고민해야 하는 시대 환경이 되었다. 이러한 관점에서 지향해야 할 노사 각각의 역할은 현행 집단적 노사관계법 체계에 충분히 반영되어 있지 않다. 이것이 문제다. 그럼에도 여전히 집단적 노사관계법에 관한 세부적 논쟁이 반복되고 있다. 근로자대표체에 대한 민주적 정당성을 강화함으로써 명실상부하게 전체 근로자에 대한 대표로서 지위를 부여하되 실질적인 기능을 부여함으로써 종래 불필요한 노사 간 분쟁을 미리 예방하는 노력이 오히려 시급하다고 할 것이다.

또한 플랫폼 노동자들을 포용하는 노동법체제의 구축도 절실하다. 오늘날 일하는 방식의 변화는 다양한 원인들에 기인하고 있다. 흔히 산업기술의 변화를 지적하는데 그 못지않게 중요한 원인이 있다. 바로 자율성에 대한 지향이다. 과거 생산을 위한 노동력의 활용은 인간을 도구로 한 사용관계였다. 소위 근로관계는 공장 시대에 최적화된 노무활용법이었다. 근로자는 그저 사용자가 지시하는 바를 따르면 된다. 사용자는 근로자가 자신의 지시에 충실히 따르는가를 감독해야 하는 식이다. 그런데 지시에 따라야 하는 일은 근로자에게 매우 고통스러운 것이다. 인격적 종속을 감내하기란 쉽지 않다. 근로자의 고충도 실은 여기에 있다. 근로자의 자율적 판단을 존중하고, 일하는 방식과 시간과 장소도 근로자가 자율적으로 선택하기를 원한다.

사용자 또한 마찬가지다. 사용자가 굳이 근로자를 감독하는 것도 부담이거니와 성과와 관계없이 지휘명령하에 두었다는 이유로 임금을 지급해야 하는 것도 큰 부담이다. 노동력을 사용하여 생산에 참여하되 경영적 위험은 온전히 사용자의 몫이 되기 때문이다. 사용자로서는 경영적 위험을 덜고 싶어한다. 노사 양측의 이해관계는 자율성을 지향하고, 일하는 방식의 변화는 이러한 방향성에 기인한다. 그 초기적 형태가 바로 특수형태 근로종사자를 활용하는 방식이다. 경영적 위험을 나누면서도 전속성을 유지하는 관계다.

여기서 한 걸음 더 나아간 형태가 플랫폼 노동이다. 전속성마저 깨진 경우다. 이러한 노무제공형태는 점점 심화되고 확대되어 갈 것이 틀림없다. 그럼에도 이에 대한 법제도적 진화는 더디다는 게 문제다. 실제로 특수형태 근로종사자에 대한 노동법적 지위를 둘러싸고 대법원의 판결이 잇따르고 있다. 카마스터, 보험설계사, 학습지교사 등 그 분야도 다양하다. 대법원은 근로기준법상의 근로자성은 부정했다. 어쩌면 당연하다. 근로계약관계의 틀을 벗어나고자 하는 요구로부터 등장한 노무제공형태이기 때문이다. 다만 대법원은 노동조합법상 근로자성은 인정했다. 그러니까 근로3권의 주체로서 지위는 인정한 것이다.

노무제공의 다양성과 공정성을 반영해야 한다

우선 근로기준법과 같은 강행적 기준법 체계에서 벗어나 노동계약법을 고민해야 한다. 종속적인 노동력 사용관계만이 아니라 노무제공을 매개로 한 거래관계에 대해 세밀한 규율체계를 새로 마련해야 한다. 현재의 기준법 체계에서 보듯이 맹목적이고 획일적이고 강행적 규율방식은 지양해야 한다. 예컨대 현재 노동법체제에서 근로시간 개념은 단일화되어 있다. 근로시간이 아니면 곧 휴식시간이다. 산업 현실의 변화와 직무의 다양화에 따라 이러한 획일적 구별은 규범의 현장 수용성을 떨어뜨리게 된다.

규제의 구체적 타당성도 흠결이 된다. 근로시간이라고 보기에는 그 업무의 강도나 부담이 현저히 낮지만 그렇다고 하여 자유로운 휴식시간으로 단정할 수도 없는 회색적 근로시간 영역이 분명 존재하기 때문이다. 현실적으로 나타나고 있는 출장 이동 시간이나 조선시운전직무와 같이 선박이라는 공간 내에 존재하는 휴식공간에 머물면서 간헐적으로 업무에 투입되는 방식의 근로가 그런 예다. 독일은 근로 시간과 근로대기Arbeitsberbereitschaft 시간, 그리고 대기근로 Bereitschaftsdienst 시간과 호출근로 시간으로 개념을 분별한다.

근로대기는 근로시간과 사실상 동일하게 평가된다. 근로대기는 실제로 근로를 제공하고 있지는 않지만 고도로 주의를 기울여 근로제공을 준비하는 상태이기 때문이다. 한편 대기근로란 근로자가 업무에의 투입을 위해 사용자가 지정한 사업장 내는 물론 사업장 외부에서 대기하는 것을 말한다. 그리고 호출근로 시간은 근로 시간으로 평가되지 않는다. 임금지급의무 또한 없다. 근로자가 그 시간 동안을 자신의 필요에 따라 자유롭게 활용할 수 있기 때문이다. 이처럼 근로시간 개념을 다양화하여 그 대가로서의 임금산정 방식도 노사자치에 맡기고 있어 시사하는 바가 크다.

나아가 임금과 근로시간만이 아니라 다양한 근로조건을 어떻게 합리적으로 보장받을 수 있도록 할 것인가를 고민해야 한다. 한편 사회안전망을 확대 강화해야 한다. 노사 양 당사자에게 전속성을 전제로 하여 상당한 의무를 부과하는 관계에서 불가피하게 벗어나게 된다면 사회적 보호 필요성은 보편적 사회안전망 강화를 통해 구현될 수밖에 없기 때문이다.

그리고 대법원이 설시하는 대로 특수형태 근로종사자에게 단결할 필요성이 인정되어야 한다면 이러한 노무제공형태에 맞는 단체교섭권과 단체행동권에 대한 제도설계를 시급히 고민해야 한다. 단결권 이외에 특히 단체교섭권은 일정한 상대방을 염두에 둔 것이다. 전통적 의미의 노사관계에서는 노동조합의 상대방으로서 사용자가 존재했다. 근로계약의 내용을 형성함에 있어 사용자와 근로자 사이의 계약이 전제되어 있고 종속적인 노동력의 제공, 그러니까 근로와 임금의 지급 역시 노사 간에 전속적으로 이루어진다. 문제는 특수형태근로종사자는 그러한 전속적 노사관계가 매우 약화된다는 것이다.

오늘날 확산되고 있는 이른바 플랫폼 노동은 아예 사용자를 특정하기가 어렵게 되고 있다. 그렇다면 단결권을 보장하더라도 단체교섭권과 단체행동권을 보장함에서 종전의 전통적 방식을 따르기가 사실상 어려울 것이다. 이러한 새로운 노무제공형태 종사자에 대한 노동법적 규율체계를 새롭게 구축하는 일은 매우 중요해 보인다. 미래 노동사회에서 주된 노무제공형태가 될 것이기 때문이다.

게다가 부당노동행위제도도 문제다. 부당노동행위제도는 원상회복을 원칙으로 한다. 이때 원상회복이란 근로계약관계의 복구를 뜻한다. 손해배상을 위한 임금 상당액 산정도 용이하다. 그런데 근로계약관계가 아닌 위임이나 그밖의 노무제공을 내용으로 하는 계약관계에서라면 과연 계약관계를 다시금 형성하도록 하는 것까지 노동위원회가 명령할 수 있는 것인지 여전히 의문이 남는다.

　부당노동행위제도의 본래 취지는 단결권 보장을 통해 사용자와 근로자 간 대등한 지위에서 거래함으로써 그 거래 내용의 적정성과 공정성을 확보토록 하는 데 그 목적이 있다. 만약 이를 거부하거나 회피하는 행위는 형사 제재를 가하는 방식으로 규제된다. 노무제공을 둘러싼 거래행위의 공정성을 담보하기 위한 것이라면, 굳이 형사 범죄화에만 매달릴 필요는 없다. 오히려 과징금 등 강력한 경제 벌칙을 활용함으로써 규제의 실효성을 높이는 것을 고려해볼 필요도 있어 보인다. 오랫동안 부당노동행위제도를 죄형법정주의와 법률 명확성에 비추어 형사범죄화하는 것이 타당한가에 대한 의문이 제기되어 왔던 것도 주지의 사실이다.

3

노사관계는 협력할 수밖에 없는 운명공동체

기술 변화에 대한 고용기본법 제정

최근의 글로벌가치사슬 개편이나 4차 산업혁명의 흐름 속에 밀려오는 새로운 환경 변화에 대응할 수 있는 노사관계 관련 기본법의 제정이 필요한 때다. 독일 「노동 4.0」 백서에 따르면, 근로를 제공받고 사업을 영위함으로써 얻는 수익으로 노사가 생존을 유지하는 차원을 넘어서서 모바일 인터넷이나 스마트폰 혹은 클라우드 컴퓨팅 등과 같이 최근 혁신에 바탕을 둔 디지털 기술이 매개가 된 다양한 사업 모형이 나타나고 있다고 한다. 이러한 사업 모형을 총칭하여 플랫폼이라고 한다. 이러한 일자리 환경의 패러다임이 변경되는 만큼 일자리와 관련하여 고용친화적이지는 못하더라도 고용중립적인 법을 제정할 필요가 있다. 이를 통해 고용감소에 따른 충격을 최소화해야 하는 것이다.

변화하는 산업 환경에서 개개 근로자의 역량 강화는 필수다. 근로자들 각자가 창의적 생산성을 확보하는 것이야말로 실질적이면서도 지속가능한 고용대책이다. 이를 위해서라면 과거와 같은 정부주도형 직업훈련 시스템은 전면적으로 개편되어야 한다. 오히려 기업이 스스로 필요한 인재를 배출하되 이를 정부가 지원하는 식으로 변해야 한다. 나아가 새로운 기술도입이나 생산방식 개편 등에 대해서는 가칭 고용영향평가를 자체적으로 진행해 고용 충격을 완화 또는 최소화할 방안에 대한 검토를 의무화할 필요가 있다. 현재의 숙련 수준으로 첨단기술 변화에 따라가기 어렵다면 교육훈련을 통해서 숙련 수준을 높일 수 있도록 중장기적으로 대비하고 교육훈련 프로그램을 운영하는 것이다.

해외이전과 일자리 관련 규정

해외 공장 이전에 대해서도 그에 따른 일자리 문제를 충분히 논의할 수 있도록 제도화해야 한다. 물론 기업이 경쟁력을 확보하기 위하여 해외에 공장을 이전하는 것을 막을 수는 없다. 그러나 그에 따른 부작용, 특히 해외로 옮겨가지 못하는 근로자들에 대한 배려가 있어야 한다. 한편 외국인 인력에 대한 포용적 고용대책도 모색할 때다.

관련하여, 긴박한 경영상의 사유가 아니라면 대규모 구조조정 시에 충분한 준비기간을 가지고 재직 중인 근로자들에 대한 전환배치 교육 등을 의무화할 필요가 있다. 이러한 내용은 직업훈련 관련법에 내용을 추가할 수 있을 것이다. 나아가 정리해고를 둘러싼 소모적인 분쟁도 예방할 필요가 있다. 실제로 경영상 사유에 기인한 해고가 그 해고대상자가 다수이고 그 해고정당성에 관한 사법적 판단이 모호할 경우 소송이 장기화될 위험이 있다.

독일도 이러한 점을 고려하여 경영상 사유에 기인한 해고의 경우 해고무효소송에 나서지 않을 것을 전제로 한 보상금지급제도를 마련해두고 있다. 불필요한 분쟁을 최소화하는 것이야말로 노사는 물론 사회적으로도 유무형적 손실을 최소화하는 방안이라고 보기 때문이다.

추가로 고숙련자들의 경우에는 해외에서 일자리를 확보할 수 있도록 하는 것도 방법일 것이다. 현재는 공장 이전에 대해서 별다른 조치를 할 수 없고 정리해고를 엄격한 기준으로 인정하는 정도인데, 중요한 점은 정리해고를 피할 수 있도록 체계적이면서도 합리적인 사전적 절차 마련 등 방법을 만들어내는 것이다. 이러한 점에서 독일의 노동 4.0과 같이 노동조합, 기업, 정부와 전문가들이 참여해서 객관적이고 중립적인 연구결과를 제시하고 그에 따른 대응이 가능하도록 선제적으로 접근하는 것이 필요하다.

미래 환경 변화에 대한 체계적 대응

독일은 노동 4.0과 같은 노사정 간의 협력을 통해 미래 변화에 대비하고 있는 반면, 우리나라는 이러한 노사정 간의 협력이 너무 정치적인 측면에서 다루어지는 경향이 있다. 하지만 우리나라도 노동위원회나 고용보험위원회 등이 정치적 변화에 비교적 덜 영향을 받으면서 운영되고 있다. 현재 일자리위원회처럼 노사정 간의 협력 또한 정치적인 차원이 아니라 좀 더 정책적인 차원에서 상시 위원회를 구성하고 미래에 대비할 수 있도록 할 필요가 있다. 예를 들면 일터혁신 위원회, 구조조정과 교육훈련 위원회 등을 생각해볼 수 있다.

글로벌가치사슬 개편은 주로 기업들이 주체가 되어서 이루어지기 때문에 노동조합이나 정부가 법과 규제로 개입하는 것은 적절하지 않을 수 있다. 하지만 이는 근로자들이나 지역주민들에게는 생사가 달린 문제들이다. 노동조합이나 지역주민들이 그냥 받아들여야 한다는 논리는 적용되기 어렵다. 이러한 상황을 극복하기 위해서는 지역 단위나 업종 단위로 향후 추이를 집중적으로 분석하고 선제적이고 적극 대응할 수 있도록 제도적 장치를 마련해야 할 것이다.

그런데 현재 지역 차원에서 노사관계 관련한 조직이나 거버넌스는 없다고 해도 과언이 아니다. 고용노동부에서 주도하는 노사민정 위원회가 지자체별로 운영되고 있지만 활발하게 운영되는 지자체 수가 많지는 않다. 지역인적자원위원회도 정부가 바뀜에 따라 탄력을 받지 못하고 있다. 중앙정부 차원에서의 노력도 중요하지만 지자체 수준에서도 노사민정이 일자리 문제나 노사관계 문제 등을 논의할 수 있는 거버넌스 구축이 필요하다.

법과 제도만으로는 충분하지 않으므로 우선은 자발적이라고 하더라도 성공적으로 운영되고 있는 일부 지자체 사례를 성공사례로 보급하고 홍보할 필요가 있다. 이미 잘 알려진 광주형 일자리나 구미형 일자리를 포함해서 시흥지역의 일자리 사업 등을 좀 더 분석하고 평가해서 다른 지자체에 확산될 수 있도록 하는 것이다.

현재 장기간의 대립적 노사관계에 몸살을 앓아 온 독일 등 유럽 선진제국에서는 협력적 노사관계에 주목하고 있다. 종전까지는 기업 경영과 관련하여 종업원과 사용자 사이의 합리적이고 효율적 협력관계가 실질적으로 정착되지 못해왔다. 근로조건과 근로자의 지위 향상을 위해 중요한 것은 사용자와의 대립을 통한 쟁취력 강화가 아니라 기업 경쟁력 강화를 통한 기업 이윤 증대다. 이러한 사실을 노사가 절실하게 알게 되면서부터 협력적 노사관계는 노사관계법제도의 주류가 되었다.

우리도 마찬가지다. 이러한 변화를 적극 수용하기 위해서는 우선 근로자 대표제도의 정비가 선행되어야 한다. 실질적인 민주성을 확보한 명실상부한 근로자 대표제도가 정착할 수 있도록 하되, 노사 간 투명한 소통을 통해 실질적으로 근로자 전체의 의사를 반영할 수 있도록 해야 한다.

협력적 노사관계법을 통한 노사협력과 투명성 확대

바야흐로 경직적인 산업 단위별 단체교섭질서에서 벗어나 유연하면서도 탄력적인 사업장 단위의 노사공동결정이 실효성을 발휘하면서 협력적 노사관계법 체계에 대한 관심이 증폭되고 있다. 이러한 유럽의 상황은 우리나라의 현재 상황과 크게 다르지 않다. 글로벌화된 고도 기업 경쟁 사회에서 기업의 경쟁력 강화야말로 근로자의 고용 안정과 근로조건 향상을 위해 가장 중요한 필요충분 요건이 될 수밖에 없기 때문이다.

하나의 사업장 내에 근로자 측의 이익을 대표하는 근로자조직체로는 노동조합과 근로자대표체가 있다. 노동조합과 사용자는 단체협약질서의 대립적 당사자가 되고, 단체협약을 체결하게 된다. 근로자 대표체와 사용자(대표)는 노사협의회를 구성하고, 사업장 내 노사 공동발전을 모색하게 된다. 노동조합제도와 근로자 대표제도는 여러 가지 면에서 차이가 있다.

노동조합은 근로자들 가운데 조합에 가입한 조합원조직체로서 노동조합의 대표자는 전체 근로자가 아닌 노동조합 조합원들을 대표하게 된다. 이러한 이유로 노동조합과 사용자 간의 합의인 단체협약은 원칙적으로 그 조합원에게 효력이 있을 뿐 비조합원에게 당연히 효력이 미치는 것은 아니다. 이와 달리 근로자대표체는 하나의 사업장 내에 종사하는 전체 근로자들로 구성된 조직체로서 그 조직체의 대표인 근로자 대표는 전체 근로자들의 이익을 도모하게 된다. 근로자대표체와 사용자 간의 합의는 흔히 독일에서 '사업장협약'이라 한다. 우리의 경우는 노사협의회 내의 '의결사항'과 같이 평가될 수 있을 것이다. 이러한 노사 간의 합의는 노동조합 조합원만이 아니라 해당 사업장 근로자로서의 지위를 가진 모든 자에게 그 효력이 미치게 된다.

다른 한편 노동조합은 하나의 사업장을 단위로 해서 조직되어야 할 당위는 없다. 노동조합이 조직 범위와 형태를 어떻게 할 것인가는 스스로 정할 수 있다. 독일 등 유럽의 대다수 국가는 산업별 단위로 노동조합이 조직화되어 있다. 이 때문에 노동조합과 사용자 간의 단체협약은 하나의 사업장 내에서 근로를 제공하는 근로자로서 조합원인 자 이외에 전체 동종산업에 종사하는 근로자로서 조합원인 자에게 효력이 미친다. 이와 달리 근로자 대표제도는 하나의 사업 또는 사업장을 단위로 하게 된다. 그리고 근로자 대표와 사용자 간의 협의체인 노사협의회 역시 하나의 사업 또는 사업장을 단위로 하게 된다.

이러한 협력적 노사관계법 질서는 하나의 사업장 내 구성원인 전체 근로자를 그 조직대상으로 국한하기 때문이다.

현재로서는 형식적으로 전체 근로자 대표와 사용자 간의 대화 및 협의 창구는 마련되어 있다. 노사협의회가 바로 그것이다. 요컨대 현행 근참법상 주도적 역할을 하는 조직협의체는 노사협의회다. 현재 노사협의회의 역할은 미미해 보인다. 그리고 더 본질적인 문제는 유감스럽게도 종래 우리나라 노동 현실과 노동법 규범 체계 내에서 노동조합 체계와 근로자 대표제도 체계는 혼동되거나, 아예 처음부터 그 구별이 무의미한 것으로 비쳐왔다는 것이다.

유럽 선진국에서와 같이 노동조합 체계와 근로자 대표조직 체계는 완전히 차원을 달리하는 것임에도 불구하고 이에 대한 이해가 상당히 부족한 상태다. 노동조합 조합원이 아닌 비조합원들의 의사와 고충을 반영할 수 있는 대화 통로가 마땅치 않음을 보여주고 있다. 조합원 여부를 떠나 하나의 사업 또는 사업장 내에 소속된 전체 근로자들의 의사를 제대로 반영할 수 있는 보이스 메커니즘을 정비할 필요가 있다.

이렇듯 오늘날 협력적 노사관계 체계를 재검토하는 것은 중요한 의미를 지닌다. 미래 노사관계의 중심적 역할 영역은 노동조합을 중심으로 하는 대립적 노사관계법 체계의 기능영역이 아니라 협력적 노사관계법 체계에서 찾아야 할 것이기에 그렇다.

운명공동체로서 노사가 함께 기업 발전에 기여

근로자 대표조직으로서 노사협의회 소속의 근로자위원제도가 있음에도 불구하고, 개별노사관계법상에서는 별도로 근로자 대표제도를 설정해두고 있다. 즉 개별노사관계법상 전체근로자에 적용되어야 할 결정사항을 두고는 독특하게 '근로자 대표'라는 개념을 따로 설정해두고 있는 것이다. 예컨대 취업규칙의 변경이나 정리해고 혹은 유연한 근로시간제의 채택 등 다양한 사항을 결정할 때 '근로자 대표' 제도를 사용하고 있다. 말 그대로 근로기준법상 근로자 대표제도와 근참법상 근로자 측을 대표하는 근로자위원제도가 병용되고 있는 셈이다. 이러한 결과는 노사협의회제도가 실질적인 제 기능을 수행하지 못해왔기 때문에 초래된 것으로 볼 수 있다.

더욱 큰 현실적인 문제는 단지 근로자 전체를 대표하도록 한 노사협의회 내의 근로자위원제도를 활용하지 못하고 있다는 사실에만 그치지 않는다. 현행 개별 노사관계법상의 근로자 대표제도가 그 법적 근거나 역할 그리고 선출 절차 등에서 모호한 상태로 있다는 점이 더 큰 문제다. 지배적 지위에 있는 노동조합에 의존하도록 하거나, 그렇지 않은 경우에는-선출절차나 권한이 별도로 명시되지 아니한-근로자 대표를 통하도록 하는 것은 체계상 혼란은 물론 그 법적 정당성을 담보하기 어려운 문제를 일으키고 있다.

앞으로는 근로자 대표에 노동조합이 아니더라도 근로자를 대표할 수 있는 가능성을 열어둘 필요가 있다. 이와 관련하여 현행 노사협의회제도의 개편을 모색할 수 있다. 우선 근로자 대표에 대하여 현행법 체계에서는 근로자 과반수 노동조합 또는 근로자 과반수를 대표하는 자로 하고, 근로자 대표에게 협의권과 동의권을 부여하고 있지만, 근로자 대표에 대한 민주적 정당성을 강화해서 부여함으로써 더 실질적인 역할을 할 필요가 있다.

근로자 대표 조직체의 구성과 역할 그리고 근로자 대표 조직체와 사용자 간 협의체의 역할 범위와 실효성 강화 방안을 마련하는 것도 중요하다. 근로자 전체의 의사를 대변할 수 있는 민주적 정당성을 갖춘 근로자 대표조직을 형성하되, 전체 근로자에게 적용되는 사내규범질서의 제·개정 및 폐지의 문제나 근로자 전체의 업무상 고충 문제 등을 해결하는 데 기여할 수 있도록 해야 한다.

그리고 외부인력이나 비정규직 근로형태를 가지는 근로자들이 하나의 사업 또는 사업장 내에서 근로를 제공하게 되는 경우, 이들 역시도 생산공동체의 일원으로 받아들이고 전체 근로자의 이익이라는 관점에서 배려하도록 할 필요가 있다. 그러나 현재 우리나라의 협력적 노사관계법 체계는 매우 미흡한 상황이다. 근로형태의 다변화에 따라 다양한 근로형태가 등장하고 있지만, 정작 이러한 비전형적 근로형태에 종사하는 근로자의 고충은 제도적으로 해소될 방법이 거의 없다.

특히 원하청 관계에서 하청근로자들이 원청회사 측에 하도급 업무수행을 하면서 겪어야 하는 다양한 고충들을 제도적으로 해결할 방법을 규범체계에서 완비할 수 있도록 해야 한다. 이와 관련하여 공동사용자론, 즉 원청회사와 하청회사가 공동의 사용자로서 교섭에서도 공동당사자로 나서야 한다는 주장도 있다. 그러나 근로계약의 당사자가 아닌 이상 공동교섭은 고려하기 어렵다. 오히려 근로자 대표제도 체계를 업그레이드하여 노사협의회 체계를 확대하는 방안이 현실적이다. 이른바 원하청 노사협의회제도를 고려할 수 있을 것이다.

결론적으로 기업의 경쟁력 강화 노력은 단순히 근로자와 사용자 간의 계약적 의무이행관계로만 바라보아서는 분명 한계가 있다. 오히려 노사가 사업을 중심으로 '운명공동체'를 형성하고, 이러한 공동운명공동체의 지속적 발전에 모두 참여하고 협력할 수 있도록 해주어야 한다. 노와 사가 잉여이윤을 착취하고 또 쟁취하는 투쟁적 노사관계 구도에서 벗어나서 사업이라는 운명공동체의 구성원으로서 노사가 기업의 발전에 기여할 수 있도록 해야 한다. 협력적 노사관계 중심의 근로자 대표제도 체계를 고민해야하는 이유가 바로 여기에 있다.

참고문헌

2장

신동평·양윤나(2018), 「제조업 혁신 주도를 위한 스마트 공장 정책 현황 분석 및 시사점」, 한국과학기술기획평가원.

「4차 산업혁명의 노사관계 차원 과제와 대응전략」, 한국노동연구원, 2017.

「디지털시대 노동의 대응」, 금속노조 노동연구원, 2017.

「21세기 디지털 기술변동과 고용관계」, 한국노동연구원, 2017.

한국산업기술진흥원(2018), 「산업용 로봇 도입에 따른 글로벌 제조업 가치사슬 변화 및 시사점」, 산업기술정책 브리프, 2018-3.

이병훈(2018), 「4차 산업혁명과 노사관계」, 한국사회정책, 25(2), pp.429-446.

이상현(2017), 「4차 산업혁명이 유발한 신 Biz 양상」, 포스코경영연구원, POSRI 이슈리포트.

김세움·고선·조영준(2014), 『기술진보의 노동시장에 대한 동태적 영향』, 한국노동연구원.

삼성경제연구소(2018), 『4차 산업혁명, 일과 경영을 바꾸다』, 삼성경제연구소.

심상완(2005), 「기술혁신과 노사관계」, 과학기술정책연구원 정책자료.

전국금속노조 노동연구원(2017), 「디지털시대 노동의 대응: 4차 산업혁명 바로보기」

Acemoglu, D.(1999), 「Changes in Unemployment and Wage Inequality: An Alternative Theory and Some Evidence」, *American Economic Review* 89(5), pp.1259-1278.

Acemoglu, D. and Autor, D.(2010), 「Skills, Tasks and Technologies: Implications for Employment and Earnings」, *Handbook of Labor Economics* Vol.4.

Allen, N.J. and Meyer, J.P.(1991), 「A Three-Component Conceptualization of Organizational Commitment」, *Human Resource Management Review*, 1, pp.61-89.

Autor, D.H., Levy, F., Murnane, R.J.(2003), 「The Skill Content of Recent Technological Change: An Empirical Exploration」, *Quarterly Journal of Economics*, 118(4), pp.1279-1333.

Berger, Suzanne(2015), 『Making in America: From Innovation to Market』, The MIT Press.

Davenport, T.H. and Kirby, J.(2016), 『Only Humans Need Apply: Winners and Losers in the Age of Smart Machines』, HarperBusiness / 강미경 역(2017), 『AI시대 인간과 일』, 김영사.

IBA Global Employment Institute(2017), 「Artificial Intelligence and Robotics and Their Impact on the Workplace」.

Neely, A., Benedettini, O. and Visnjic, I.(2011), 「The servitization of manufacturing: Further evidence」, Academic paper to be presented at the 18th European Operations Management Association Conference, Cambridge.

North, Douglass C.(1990), 『Institutions, Institutional Change and Economic Performance』, Cambridge University Press: New York.

Schwab, K.(2016), 『The Fourth Industrial Revolution』 / 송경진 역(2016), 『제4차 산업혁명』, 새로운현재.

Stiglitz, J.E. and Greenwald, B.C.,(2015), 『Creating Learning Society』, Columbia University Press: New York.

3장

국회예산정책처(2018), 우리나라의 해외 직접투자 추이와 행태변화 분석, 『경제동향&이슈』 2018년 9월호, 통권 71호.

김동원, 「해외 직접투자와 노사관계 전략: 브라질 현대자동차의 협력적 노사관계 전략」, 『노동정책연구』, 2017, pp.188-190.

김영귀·남시훈·금혜윤·김낙년(2017), 대외개방이 국내 분배구조에 미치는 영향, KIEP 정책연구 브리핑, 대외경제정책연구원.

"베트남 파업 80% 이상은 외국기업서", 아시아투데이 2019.8.6.

"중 경기둔화에 노사분규 증가", 연합뉴스 2019.2.7

이경희·김윤지(2018), 해외 직접투자가 국내 근로자의 고용형태 및 임금에 미치는 영향, 『산업연구』 2(2), pp.91-126.

이수영·최혜린·김혁황·박민숙(2018), 리쇼어링의 결정요인과 정책 효과성 연구, 연구보고서 18-02, 대외경제정책연구원.

이용대·최종윤(2018), 최근 해외 직접투자의 주요 특징 및 영향, BOK 이슈노트 제2018-3호, 한국은행.

이장원(2002), 「중국진출 한국기업의 노사관계 및 인적자원관리-노동환경 변화와 대응방안」, 한국노동연구원, pp.30-32.

이재경·김용민(2010), 「베트남 진출기업의 노사관계」, 한국노동연구원, pp.72-77.

정수진·김세영(2018), 최근 한미일 설비투자의 동향 및 특징, Weekly KDB Report 2018.7.16.

최혜린(2018), 「주요국 리쇼어링 정책의 전개와 시사점」, Research Brief No. 4, 경제인문사회연구회 혁신성장연구단.

하병기(2010), 한국 해외 직접투자의 추이 및 구조적 특징, Issue paper 2010-265, 산업연구원.

한국경제연구원(2019), 2018년 제조업 해외투자 증가 속도 국내 투자의 2배 이상, 보도자료.

한국경제연구원(2019), 2018년 제조업 국내외 투자 추이 분석 보도자료.

한국산업인력공단(2019), 2018년 해외 진출 특화모델 개발 연구: 베트남.

한국은행(2018), 글로벌가치사슬의 현황 및 시사점, 국제경제리뷰 제 2018-11호.

"세계화 유행은 끝났다", 한국일보 2019.2.4.

현혜정·장용준·강준구·김혁황·박철형(2010), 한국 해외투자의 경제적 효과 분석: 생산성, 무역, 고용을 중심으로, 대외경제정책연구원.

Ancona, D. G., & Caldwell, D. F.(1992), Bridging the boundary: External activity and performance in organizational teams, *Administrative science quarterly*, 634-665. Kostova, T. & Roth, K. 2003.

Social capital in multinational corporations and a micro-macro model of its formation, *The Academy of Management Review*, 28(2): 297-317.

Druskat, V. U., & Wheeler, J. V.(2003), Managing from the boundary: The effective leadership of self-managing work teams, *Academy of Management Journal*, 46(4): 435-457.

Joshi, A., Pandey, N., & Han, G. H.(2009), Bracketing team boundary spanning: An examination of task‐based, team‐level, and contextual antecedents, *Journal of Organizational Behavior*, 30(6): 731-759.

Reiche, B. S., Harzing, A.-W., & Kraimer, M. L.(2009), The role of international assignees' social capital in creating inter-unit intellectual capital: A cross-level model, *Journal of International Business Studies*, 40(3): 509-526.

Obstfeld, D.(2005), Social networks, the tertius iungens orientation, and involvement in innovation, *Administrative Science Quarterly*, 50(1): 100-130.

The Economist, Globalisation has faltered, 2019.1.24.

Tortoriello, M., & Krackhardt, D.(2010), Activating cross-boundary knowledge the role of simmelian ties in the generation of innovations, *Academy of Management Journal*, 53(1): 167-181.

Tushman, M. L., & Scanlan, T. J.(1981), Boundary spanning individuals: Their role in information transfer and their antecedents, *Academy of Management Journal*, 24(2): 289-305.

Vora, D., Kostova, T., & Roth, K.(2007), Roles of subsidiary managers in multinational corporations: the effect of dual organizational identification, *Management International Review*, 47(4): 595-620.

4장

김동수(2017), 중국의 철강산업(http://www.kiet.re.kr에서 추출).

노용진(2016), 노동조합의 고용효과, 『산업관계연구』 제26권 제4호, pp.113-41.

석종훈·김대진·박유상(2018), 한·중·일 조선산업 경쟁력 비교, 『산은조사월보』 제753호, pp.74-90.

신현수(2019), 한·중 수출경합관계 및 경쟁력 비교 분석, 『i-KIET 산업경제이슈』 산업연구원.

안현호(2013), 『한·중·일 경제 삼국지: 누가 이길까?』, 나남신서.

양평섭(2014), 대외경제정책: 한·중 경제관계, 『국립외교원 중국연구센터 전문가 워크숍』.

조철(2017), 중국의 산업구조 고도화와 우리 주력산업의 대응전략, 『KIET 산업경제』, 산업연구원.

Galenson, W. and Odaka, K.(1976), 'The Japanese Labour Market', In H. Patrick and H. Rosovsky (eds.), *Asia's New Giant: How the Japanese Economy Works*, Washington: Brookings Institution, pp.587-671.

Hyman, R.(1975), *Industrial Relations: a Marxist Introduction*, London: Macmillan.

Kochan, T. A., H. C. Katz and R. B. McKersie(1986), *The Transformation of American Industrial Relations*, Basic Books, N.Y.

Pavitt, K.(1984), Sectoral Patterns of Technical Change: Towards a Taxonomy and a Theory, *Research Policy* Vol. 13, No. 6, pp.343-73.

Walton, R. E., J. E. Cutcher-Gershenfeld, and R. B. McKersie(1994), Strategic Negotiations: A Theory of Change in Labor-Management Relations, *ILR Press*, Cornell Univ. N.Y.

5장

박기범·홍성민·조가원·양현채·오진숙(2017), 민간 부문 이공계 박사인력의 연구개발 활동과 특성, 과학기술정책연구원.

조가원·엄미정·김민정·임대철(2012), 기업부문 박사인력활용 실태조사, 과학기술정책연구원.

조성재·김동배(2013), 연구개발 인력의 인적자원관리 실태와 발전방향, 한국노동연구원.

장재윤(2012), 「R&D 인력의 심리적 특성 및 인력유지 방안」, 『임금연구』, 20:3, pp.34-45.

차종석·김영배(1997), 「연구개발 인력의 경력 지향성과: 전문가 지향성과 조직지향성의 상보적인 효과」, 『경영학연구』, 26:4, pp.961-986.

차종석·김영배(2001), 「분위기 적합과 경력 적합이 성과에 미치는 영향: 우리나라 R&D 인력을 대상으로」, 『인사관리연구』, 25:1, pp.77-108.

村上由紀子 編著(2019), グローバル研究開發人才の育成とマネジメント: 知識移轉とイノベーションの分析, 中央經濟社.

Allen, T.J., & Katz, R.(1986), The dual ladder: Motivational solution or managerial delusion?, *R&D Management*, 16:2, 185-197.

Amabile, T. M.(1988), A Model of creativity and innovation in organizations, *Research in Organizational Behavior* 10: 123~167.

Amabile, T. M.. (1998), How to kill creativity, *Harvard Business Review* 76:5, 77~87.

Amabile, T. M., Conti, R., Coon, H., Lazenby, J., & Herron, M.(1996), Assessing the work environment for creativity, *Academy of Management Journal* 39:5, 1154~1184.

Amabile, T. M.(1993), Motivational synergy: Toward new conceptualization of intrinsic and extrinsic motivation in the workplace, *Human Resource Management Review*, 3:3, 185-201.

Angel, P. O., & Sanchez, L.S. (2009), R&D managers' adaptation of firms' HRM practices. *R&D Management*, 39: 3, 271-290.

Badawy, M. K.(2007), Managing human resources, *Research. Technology Management*, 50:4, 56-74.

Bartlett, C. A. & Ghosbal, S.(1987), Managing across Borders: New Organizational Responses, *Sloan Management Review*, 29(1), 43-53.

Beret, P., Mendez, A., Paraponaris, C., & Richez-Battesti, N.(2003), R&D personnel and human resource management in multinational companies, *International Journal of Human Resource Management*, 14(3), 449-468.

Bigliardi, B., Galati, F., Petroni, G.(2011), Collaborative modes of R&D: the new challenges for personnel management, *International journal of business management and social sciences*, 2(3), 66-74.

Brunswicker, S., & Chesbrough, H. (2018), The adoption of open innovation in large firms, *Research-Technology Management*, 61(1), 35-45.

Cabanes, B., Galy, P., Masson, P. L., & Weil, B.(2016), Technical staff management for radical innovation in science-based organizations: a new framework based on design theory, Paper submitted to R&D Management Conference 2016 "From Science to Society: Innovation and Value Creation" 3-6 July 2016, Cambridge, UK.

Chen,T-Y, P-L.,Chang & C-W. Y.(2003), The study of career needs, career development programmes and job satisfaction levels of R&D personnel: the case of Taiwan, *International Journal of Human Resource Management*, Vol.14 No.6, pp. 1001-1026.

Chesbrough, H.(2003), The era of open innovation, *Sloan Management Review*, 44(3), 35 – 41.

Chesbrough, H., and Brunswicker, S.(2014), A fad or a phenomenon? The adoption of open innovation practices in large firms, *Research-Technology Management*, 57(2): 16 – 25.

Chesbrough, H.(2017), The future of open innovation, *Research-Technology Management*, 60(6), 29-35.

Deci, E. L., Koestner, R., Ryan, R. M.(1999), A meta-analytic review of experiments examining the effects of extrinsic rewards on intrinsic motivation, *Psychological Bulletin*, 125:6, 627-668.

Djodat, N., & Knyphausen-Aufseß, D.Z.(2017), Revisiting Ghoshal and Bartlett's Theory of the Multinational Corporation as an Interorganizational Network, *Management International Review*, 57(3), 349 – 378

Dodgson, M., Gann, D., & Salter, A.(2006), The role of technology in the shift towards open innovation: The case of Procter & Gamble, *R&D Management*, 36:3, 333 – 346.

Eisenberger, R., & Cameron, J.(1996), Detrimental effects of reward reality or myth?, *American Psychologist*, 51:11, 1153-1166.

Ferris, G. F., & Cordero, R.(2002), Leading your scientists and engineers 2002, *Research. Technology Management*, 45:6, 13-25.

Ernst, D., & Kim, L.(2001), Global production networks, knowledge diffusion, and local capability formation: a conceptual framework, paper presented at the Nelson & Winter Conference, *Aalborg*, June 12-15.

Gereffi, G., Barrientos, S., & Rossi, A.(2011), Economic and social upgrading in global networks: A new paradigm for a changing world, *International Labour Review*, 150, 319-340.

Gereffi, G., & Lee, J.(2016), Economic and social upgrading in global value chains and industrial clusters: Why governance matters, *Journal of Business Ethics*, 133, 25 – 38.

Ghoshal, S., & Bartlett, C. A. (1990), The multinational corporation as an inter-organizational network. *AMR*, 15(4), 603 – 626.

Gouldner, A. W.(1957), Cosmopolitans and locals: Toward an analysis of latent social roles- I , *Administrative Science Quarterly*, 2:3, 281∼306.

Harden, E. A., Kruse, D. L., & Blasi, J. R.(2010), Who has a better idea? innovation, shared capitalism, and human resources policies, in Kruse, D. L., Freeman, R. B., & Blasi, J. R.(eds.), Shared Capitalism at Work: Employee Ownership, Profit and Gain Sharing, and Broad-based Stock Optons, *University of Chicago Press*, 225-253.

Hedlund, G. (1986), The hypermodern MNC: A heterarchy?, *Human Resource Management*, 25(1): 9 – 35.

Hellmann, T. & Thiele, V.(2011), Incentives and innovation: A multitasking approach, *American Eco-*

nomic Journal: Microeconomics, 3:1, 78 – 128.

Manso, G.(2017), Creating incentives for innovation, *California Management Review*, 60:1, 18-32.

Mendez, A.(2003), The coordination of globalized R&D activities through project teams organization: an exploratory empirical study, *Journal of World Business*, 38(2), 96 – 109.

Milberg, W., & Winkler, D.(2011), Economic and social upgrading in global production networks: Problems of theory and measurement, *International Labour Review*, 150, 341-365.

Nobelius, D(2004), Towards the sixth generation of R&D management, *International Journal of Project Management* 22(5), 369-375.

Petroni, G.(1983), The Strategic Management of R&D, Part II – Organizing for Integration, *Long Range Planning*, 16:2, 51 – 65.

Petronia, G.,, Venturinia, K., & and Verbanob, C.(2012), Open innovation and new issues in R&D organization and personnel management, *The International Journal of Human Resource Management*, 23(1), 147 – 173.

Rothwell R. Towards the fifth-generation innovation process, *Int Market Rev* 1994;11(1):7 – 31.

Shalley, C. E., Zhou, J., & Oldham, G. R.(2004), The effects of personal and contextual characteristics on creativity: where should we go from here?, *Journal of Management*, 30:6, 933-958.

Shepard, H.A.(1956), Nine dilemmas in industrial research, *Administrative Science Quarterly*, 1:3, 295-309.

Shipton, H.,, West, M. A., Dawson, J. F., & Patterson, M.(2006), HRM as a predictor of innovation, *Human Resource Management Journal*, 16:1, 3-27.

6장

김종기·서동혁·주대영·최동원·김재덕(2014), ICT산업의 글로벌가치사슬 구조 변화와 발전과제, 연구보고서 2014-734, 산업연구원.

매일노동뉴스(2017.9.18), 각급 노조 대표권 재구성, 노동운동 세대교체하자.

윤우진(2017), 글로벌가치사슬의 재편과 한국 산업의 대응, i-KIET 산업경제이슈, 제27호, 7월 10일.

이준구(2013), 휴대전화 글로벌가치사슬에서의 경제적·사회적 고도화, 국제노동브리프, 4월호, 4-17.

장지상(2019), [경제칼럼] 글로벌 밸류체인 급변해 국내 부가가치 창출 절실, 매경이코노미, 4월 17일.

장홍근·정흥준·이정희·설동훈(2017), 노사관계 국민의식조사 연구, 한국노동연구원.

중부매일(2018.2.7)

최남석(2013), 한국 대기업의 글로벌가치사슬 확장을 통한 일자리 창출, KERI Brief 13-25, 한국경제연구원.

한국경제(2019.10.17)

Barrientos, S., G. Gereffi, and A.(2011), "Economic and Social Upgrading in Global Production Networks: a New Paradigm for a Changing World", *International Labour Review*, 150, pp.319-340.

Autor, D. H., Dorn, D., & Hanson, G. H. (2015), "Untangling trade and technology: Evidence from local labour markets", *The Economic Journal*, Vol. 125/584, 621-646.

Kizu, T., Kühn, S., & Viegelahn, C. (2019), "Linking jobs in global supply chains to demand", *ILO Research Paper* No. 16, August.

Omwansa, T. and Njenga, K. (2013), Developmental Uses of Mobile Telecommunications in Kenya, *Capturing the Gains Working Paper*.

7장

권혁, "4차 산업혁명 시대 노동법 체계 개편에 관한 전망", 『노동법포럼』 2021호, 2017.7.

김기선, "대안적 근로자 대표제의 모색", 『노동법포럼』 2021호, 2017.7.

김상호, "비정규직의 업무의 외주화 전환에 대한 대응책, 외주용역 전환 등 간접고용 남용규제 방안", 한국노동조합총연맹, 2007.10.

김선수, "비정규직법의 문제점과 입법방향", 비정규직법 시행 1년 문제점과 해결방향, 전국민주노동조합총연맹, 2008.6.

김영문(2010), "사내하도급 근로자들의 원청기업에 대한 단체교섭 가부", 노동법학 제36호, 한국노동법학회.

김재훈, "비정규직 근로자 대책방안토론문", 비정규직법 개정에 관한 토론회 자료집, 국가인권위원회 인권연구팀, 2009.4.

김훈·박종희·김정우(2011), 종업원대표제도 개선방안 연구, 한국노동연구원.

김희성·신동윤, "플랫폼 이코노미와 노동", 『노동법포럼』 제22호, 2017.11.

박수근, "비정규직법 정착을 위한 과제 및 바람직한 법 개정방안", 「비정규직법 시행 1년, 진단과 제도 개선 방향」, 한국노총 정책토론회, 2008.7.

박제성(2006), "기업집단과 노동법: 노사협의와 단체교섭", 노동법연구 제21호, 서울대 노동법연구회.

박제성·노상헌·유성재·조임영·강성태(2009), 사내하도급과 노동법, 한국노동연구원.

박지순, "산업 4.0시대 노동법과 사회법의 과제", 『전북대학교 노동사회법센터 발표문』, 2017.1.

박지순, "한국형 근로자대표제의 구상", 『노동법논총』 제42집, 한국비교노동법학회, 2018.4.

Jeremias Prassl, "영국 크라우드 워커의 사회경제적 상황과 법적 지위", 「국제노동브리프」, 한국노동연구원, 2016.9.

글로벌 시대의 노사관계, 길을 묻다

초판 1쇄 인쇄 2020년 3월 23일
초판 1쇄 발행 2020년 3월 30일

기　획 한국인사조직학회
지은이 이영면 김형탁 이상민 노용진 김동배 권혁
펴낸이 안현주

편　집 이상실　　**마케팅** 안현영
디자인 표지 최승협 본문 장덕종

펴낸곳 클라우드나인　　**출판등록** 2013년 12월 12일(제2013-101호)
주소 우) 04055 서울시 마포구 홍익로 10(서교동 486) 101-1608
전화 02-332-8939　　**팩스** 02-6008-8938
이메일 c9book@naver.com

값 16,000원
ISBN 979-11-89430-67-2 03320